U0899791

张氏父子与苏俄之谜

ZHANGSHI FUZI YU SUE ZHIMI

远方出版社

图书在版编目（CIP）数据

张氏父子与苏俄之谜／托托著. －呼和浩特：远方出版社，2008.1

ISBN 978-7-80723-294-0

I.张… II.托… III.①皇姑屯事件－研究②张作霖（1875～1928）－生平事迹 IV.K264.107 K827=6

中国版本图书馆CIP数据核字（2007）第190479号

张氏父子与苏俄之谜

作　　者：托　托
策　　划：张　明
责任编辑：张　旭　张　裔
装帧设计：牧童之春

出版发行：远方出版社
社　　址：呼和浩特市乌兰察布东路666号
电　　话：0471－4919981（发行部）
邮政编码：010010
经　　销：新华书店
印　　刷：北京中印联印务有限公司
开　　本：720毫米×1000毫米　1/16
字　　数：270千字
印　　张：17.5
版　　次：2008年1月第1版
印　　次：2008年1月第1次印刷
印　　数：1－10,000
标准书号：ISBN 978-7-80723-294-0
定　　价：26.80元

版权所有　侵权必究

前言

几年前，本人应俄罗斯境内某华文期刊社之约，撰写关于苏联功勋特工神秘死亡的专著，在寻找有关资料时，却在无意中发现了苏联军事情报部门与张作霖父子相互关系的有关史料。这一意外发现使我怦然心动。

张作霖，中国旧军阀中的传奇人物。靠着个人打拼及日本人扶助，他由一个“绿林头目”，摇身一变而成为巡抚，继而升任将军，又一跃成为奉天督军、“满洲巡阅使”，号称“东北王”，最后为“中华民国陆海军大元帅”。他在位期间曾长期统治我国东北、华北地区，是民国初年统治中国北方最久的大军阀。为了巩固其统治，他紧傍日本，长期抗拒东北方的邻国苏俄，尤其仇视新生的苏维埃政权。为此，他不惜制造数起反苏反共事端，甚至残害投身于共产主义运动的苏、中志士（如杀害共产党人李大钊等）。这使得苏联政权对其恨之入骨，多次命令军情机关派遣特工，伺机除掉张作霖。更有苏联学者认为，震惊世界的“皇姑屯事件”就是苏联特工干的，并对此作了详细叙述。

苏联政权与张作霖之间的明争暗斗，一直延续到张学良接替其父统治东北地区时期。张作霖死后的第二年，即1929年爆发的“中东路事件”武装冲突，就是这种恶斗的继续。

出于对鲜为人知的张氏父子与苏俄政权相互关系课题的兴趣，笔者遂以极大热情投入到新资料的探求过程之中。在此期间，几乎跑遍了莫斯科及远东几个大城市的所有国立、市立档案馆，图书馆及大小书店，寻找有关方面的档案记载及解密文件。除在俄罗斯境内查询外，还利用经常回国的机会，到张氏父子当年活动的北京、天津、沈阳、哈尔滨等地的档案馆、图书馆查找背景材料，并多次去沈阳探访位于大南边门的“张氏帅府”，查看“皇姑屯事件”案发地、苏俄驻奉天总领馆旧址、日本在奉天的军政办事机构遗址，同时寻找对张氏家事比较熟悉的老奉天市民，听取其对当年旧事的回忆。

经过几年的档案调查与实地访问，终于获取了大量的第一手宝贵资料。

现全部有价值的史料及照片均收入在读者将要看到的《张氏父子与苏俄之谜》一书中。

由于本书涉及到民国时期许多的重大史实和历史事件，所以对民国史和东北地方史感兴趣的读者，也可从中获得阅读的乐趣。

作　者

目　录

引　子

暗杀未遂

1926年8月初的一天。

苏联首都莫斯科市。

苏联红军军事情报总局局长办公室内，Я·别尔金将军反复默念着刚刚收到的命令：根据И·В·斯大林同志的意见，联共(布)政治局命令苏联红军军事情报局“除掉”中国满洲地区的独裁者、反苏反共的北洋政府大元帅张作霖。

必须刻不容缓地执行此命令。问题是派谁去呢？军事情报局并不乏行刺好手，但是由于中国情况复杂，环境特殊，所以不易得手。

∷苏联红军军事情报局局长别尔金

这时，别尔金将军不禁回忆起了5年前的一件事。

1921年深秋的一天，当得知被苏联红军击败的白俄匪首谢苗诺夫在张作霖的支持下，秘密潜藏中国上海，准备进行反苏复国活动时，也是由联共(布)政治局向苏联红军军事情报局下达了除奸令。经过局里几位将军研究，决定派国内行刺高手——“契卡”(克格勃前身)特工纳哈波夫专程去上海执行暗杀谢苗诺夫的任务。

结果，在得知“目标”已藏匿到上海法租界的情况下，由于不慎走漏了消息，所以在纳哈波夫欲着手实施暗杀行动时，被法租界的警察当场抓捕。[①]

这一次一定要汲取以往的经验教训，完成联共(布)政治局下达的暗杀令！

别尔金将军经过与三处(亚洲处)处长研究后，决定派境外工作经验丰富且通晓中国事务的特工站站长K·萨尔嫩去组织并实施暗杀张作霖的绝密任务。

萨尔嫩，拉脱维亚人，名克里斯塔甫，曾用姓名有赫里斯多夫·因多维奇、赫里斯多夫·佛盖尔、赫里斯多夫·劳勃格、赫里斯多夫·托瓦特斯基等，特工代号有“格里斯卡”、“奥西甫”、“维·胡戈斯”等。

萨尔嫩于1885年8月26日出生于里加市，1902年加入布尔什维克，1918年参加苏联红军，后曾在苏军情报学校学习，通晓藏语、德语、保加利亚语，早年曾在英国、德国、美国及保加利亚等国从事地下情报活动，20世纪20年代初被调到苏联红军军事情报局三处(亚洲处)，1926年初被派到中国，以苏联军事顾问的身份为掩护，从事间谍工作。

1926年初至1929年底，萨尔嫩在中国任苏联特工站站长期间，曾经秘密组织反对张作霖控制中东铁路路权的斗争，领导在奉系内部实施策反、颠覆及破坏等工作，“皇姑屯事件”后被秘密地转移到华南地区，1929年奉命回国。

回国后，萨尔嫩因“坚定忠实地完成了极特殊的任务”，而被苏联政府授予“苏联英雄金质奖章”，并破天荒地奖赏其足赤金表1块。不久，他又被任命为苏联红军军事情报局四处处长。[②]

接到莫斯科的调令后，当时在保加利亚执行任务的萨尔嫩迅速返回总部。

在局长办公室里，他见到了别尔金将军。

∷前苏联特工小组负责人K·萨尔嫩

“萨尔嫩·克里斯塔甫同志，我们的

①见A·戈尔巴迪与Д·普罗霍罗夫编《克格勃下达暗杀令》。

②见B·卢立耶等主编《军事情报局：人事与档案》。

党中央及斯大林同志都认为，中国的大军阀张作霖是我们在远东、在中国，乃至在整个东北亚开展苏维埃革命遇到的最大障碍，也是共产主义运动最危险的敌人。所以，总部决定派你去中国，组织并实施暗杀张作霖的绝密计划。”

说到此，别尔金将军翻开办公桌上的文件夹，从里面抽出一张照片。

“这是张作霖近期的照片，你拿回去，认真地看一看。”说着，将军站起身，把手中的照片递给萨尔嫩，“此外，我建议你去档案室调阅一下张作霖的卷宗，以做到心中有数。”然后，将军又坐了下来，说道：

“知道吗，满洲地区的形势很复杂，张作霖的贴身卫队又很厉害，听说每个队员都身怀绝技。所以，你们实施方案时，要格外小心，尽量把困难想得充分一些。你过去后，担任情报站站长工作，其掩护身份为驻卡尔甘(现河北张家口市)苏军顾问团成员。你的秘密代号为‘格里斯卡’。为了尽快圆满地完成此任务，我已密令满洲地区所有的特工配合你们的工作。请记住：执行完任务后，要迅速离开案发地，当地的情报组织会巧妙地把作案嫌疑栽陷到他人头上。”说到此，将军站起身来，“好啦，你准备一下，明天就出发，两周内拿出行动人员名单及行动方案。”

“是。”萨尔嫩起身向将军敬了个标准的军礼，然后揣好照片，走了出去。

据苏俄历史学家А·戈尔巴迪与д·普罗霍罗夫主编的史料文献《КГБ：苏联特工行动》一书记载，几天后，萨尔嫩以化名赫里斯多夫·劳勃格的美国公民为掩护身份，进入我国东北地区。

半个月后，别尔金将军果然收到了由远东地区发来的密电：除掉“目标”行动人员名单及行动方案。

人员名单：

负责人：К·萨尔嫩；

执行人：Л·布尔拉科夫，苏联红军军事情报局五处驻中东铁路工作站特工，其掩护身份为该铁路局的高级电工；

协作人：В·梅德维杰夫，苏联红军军事情报局三处驻中东铁路情报站特工，其掩护身份为中东铁路管理局警察局巡警；

协作人：А·费拉先科，苏联国家政治保卫总局“国外工作处”派驻哈尔滨总领事馆特工，其掩护身份为苏联驻哈尔滨总领事馆文化秘书。

另外，还有一位布尔拉科夫长期培养联系的本地苏联特工站“线人”，其正式身份为“中东铁路俱乐部(俄中)交响乐队”成员。①

行动方案：

1926年9月底，应大帅张作霖之邀，“中东铁路俱乐部交响乐队”将到其官邸的“帅府苑”举办音乐会，据说张作霖的目的是为了取悦于舞女出身的宠妾——五姨太。届时，萨尔嫩将安排布尔拉科夫提前把在远东地区特制的遥控炸弹带到中国境内，再由对铁路系统既熟悉情况又活动方便的梅德维杰夫、费拉先科转交给已到沈阳的该乐队“线人”。然后，由“线人”按萨尔嫩提供的方位图，把遥控炸弹藏匿到张作霖的座位下。而一身轻松的布尔拉科夫则以乐队聘用的电工身份，混入“帅府苑”，并寻机实施遥控爆炸。

莫斯科的将军们在收到密件的当天，就进行了认真的研究和讨论，最后批示：认同行动人员资格，同意实施行动方案。并特别告诫布尔拉科夫同志：行动时要慎之又慎。

从莫斯科复电的内容可以看出，他们对执行人布尔拉科夫是特别关注的。

::张作霖与部下合影

布尔拉科夫，名列昂尼德，于1897年10月27日出生在萨拉托夫州的一个铁路员工家庭。日俄战争结束后，他随家人来到远东。其父开始在中东铁路做工，而他本人则参加了学校的反沙皇组织。“十月革命”次年，即1918年6月，布尔拉科夫参加了苏联红军。1919年在参加与当地白俄匪军的战斗中被俘，但很快被组织营救出来。1920年加入布尔什维克，同年被苏联红军军事情报局招募为

①对该“线人”有一种错误的说法，如苏俄历史学家B·乌索夫在其《苏联特工20世纪20年代在中国》一书中，认为参与暗杀张作霖未遂的“线人”是布尔拉科夫的亲兄弟。笔者经多方查证，证实布尔拉科夫的所有兄弟都在苏联境内工作，与暗杀张作霖未遂案无关。

特工，先后被派到“远东共和国”和海参崴等地从事打击白俄匪军的地下斗争。1922 年与苏联军事情报局三处的萨尔嫩相识，并受其指派，秘密打入驻滨海边疆区的白俄第 5 军，做破坏和策反工作。1923 年，在日军驻萨哈林基地建立起苏联间谍网。1924 年，在中国的哈尔滨地区及中东铁路管理局所属的机构里发展了多名苏联情报“线人”。1925 年，协助苏联国家政治保卫总局“国外工作处”特工组织去广东执行追杀白俄匪军首脑任务。1926 年 8 月，被萨尔嫩召到“清张”行动小组。①

接到莫斯科总部的批复密令后，萨尔嫩便指示下属迅速行动。他自己也于 1926 年 9 月初，以苏联驻奉天领事馆随员的掩护身份，亲自到大帅府送交例行的外交公文。萨尔嫩此行的目的，主要是观察大帅府及“帅府苑”的地形环境，以便为“线人”提供准确的炸弹放置点。

∷张作霖在奉天的大帅府

①见 B·卢立耶等主编《军事情报局：人事与档案》

::张氏帅府中院

大帅府位于沈阳清故宫南面，由外院、中院、西院和东院四个部分组成。

外院位于大帅府的东南侧，既是张作霖的办事处，又是“招待所”，外院主楼内有一个豪华的舞厅，所以又称“帅府舞厅院”。

中院位于大帅府的院中，由三进四合院组成，这里是张作霖居住及私人办公之地，所以是真正意义上的“帅府”。

西院位于大帅府的西北部，实际上是张作霖的卫队营驻地。在西院南半边建有7间瓦房，是帅府卫队营部，瓦房南侧到西辕门则为卫队营训练操场，训练操场后面也有7间瓦房。

即将成为交响乐队演出地的“帅府苑”位于东院。这里有中国传统园林风格的水榭亭台，有怪石兀立的假山，有中西合璧的花厅和沿袭民间习俗修建的祠堂、狐仙堂，还有高耸的仿古罗马式建筑风格的东北行政办公地——大青楼，这些构成了一幅中西文化交融的优美图画。总之，“帅府苑”实际上就是一座占地面积很大的花园，园内遍布奇花异草，更有多处假山、凉亭。花园的中心有一座小青楼，是一座呈凹字形的两层砖木结构的小楼。

小青楼建筑面积450平方米，建成于1918年，是张作霖专为宠妾五姨太建造的。五姨太姓寿，年轻貌美且精明能干，深得张作霖赏识。小青楼建成后，张作霖特意安排她单独居住在这里。他不仅为五姨太建造了小青楼，而且还花巨资修建“帅府苑”。为进一步赢得五姨太的芳心，张作霖还经常在此举办舞会、堂会、音乐会。而此次邀请“中东铁路俱乐部交响队”做专场演出，也是为此目的。

在帅府外事人员的热心陪同下，心怀鬼胎的萨尔嫩借递交外交公文为由，“顺便”参观了“帅府苑”，顺利完成了“踩点”工作。回到住处后，他立即密告在苏联境内候命的布尔拉科夫：请速带“工具”入境。

几天之后，即1926年9月24日，化了装的布尔拉科夫出现在由苏联海参崴驶往中国哈尔滨的“东方快车”上。当列车驶进中国边境小站绥芬河车站时，意想不到的事情发生了：奉系的侦缉队突然冲进了布尔拉科夫乘坐的高级软卧车厢，随后在该车厢的行李中搜出了苏制的遥控炸弹、数量众多的高级手表，及美元、日元等大量现钞。

原来，由于布尔拉科夫的“线人”过分关注交响乐队在大帅府演出的具体时间等事宜，引起了奉天警宪的注意。最后在有关人员的逼问下，“线人”只好招供：布尔拉科夫指使自己参与炸死张作霖的行动。不过，他只供出了布尔拉科夫一人。其实，他也仅仅知道布尔拉科夫一人。

∷张氏帅府内1918年建成的小青楼，张作霖被炸后在此咽气

∷奉天大帅府主楼大青楼

在哈尔滨的宪兵司令部里，先后被捕的布尔拉科夫与“接货人”梅德维杰夫、费拉先科，接受了奉系警宪的审讯。

在大量的人证物证面前，虽然三人都表示认罪，但都一口咬定：暗杀张作霖只是他们的个人行为，没有受任何人指使。

当问到其暗杀动机时，他们异口同声地回答：他们的父亲都是在俄日战争中惨死在日本人手里的。所以，他们憎恨日本人，憎恨一贯勾结日本人的张作霖。

他们还谎称：按计划，在杀死张作霖后，还要去旅顺暗杀日本关东军司令官和关东行政长官。

奉系警宪似乎相信了他们的口供，没有再深追下去，只是将布尔拉科夫三人分别判了3－5年有期徒刑。

这样，布尔拉科夫三人保住了此次行动的实际指挥与领导者——萨尔嫩。

由于他们守口如瓶，没有出卖组织与领导人，所以在其被关押期间，他们的家属得到了苏联政府的特别关照。例如，苏联的相关部门每个月分别向三人的家属提供150－200美元的生活补助费。

虽然此次暗杀未遂事件对萨尔嫩及军情局是个沉重打击，但是他们决意要“除掉”张作霖的决心并没有改变。

事情败露后，他们一方面以苏联地方政府的名义公开发表声明，称布尔拉科夫等人是受“俄日战争”讨命组织①的指派暗杀张作霖的，与新生的苏维埃政权毫无关系。另一方面则全面深刻地总结此次暗杀失败的经验教训，准备再次行动。

苏联政府为什么如此仇视张作霖呢？这就要从头说起。

---

①1904－1905年的“俄日战争”以俄国惨败而告结束。战后，为给战死的沙俄军人报仇，中苏边境曾出现过若干向日本军人及背后支持者张作霖集团“讨回生命”的俄国复仇组织。

第一章

结怨于中东铁路

一、中东铁路的建筑与发展

1895年3月，李鸿章代表清政府与日本签属了丧权辱国的《马关条约》后，中国不但要割让澎湖、台湾和辽东半岛给日本，而且还要赔款2亿两库平银。

日本割占辽东半岛，破坏了沙皇俄国吞并中国东北、称霸远东的计划，因此，沙俄迫不及待地联络法、德等列强出面干涉《马关条约》的全面实施。为此三国还派出军舰整日游弋于日本海。

迫于列强的压力，为了照顾沙俄政府在中国东北的利益，日本政府于1895年11月被迫与清政府补签了《辽南条约》。

凭此条约，中国以3000万两白银赎回了辽东半岛，从而结束了由沙俄发起的"俄、法、德三国干涉还辽"的危机。

显然，逼迫日本归还辽东半岛并不是沙俄政府的本意，而是要挟所谓"还辽"之功，进一步向清政府敲诈勒索，借以在中国谋取更大的权益。而接踵而至的对中东铁路筑路权的攫取，才是沙俄发起"逼日还辽"的真正目的。

::沙皇尼古拉二世

19世纪90年代初，俄国开始修筑横

贯欧亚两大洲，西起莫斯科，东至海参崴的西伯利亚大铁路。企图借此在远东地区的竞争中取得比其他列强更大的优势，达到控制太平洋北部区域的目的。1894 年，西伯利亚铁路修到外贝加尔地区，关于该铁路的下一步走向问题，沙皇批准了俄财政大臣维特提出的横贯中国东北的方案，因为这不仅可以缩短路程、节省经费、加快进度，而且还便于对中国和远东地区进行政治、经济和军事扩张。该方案通过之时，恰逢沙俄“逼日还辽”的当口儿，于是一场诱骗清政府上钩的阴谋便悄然开始实施。

1896 年 5 月，沙皇尼古拉二世加冕登基，各国均派出特使致贺。沙俄认为时机已到，要借此解决西伯利亚铁路横穿中国东北的问题。当时，清政府原拟派布政使王之春前往俄国参加沙皇的加冕典礼，但是俄方闻讯后，怀着不可告人的目的，派驻华公使向清政府提出抗议，说：“沙皇加冕，为俄国最重之礼也。故从事斯役者，必国中最著名之人，有声誉于列国者方可。王之春人微言轻，不足当此责。可胜任者，独李中堂(即李鸿章)耳。”清政府遂依所言，改派李鸿章为出使大臣。[①]

当时清政府之所以同意改派李鸿章为“钦差头等出使大臣”赴俄祝贺，不单是屈从俄国的抗议，而是基于企图“联俄制日”的战略考虑。

∷李鸿章

经过甲午战争，日中两国朝着两个相反的方向发展：一个崛起，一个沉沦。正在崛起的日本，对日益沉沦的中国构成了严重威胁。当时中国朝野上下，都酝酿着强烈的反日仇日情绪。而与咄咄逼人的日本不同，俄国“逼日还辽”于前，承借巨款在后。受沙俄政府的表象所惑，使清廷上下忘却了沙俄数十年前对中国东北、西北边疆割地之痛，纷纷以“联俄制日”为

①见苑书义《李鸿章传》。

题而畅发议论。

1896年4月底，李鸿章便在这种朝野上下一片“联俄”的呼声中踏上使俄之路。他在上海临行前，曾对前来拜别的地方官员说：“联络西洋，牵制东洋，是此行要策。”这既反映了李鸿章此行的目的，又道出了清廷的深层意图。

沙俄政府对李鸿章的来访做了精心安排，从使俄路线，到接待人员、起居饮食，考虑得无不周详，使李鸿章“倾而乐之，几忘身在异乡”。

可是几日过后，沙俄政府便道出了特邀李鸿章来俄的真相。5月3日，沙俄财政大臣维特向李鸿章提出“借地修路”问题。他把“借地修路”同俄国“主持中国的完整性”联系在一起，说：“本欲借路速成，藉纾倭(指日本)患。今中国虽认自办，但素习颟顸，恐十年无成。”因此力荐俄国公司承办铁路事宜。①

对此，李鸿章一开始表示反对，指出：“代荐公司实俄代办，于华权利有碍，各国必多效尤。”使俄方提出的“借地修路”问题碰了钉子。但是对方并未放弃。5月7日，李鸿章受到沙皇秘密约见。沙皇对李鸿章说：“我国地广人稀，断不侵占人尺寸地。中俄交情，近加亲密。东省接路，实为将来调兵捷速，中国有事亦便帮助，非仅利俄。华自办恐力不足，或令在沪俄华银行承办，妥立章程，由华节制，定无流弊。各国多有此事例，劝请酌办。将来倭、英难保不再生事，俄可出力援助。”②

李鸿章立即为沙皇的“承诺”所迷惑。在他眼里，沙皇“作为国主，一言九鼎”，所以事后在给总理衙门的电告中说：沙皇的主张比维特的“前议和厚”。所谓“和厚”，无非就是“断不侵占人尺寸地”、“由华节制，定无流弊”、“将来倭、英难保不再生事，俄可出力援助”等语而已。这样，自5月8日起，李鸿章使团便与沙俄外交大臣罗拔诺夫、财政大臣维特等人就“东省接路”问题进行了谈判。在这个问题上，可以说双方都是各有所图的。沙俄企图以签订“华有事俄助”的密约换取“东省接路权”，而清政府与李鸿章则希望“自办铁路”和签订互助条约，以期确保路权和争取外援。用现在的话说，李鸿章想使谈判达到“双赢”的目的。但是，事实上清廷的如意算盘难以实现。在罗拔诺夫和维特的步步紧逼下，李鸿章节节退让。谈判也从最初的首都彼

①②见苑书义《李鸿章传》。

得堡转移到莫斯科。

5 月下旬，李鸿章认为事已至此，无法再争，遂致电总理衙门说："事烦时促，求及早请旨，电复遵办。"5 月 28 日，请旨允准。29 日，清政府给李鸿章复电，既批准在条约上画押，又要对"约内字据"作些改动。6 月 3 日，李鸿章在莫斯科与罗拔诺夫、维特分别代表两国政府签订了名为《御敌互助援助条约》，即史称的《中俄密约》。

这个条约是俄国精心策划的侵略阴谋和清政府推行"联俄制日"政策的产物，使俄国在中俄共同御敌的幌子下，不仅骗取了在中国东北修筑过境铁路的权利，而且为其陆海军入侵中国打开了方便之门。

李鸿章等人一厢情愿的"联俄制日"方略，最终导致了沙俄政府梦寐以求的以中国哈尔滨、长春、沈阳为主要干线的中东铁路的产生。①

中东铁路始建于 1898 年，完工于 1903 年。李鸿章于 1896 年与沙俄政府签订的《中俄密约》，实际上使俄国攫取了中东铁路的修造权。在随后的实际运作中，中俄两国政府又相继签订了《入股伙开银行合同》、《中俄合办东省铁路公司合同》、《中俄合办东省铁路公司章程》、《东省铁路公司续订合同》等条款。通过这些条款的签订，沙俄至少得到了如下"合法"权益：

1. 设立银行以及拥有货币发行权。道胜银行是承建中东铁路的主要金融机构，为使其具有国家银行的性质，同时也为中东铁路蒙上"中俄合办"的面纱，沙俄政府积极鼓动中国入股，即所谓中俄伙开银行。最后，清政府决定以 500 万两库平银入股，但银行经营的一切权力实际操于俄国人之手。因为俄政府以相当于 1000 万两库平银入股，占有股份远高于中国。按 1903 年的评估，整个中东铁路价值为 3.75 亿金卢布。除铁路资产外，中东铁路公司还有 20 艘轮船、数个码头及所属运河等共价值 1150 万金卢布的资产。此外，该公司还有自己的电信局、矿山、林场、学校、医院、法院、护路队等。

根据中俄道胜银行条例规定，该银行不仅可以在中国开办一般银行业务，还负责代收中国各种税收，经营与地方及国库有关系的企业，铸造中国政府许可的货币，代还中国政府募集公债的利息，敷设中国境内的铁道和电线。

2. 中东铁路的人事权。在《中俄合办东省铁路公司合同》第五款中规定：

①见苑书义《李鸿章传》。

∷东省铁路公司

“凡该铁路及铁路所用之人皆由中国政府设法保护。至于经理铁路等事需用华、洋人役，皆准该公司因便雇觅。”由此，赋予了中东铁路人事任用权。

3．中东铁路附属地的建立。在《中俄合办东省铁路公司合同》第六款中规定：“凡该公司建造、经理防护铁路所必需之地，又于铁路附近开采沙石、石块、石灰等项所需之地，若系官地，由中国政府给予，不纳地价；若系民地，按照时价，或一次缴清，或按年向地主纳租，由该公司自行筹款付给。凡该公司之地段，一概不纳地税，由该公司一手经理。”

4．中东铁路的治安维护权。在《中俄合办东省铁路公司章程》里规定：“为防铁路界内秩序起见，由公司委派警察人员担负警卫之职任，并由公司特定警察章程，通行全路遵章办理。”按此项，沙俄政府派出的军警实际侵占了东三省境内的主要铁路沿线。

5．中东铁路沿线的对俄开放权。在《中俄合办东省铁路公司章程》第一款中规定：“中国政府准许公司开采煤矿，无论与铁路合办或单独办理，并准在中国组织一切工商矿务之实业。凡此类特别组织之营业公司，应于铁路营业之外另立簿册，以核对其出入之账目。”

二、中东铁路管理局与张作霖收回路权

在1896年9月8日清政府和沙俄签订的《合办东省铁路公司合同》第一款中规定：“中俄道胜银行建造、经理此铁路，另立一公司，名为中国东省铁路公司”，[①]“公司总办由中国选派”。第五款规定：“凡该铁路及铁路所用之人皆由中国设法保护，所有铁路地段命、盗讼诉等事，由地方官照约办理。”

①东省铁路亦称东清铁路、中东铁路或中东路。

9 月 20 日，俄国督办西伯利亚铁路事务大臣库洛木金根据《合同》条款，单独核定了《合办东省铁路公司章程》，12 月 16 日奉沙皇谕旨批准并公布施行。按《章程》规定：铁路公司定名为“中国东省铁路公司”，公司的决策机构为“董事局”。董事局总长由中国政府派员兼任，董事局成员由股东会议议决。董事局驻地为中国的北京、俄国的彼得堡。东省铁路公司随即宣布成立。

中国东省铁路公司本应是一家商业性的铁路公司，但沙俄政府利用清政府的软弱无知，施以威逼利诱，把该公司变成了一个忠实执行沙俄对外侵略扩张政策的机构，而该公司设在哈尔滨的中东铁路管理局，则成了事实上的沙俄政府的总督府。他们在东北的几个大城市及中东铁路沿线驻扎军队，设置司法机构，肆意拓展土地，并与吉林、黑龙江地方政府订立了伐木、采矿、航运等合同。1903 年中东铁路通车后，原工程局改为管理局，其局长为沙皇亲自任命的皇家中将Д · 霍尔瓦特，赋予他类似俄国内各部总督的大权。而中东铁路内部设置俨然如地方政府，在其 12 个分支机构中竟设有法律处、学务处、警务处、地亩处、商务部、对中国政权联络部等。中东铁路管理局为了把其附属地变为名符其实的租界，以《合办东省铁路公司合同》第六款为依据，牵强附会地将该款中“凡该公司之地段，一概不纳地价，由该公司一手经理”的“一手经理”，解释为法文本的“治理”之意，藉此要求对其附属地行使行政权力，事实上也真的做到了这一点。

在中东铁路建成后不久爆发的日俄战争中，其管理局使整条铁路运输完全处于军管状态。他们

::东省铁路哈尔滨车站及月台

专门设立了军用办公室，并编制了俄国——哈尔滨——旅顺口的军事运行图，保障俄国的人员、物资向前线的快捷运输，使中东铁路的附属地成了俄国军用物资的供给基地。由于中东铁路管理局局长霍尔瓦特将军对日俄战争做出的“贡献”，日俄战争结束后，中东铁路公司管理局及霍尔瓦特本人受到了沙俄政府的表彰。

日俄战争结束后，中东铁路支线的长春以南部分转让给了日本(后被称为南满铁路)，而沙俄势力则龟缩回长春以北地区。

1917年相继爆发的“二月革命”和“十月革命”，推翻了沙皇政府和克伦斯基政府，原沙俄驻外使领馆人员和流亡分子，把中国满洲地区(即东三省)视为反布尔什维克苏维埃政权的根据地。受此影响，该地区陷入一片混乱。中东铁路管理局局长——代表沙俄政府的霍尔瓦特出头，一面镇压中俄铁路员工的反抗，防止“十月革命”对中东铁路的冲击；一面利用中东铁路支持美、日等列强对远东地区武装干涉，并一度试图在中东铁路沿线地区建立沙俄流亡政府。

鉴于中东铁路已经成为中国东北地区局势动乱的策源地，当时的北洋政府责成身兼东三省巡阅使及蒙疆经略使的张作霖以确保协约国的军事运输为名，全面接管并控制中东铁路管理局及所属地区。

在张作霖的强硬态度及大兵压境的态势下，中方陆续收回了中东铁路非法侵夺的市政、司法、护路、警察、土地管理、教育、海关等利权，并强迫由俄国人控股的道胜银行签订《管理东省铁路续订合同》，规定由张作霖所部代表中方代行俄国政府在满洲地区的职权，直到中方承认的俄国新政府产生为止。

因此，“张作霖”的名字开始进入俄国人的视线。一场“东北王”与新生苏维埃政权之间的你死我活的斗争也随之展开。

三、由绿林起家到“东北王”——“满蒙王”

张作霖(1875—1928)，奉系军阀首领。字雨亭，奉天海城(今属辽宁省)人。早年在辽西一带当土匪，后来耻于自身的“土匪”身份，就想改邪归正，“为国家效命”。

1901 年 9 月 20 日，是张作霖一生中值得纪念的一天。这一天，张作霖经当地士绅、商户举保，并由新民府知府亲信引荐，最终晋见了朝廷的命官。他当着该命官的面表示：愿接受清政府收编，效忠朝廷。

为抬高自己身价，张作霖除率部约 200 余人接受收编外，还临时网罗其他匪众约 100 人，总计 300 人，在收编后被编为游击马队一营。这样，张作霖由为非作歹的土匪头子，摇身一变，成了清朝官军的营官。当张作霖到奉天谢恩时，督军署总参议问他为什么愿意受抚，张作霖坦率地回答：“我想升官发财。”

1904 年 2 月，日俄战争爆发。战争双方都千方百计地拉拢辽河沿岸的地方武装，以壮大自己的势力。对此，张作霖采取双管齐下的方针。战争初期，俄军强大，他就接受俄军的金钱和枪械，暗地里帮助俄军搜集粮草，提供情报；随后日本军队逐渐占了上风，他又在日军面前立誓画押，为日本人卖命。

可以说，日俄战争后期，他就开始死心塌地为日本人效劳尽忠。当时，虽然日本人没有特别重视这位小小的清军营官，但是，以后日张勾结的根基正是从此时开始的。

∷清军营官张作霖

日俄战争中的投机行为，使张作霖的实力大大增强。1905 年，他的游击马队一营扩展为 3 个营。1907 年，他因擒杀大匪首杜立三有功，受到清政府奖赏，“赏银两千两”，并被擢升为奉天省巡防营前路统领。

1908 年，因张作霖剿匪有功，又被调到辽源及蒙古地区，追剿为沙俄收买的蒙古族武装。追剿过程中，张作霖率部取得了节节胜利。此时，他的部队已由 5 个营扩展为 7 个营，官兵也增加至 3500 多人。但是，由于他的部队沿途烧杀掠抢，奸淫妇女，无恶不作，所以也激起了当地蒙古族群众的极大愤怒。

1911 年，辛亥革命爆发。由于张作霖在辛亥革命中“办事得宜”，中华民国“大总统”袁世凯特地致电加以鼓励，并特别赏给张作霖价值 2000 两黄金的军需物资。张作霖则回赠袁世凯吉林老山参 1 支及 6000 两黄金。这样，取得当地督军信任的张作霖，又博得了袁世凯的赏识。

得到好处的袁世凯很念“交情”。不久，即 1912 年 9 月 11 日，袁世凯下令，将张作霖部改编为陆军第二十七师，张作霖本人则被任命为该师的中将师长。这样，张作霖的部队从“土匪”变成“巡防营”后，又一跃而成为堂堂正正的中华民国陆军二十七师。从此，张作霖操纵着一支规模日益扩展的武装，在东北地区成为左右奉天举足轻重的大人物了。

然而，当了几天师长后，张作霖的野心又开始膨胀，觉得区区一个师长，没有什么诱惑力。他的政治目标是先称霸奉天，再当“东北王”。

但是要实现这一目标，谈何容易。他上有袁世凯的亲信——奉天督军的掣肘，下有与其势均力敌的对手暗中窥伺；而内部还有派系相互倾轧，外有西方列强的横加干涉。

但张作霖亦非常人，隐忍持重，深谋远虑，以权谋为先，以武力为本，开始以灵活的策略，游移于各对手之间。

“借日本人的势力来抬高自己的身价，扩大自己的影响。”张作霖此时想到了“日本”这张牌。

他不惜屈身前往日本驻满洲代表处，并奴颜婢膝地向日本人承诺：“我深知日本在满洲有许多特权。日本方面如果对我有何吩咐，我一定尽力而为。”自 1912 年起，张作霖便积极开展对日交住，且收获甚丰。可以说，正是在日本人的大力扶持下，他才能在以后的仕途上步步青云(详见本书第九章)。

在死心塌地地巴结日本人的同时，张作霖对老奸巨猾的袁世凯则采取了既讨好又抵制的两面派手法。而为了扩大与增强北洋系的实力，袁世凯对张作霖也恩威并施，既利用，又制约。1916 年 4 月 19 日，袁世凯应允张作霖的要求，正式任命他为盛武将军，督理奉天军务，并兼巡按使。同年 6 月 6 日，袁世凯病死，北洋政府改革官制，张作霖改任奉天督军兼省长。以此为标志，以张作霖为首的奉系军阀开始形成。

张作霖称霸奉天全省后，在原下属主要为其绿林兄弟的基础上，招收了

∷袁世凯

一批军校出身的新派军官，同时也网罗了一批官僚政客，协助其治理奉天军政。

20 世纪 20 年代的奉天城，已发展成东三省军事、政治、经济、文化的中心，发展成一个与各列强关系相当复杂的国际城市。

占有这样一个基地式的北方大都市，使张作霖如虎添翼，开始了兼并吉林、黑龙江二省的构想。

此时，恰逢黑龙江省督军派系发生内讧，张作霖乘机派人前去调停，并告之可伺机乱中夺权。8 月，在张作霖的推荐下，北洋政府任命张作霖的同乡兼亲家鲍贵卿为黑龙江省省长兼督军。这样，黑龙江省的军政大权就轻而易举地落入张作霖的手中。

不久，他又操纵北洋政府拿掉了吉林的老省长兼督军，并换上了自己的心腹。

1918 年 9 月 7 日，北洋政府迫于张作霖的压力，同时也看到张作霖已实际控制东三省，遂任命其为东三省巡阅使，总揽东三省军政大权。

两年之后，即 1921 年 6 月 25 日，张作霖又兼任蒙疆经略使，除东三省之外，又控制了热河、察哈尔、绥远三个特区，由“东北王”一跃而成为盘踞六省区的“满蒙王”。奉军也因此实行统一建制，拥有 5 个师、23 个混成旅，3 个骑兵旅，总兵力达 20 万人。在中国北方地区打出了一片天下。

四、苏联与张作霖围绕“中东铁路”的斗争

“十月革命”后的苏联政府，出于维护国家利益的考虑，对中东铁路问题也始终予以极大的关注。

早在 1900 年 12 月，列宁就曾在《火星报》上撰文，强烈谴责沙俄政府

::中华民国师长张作霖

::东三省巡阅使张作霖

强修中东铁路并利用该路出兵中国东北，血腥屠杀中国人民的罪行。“十月革命”前夕，列宁曾声明：“我们俄国的工人和农民决不强制保留任何一块非大俄罗斯的土地和殖民地。”1917年12月，列宁领导的苏俄政府宣布废除沙俄和一切国家订立的不平等条约，放弃在外国的一切特权。在中东铁路问题上，采取的是坚持中俄合办并允诺中国可以“赎回”的政策。①

1919年7月25日，苏俄的副外交人民委员加拉罕发表了《对中国人民和中国北、南政府宣言》，即第一次对华宣言。但因西伯利亚的战事阻隔，直到翌年3月，北洋政府才收到由中国驻伊尔库茨克领事馆电呈的加拉罕第一次对华宣言的法文本。其大意为：“俄国莫斯科劳农政府副外交委员加拉罕遣员送致通牒于我国，请正式恢复邦交。声明将从前俄罗斯帝国时代在中国满洲

①《列宁全集》30卷。

∷东北新军

及其他各处以侵略手段取得之土地一律放弃；并将中东铁路矿产、林业权利，及其他由俄帝国政府、克伦斯基政府、霍尔瓦特、谢米诺夫、俄国军人律师资本家所取得之各种特权，及俄商在中国内所设立的一切工厂，与俄国官吏、牧师、委员等不受中国法庭审判之特权，皆一律放弃，返还中国，不受任何报酬。并放弃了庚子赔款，勿以此款供前帝俄驻京公使及驻各地领事。”①

但是，随着苏俄红军在远东地区的胜利，1922 年赴华谈判的苏俄代表越飞与 1923 年使华的加拉罕本人，都开始否认第一次对华宣言中有无偿归还中东铁路及其附属财产给中国的内容，并称中国政府所收到的法文本是“伪造”的。

事实上，在苏俄第一次对华宣言中确实有无偿归还中东铁路的内容，这在世界各国有关学者的研究成果里也可以得到证实。问题的发生只是“苏俄政府在不同时期，面对不同的形势，对中国、对中东铁路采取了不同的政策”。②

1920 年 9 月 27 日，由加拉罕签署发表了《俄罗斯苏维埃联邦社会主义共和国对中华民国政府宣言》，即苏俄政府第二次对华宣言。考虑到该宣言对本书有较大的意义，所以，将该宣言的主要内容抄录如下。

①②台北文海出版社《中俄会议参考文件》。

苏俄外交人民委员部认为，为了两国的幸福起见，有必要发展前次宣言的原则，向中华民国外交部提出下列协定的要点：

一、俄罗斯苏维埃联邦社会主义共和国政府宣布，以前俄国历次同中国订立的一切条约全部无效，放弃以前夺取中国的一切领土和中国境内的俄国租界，并将沙皇政府和俄国资产阶级从中国夺得的一切，都无偿地永久归还中国。

二、两国政府采取一切必要措施，迅速建立正常的贸易和经济关系。随后根据缔约双方遵照最惠国的原则，另行缔造有关贸易经济的条约。

三、中国政府承担下列义务：

(1)不给俄国反革命的个人、团体或组织以任何支持，不准他们在中国境内活动。

(2)在签定本条约时，须将中国境内反抗苏俄及其盟国的军队和组织解除武装，加以拘禁，并引渡给苏俄政府，同时把他们的武装、物资、财产全部移交苏俄政府。

(3)苏俄政府对于那些对中华民国进行叛乱的个人和组织，亦负有同样的义务。

四、凡居住中国的俄国公民当一概服从中华民国境内有效的一切法律和规定，不得享有任何治外法权。居住俄国的中国公民服从苏俄境内有效的一切法律和规定。

五、中华民国政府承担下列义务：

本条约签订以后，中国政府立即同未经苏俄政府委任而自命为俄国外交和领事代表的人断绝关系，并把他们逐出中国国境。

将中国境内属于俄国使馆和领事馆的房产以及使馆和领事馆的其他财产和档案，归还以苏俄政府为代表的代表团。

六、苏俄政府放弃中国因义和团起义而付偿的任何赔款，但中华民国政府不得在任何情况下，把此项赔款付给非法提出此种要求的前俄国领事或任何他人或俄国团体。

七、本条约签定以后，中华民国和俄罗斯苏维埃联邦社会主义共和国应立即互派外交和领事代表。

八、俄中两国政府同意为苏俄需要另行签订使用中东铁路办法的条约，在订立条约时，除中俄外，远东共和国亦可参加。

苏俄外交人民委员部提出协定的上述各点作为主要条款，同贵国代表进行友好协商，为了两国的共同幸福，中国认为需要提出修改意见，亦可友好协商。

中俄两大民族的关系，不限于上述协定中所述各点，两国代表今后还需要另外签订专门协定，解决贸易、国境、铁路、关税以及其他等等问题。

苏俄方面将尽一切力量以求建立双方最密切最真诚的友谊，希望中国政府具有同样的诚意，并迅速提出建议，以便尽快缔结友好条约。①

在上述宣言中，已经没有了如第一次宣言曾提到的“不受任何报酬”地“返还中东铁路等财产”的内容。显然，苏联人是有意回避这个关键问题。

而宣言中提到的“远东共和国”，则是在远东地区存在时间不长的一个过渡性地方政府。

“十月革命”后，苏联红军开展了反对外国武装干涉、肃清沙俄残余势力的武装斗争。

在远东地区，苏联红军以摧枯拉朽之势击溃了号称实力强大的沙俄高尔察克军团。1920年春，红军又解放了海参崴和除外贝加尔湖地区以外的大部分远东地区，迫使美、英、法等国的武装干涉势力从西伯利亚和远东撤军。但是，日本干涉势力仍驻扎在远东的沿海地区，外贝加尔湖和赤塔地区也残留着沙俄的白军。为了避免同日本作战，联共(布)中央和苏维埃政府决定暂时不在远东地区成立苏维埃政权，而是建立了一个“缓冲国”。

1920年4月6日，在上乌金斯克市召开的贝加尔地区劳动人民代表大会上，宣布成立由布尔什维克领导的人民革命政府——俄罗斯远东共和国。按其形式来说，远东共和国是资产阶级民主共和国，但它事实上是由布尔什维克领导的人民政权，并建立了一支人民革命军，以肃清境内的白军残余分子。

至1922年10月，远东人民革命军击溃了日本干涉势力及其在远东的帮凶白卫军，从而完全解放了全部滨海地区。

①见三联书店《五四运动文选》。

国内战争全部结束后，1922年11月14日，远东共和国重新归并于俄罗斯联邦，取消远东共和国称号，其领土划为普通行政单位。

1923年9月，加拉罕率代表团到达北京，与北京政府进行谈判，在中东铁路问题上明确宣布："本代表鉴于贵国目前的形势，不能将中东铁路让与贵国，且不愿敝国在中国势力比他国薄弱"，并宣布"作为商业企业，中东铁路的所有权属于苏联"。①

1924年5月31日，加拉罕与北洋政府代表顾维钧，分别代表苏中两国政府签订了《中俄解决悬案大纲协定》。该协定指出："中东铁路纯属于商业性质，除该路本身营业事务直辖于该路外，所有关系中国国家地方主权之各项事务，如司法、民政、军事、警务、市政、税务、地亩等，概由中国政府办理。苏联政府允许中国政府以中国资本赎回中东铁路及该路所属的一切财产。对于中东铁路之前途，只能由中俄两国政府取决，不允许第三者干涉。"②

但是，当时中国正处在军阀割据时代，中东铁路属于"东北王"——"满蒙王"张作霖的势力范围。所以，有关苏联代表加拉罕与北洋政府代表顾维钧关于东北地区的任何交涉必须通过张作霖的同意方可生效。大出苏联方面意料的是，已经相对独立于北洋政府的张作霖拒绝承认中苏外交代表签署的

∷苏联红军领导人伏龙芝与赴远东参战的苏联红军合影

①见《苏联对外政策文集》。

②见俄文版《苏联外交史》3卷本。

《中俄解决悬案大纲协定》。

原来，为争夺并扩大自己的势力范围，以军阀张作霖为首的奉系与以军阀曹锟、吴佩孚为首的直系之间，于1922年4月28日爆发了直奉战争。战争最终以奉系失败而告结束。

奉系战败后，北京政权完全落入直系军阀手中。他们下令免去张作霖所担任的职务，并重新任命了奉天及黑龙江的督军。但是被任命的两地新督军发表通电说："张作霖之去留，为三省三千万人生命之所系。对此乱命，一致否认。"随即两人都提出了辞呈。

当时，东三省议会联合会、商会联合会、工会联合会、教育联合会等各界团体，纷纷向直系北洋政府发出类似通电。很明显，当时张作霖的势力在东三省仍坚如磐石，他的地位不是北洋政府一纸命令所能改变的。

在东三省各界人士的拥护下，张作霖积极着手东三省独立。

1922年5月26日，张作霖正式向国内各地督军发出独立宣言。同年6月4日，东三省议会联合会决议，推举张作霖为奉吉黑三省自治军总司令，宣布东三省自治，并与北洋政府正式断绝关系。

严峻的现实，使苏联政府认识到：涉及到中东铁路的问题，还必须与东北地区的实际统治者张作霖签署一份相应的协议。于是他们派出全权代表库兹涅佐夫与张作霖接触，洽谈有关中东铁路及已经与北洋政府签属的《中俄解决悬案大纲协定》等问题。但是4个月过去了，苏方没有收到任何成效。张作霖一再表示拒绝承认曹锟、吴佩孚为代表的北洋政府与苏方签署的有关中东铁路、确认外蒙地位及东北境内其他事宜的《大纲协定》。

对于张作霖的不合作态度，苏方表示了极大的不满。不仅如此，加拉罕还向北洋政府代表顾维钧提出抗议：时至今日，张作霖仍允许沙俄政府人员霸占中东铁路管理局。在他的纵容下，反苏反共的白卫军残余还十分猖狂地盘踞在中东铁路沿线地区。这对新生的苏维埃政权造成了极大的威胁。

1924年7月13日，加拉罕代表苏联政府向中方下了最后通牒：经苏中两国代表于1924年5月31日共同签署的《中俄解决悬案大纲协定》必须得到张作霖的同意。如果再次遭到对方的拒绝，苏方将采取必要的措施，迫使对方承认中东铁路归属苏中双方共同经营管理的现实。

收到加拉罕的最后通牒后，北洋政府立即紧张起来，他们害怕苏联的最

∷苏联代表加拉罕

∷中国代表顾维钧

后通牒会激怒张作霖，从而引发军事冲突。所以，他们一方面收起该通牒，一方面向苏方承诺：一定会以友好协商的方式解决问题。之后北洋政府再次派出代表与张作霖谈判。

此时，中东铁路沿线的情况越来越糟。在张作霖的袒护下，流窜到中国东北境内的沙俄白卫军首领频繁地与反苏反共的西方列强接触，乞求他们能像1918—1920年那样，继续在军事、资金等方面提供大力支持，帮助他们“反苏复国”。

可以说，在中东铁路沿线出现了对新生的苏维埃政权极为不利的局面。

当听说北洋政府派到奉天的谈判代表再次无功而返时，苏联副外交人民委员加拉罕决定亲自去东北，与张作霖当面洽淡关于中东铁路等问题，并暗示他苏联存在军事介入的可能性。

需要指出的是，此时，张作霖正全力以赴地备战，准备与吴佩孚打第二次直奉战争。开始，他曾错误地认为：有关中东铁路的问题拖得越久，苏联就会越不耐烦，就越有利于自己的备战。但是，当他见到气势汹汹的加拉罕，并听他暗示苏联政府准备派出大批红军进入中东铁路沿线清剿白俄匪军时，张作霖有些动摇了。再加上全国各界“与苏建交”呼声的影响，他决定在对

∷曹锟

∷吴佩孚

己有利的基础上，与苏方洽谈建交事宜。不久，他向自己的外交帮办杨卓透露了和苏联讨价还价的“停止援助冯玉祥”等三条原则。①

后来，经过杨卓的游说，张作霖轻信了苏方口头允诺的“三原则”，同意接受苏联政府与北洋政府签署的《中俄解决悬案大纲协议》和《中俄暂行管理中东铁路协定》，此外，还由奉系的代表与苏方代表于1924年9月20日在奉天(今沈阳)签署了《中华民国东三省自治政府与苏维埃社会主义联邦政府之协定》(简称《奉俄协定》)。

《中俄解决悬案大纲协议》规定，中东铁路纯属商业性质；暂由两国共管；除该路本身营业事务直辖于该路外，所有关系中国国家及各地方主权之各项事务，如司法、民政、军务、警务、市政、税政、地亩(除该路自用地皮外)，概由中国政府办理。

同时签订的《中俄暂行管理中东铁路协定》，对如下事项予以规定：

一、中东铁路设理事会为最高议决机关，理事会由十人组成，两国政府各派理事五人。理事长由华人担任，副理事长由俄人担任。监事会由五人组

①有关杨卓及三条原则的内容详见第六章第一节。

::苏俄绘制的“中国军事势力范围地图”

成，华人为两人，俄人为三人。监事会会会长由华人担任。

二、铁路管理局局长由苏联公民担任；副局长两人，华俄各一人。局长及副局长均由铁路理事会委派，由各该国政府核准。

三、铁路管理局下属各处长及副处长亦由理事会委派，如处长为俄人时，副处长须用华人；处长为华人时，副处长须用俄人。

四、铁路预算和决算提出的程序以及动用进款的手续方法等。

《奉俄协定》就中东铁路、航权、疆界、商约、税关条约以及宣传等问题达成了协议。在第六条的“补充”款下强调：“缔约双方政府互相担任在各该国境内不准有为图谋以暴行反对各该政府而成立之各种机关或团体之存在或举动。缔约双方政府允诺，彼此不为与对方国政治上及社会上之组织相反对之宣传。”

按照《奉俄协定》规定，中东铁路应由中苏两国共管，所有权益中苏双方各半，双方是平等的。《协定》签字后，苏联如愿以偿地接收了中东铁路，但对《协定》中规定的其他事项则一概置诸脑后。加拉罕和库兹涅佐夫对以前的口头承诺全都不认账了，他们的意识和做法直接影响了来中国任职的下属。

1924 年 10 月 3 日，新到任的中东铁路管理局局长伊万诺夫，未经董事会及监事会的同意，就粗暴地将原地亩处处长关达基等人撤职看押（后经张作霖下令释放）。同年 12 月 1 日，由苏联人把持的中东铁路管理局下令停发对各教堂的补助费，神职人员被免职，并令其自谋生计。1925 年 4 月 9 日，伊万诺夫局长又发布“94 号命令”，即停止任用中、苏两国国籍以外的所有员工。

前几项措施因其具有一定局限性，只引起了管理局内部奉系官员的不满，没有在社会产生太大影响。可“94 号命令”的发布，却使东北地区成千上万名不愿加入苏联国籍的俄侨失去了职业，这不仅在新老俄侨中引起骚动，而且对中东铁路沿线地区的社会秩序产生了一定冲击。于是众人便纷纷转向张作霖的地方政府寻求保护。

对于一再失言的苏联人早已心怀不满的张作霖立即作出反应。1925 年 5 月 19 日，他让中东铁路督办鲍贵卿出示布告，宣布伊万诺夫局长的“94 号命令”无效。对此，苏联驻华大使加拉罕也针锋相对，于第二天向中国外交部及东三省自治政府发出抗议，要求取消鲍贵卿出示的布告，并撤换鲍贵卿的中东铁路督办职务。

由于有了外交争端，又有情报显示苏联已向东北地区派出大量特工人员，意图对奉系政要不利，所以张作霖从此就把所有的苏联人都看成是莫斯科派来的危险分子。

按理说，中东铁路延伸到中国的东北地区，新生的苏维埃政府本应与该地区的最高统治者张作霖保持良好关系，但是莫斯科的领导人最关心的不是通过中东铁路来迅速恢复和发展经济，而是想通过此途径向国外(尤其是中国)输出革命。为此，他们不惜牺牲中东铁路的经济利益，其中包括与张作霖进行相互合作的经济利益。

加拉罕曾经说过："我们与张作霖的关系变得很紧张。这既是现实的，又是不可避免的。原因之一，就是我们在军事援助冯玉祥，以打击张作霖。这在过去只能是理论上的，而今则变成了现实。为了帮助冯玉祥将军最终战胜张作霖，我们利用了中东铁路。之所以发生这种情况，并不是张作霖在所控制的中东铁路沿线地区总是给我们找麻烦，而是他以中国东北地区，甚至是北京地区的统治者身份自居，敌视和反对我们所进行的革命。"

他接着说："如果苏联要赢得张作霖的欢心，那只有如他所愿停止支持在中国境内的民族革命运动及放弃对冯玉祥国民军的军事援助。这样，就能缓解我们与张作霖之间紧张的矛盾以及双方的敌意，起码不会像现在这样相互仇视。但是，如果是这样的话，就不能在张作霖控制的广大地区实现我们的中国革命计划。而且，我们还必须被迫使出浑身解数向张作霖献媚，与东京讨好。如果是这样的话，我就要激动地提醒大家：那么我们在华就将一事无成！"①

俄罗斯历史学家别斯科娃写道："莫斯科对待张作霖的关系是不明智、不合乎逻辑并且是缺乏连贯性的，也就是始终反对张作霖的。加拉罕也多次在苏联外委会上讲：我们的上层领导在与张作霖打交道时存在着急功近利、不灵活等错误，当然还有其他与中国有关的政策与做法。

"必须做到：不能给张作霖造成我们从根本上就是要在他的控制区内与他为敌的印象。"

①俄文版《苏联外交史》3 卷本。

加拉罕曾说："要做到以上这一点并不十分困难。只要满足他的实际需求，就能办得到。"

别斯科娃接着写道："对此见仁见智，比如给他提供相应的军事帮助，在他的地盘里建个有实际意义的办事处，给他在开发中东铁路项目上提供贷款等等。遗憾的是，当时的莫斯科决策者并不想采取以上的实际步骤，来解决与张作霖的紧张关系。他们不允许苏维埃政权做出让步。在涉及到给张作霖提供援助的问题，苏联政府开始曾有过许诺。只不过常常朝令夕改，从来没有落实。这就会使张作霖在这个问题上产生怀疑，认为这个自我标榜'欧洲无产者'的国家与传统的帝国主义国家没什么两样。因此也会对苏联政府的其他政策和方针产生怀疑和动摇。在对待苏联政府曾经允诺提供援助的问题上，张作霖始终认为：苏联人是在耍弄他、愚弄他。因为，苏联代表在诱惑他可以提供援助的同时，却一直在实实在在地向他的死敌冯玉祥将军等提供大批的军事援助。"①

这种对张作霖摇摆不定的政策，导致了双方的相互敌视。1924 年底，这种敌视开始呈公开化状态，集中表现则在中东铁路与外蒙地位确定等问题上。

首先，在中东铁路问题上，奉系经常与苏方管理人员发生摩擦。

按照双方签署的《中俄解决悬案大纲协议》第三款中有关中东铁路的规定，在东北地区，即使运送奉系士兵，也要向中东铁路管理局付一半的运费。因为《协议》中说得很明白：中东铁路完全是商业的合作企业，所以不可能免费提供运输。最初，奉系对此条款没有任何异议，并较好地遵守了该条款的规定。但是随着苏联与张作霖的关系日趋恶化，双方对有关中东铁路条款的纠纷日益增多，直至奉系拒绝支付中东铁路运送士兵、军事物资的运输款项。

1925 年 8 月，张作霖宣布：过去归中东铁路所有的法院系统都归奉军管辖，并废除中东铁路对所属的教学系统的所有权。

对于张作霖的上述举动，苏联外委会委员契切林负责起草了一份照会，于 1925 年 8 月 31 日发给中华民国驻莫斯科的代办处。该照会说："鉴于张作霖的上述要求，本政府要等待中东铁路管理局等部门做出答复。同时建议在

①Г·别斯科娃《苏俄对华关系：1917－1924》。

外交框架内举行双边会谈。”①

但是在1925年9月2日，即中方收到该照会后，张作霖仍指使哈尔滨等城市的军警强行没收了中东铁路沿线地区的所属法院和中东铁路的其他部分资产，同时还驱赶了大批中东铁路所属的航运公司的苏方工作人员。

有预谋的类似行动相继在东北的其他地区展开。俄罗斯学者Д·斯拉文斯基在《苏中关系》一书中记述：

1926年1月11日，当地政府在事先没有任何声明的情况下，逮捕了中东铁路工会主席——苏联公民叶西科夫。

同年1月12日，又搜查了该工会大厦。

1月31日，中方雇用的白俄警察在路上拦截哈尔滨总领事的专车，并当场把车子上的苏联国旗扯下。

3月11日，发生搜查苏联驻哈尔滨商务处事件。

3月16日，当地执法部门强行封闭苏联运输公司驻哈尔滨办事处。

3月31日，奉军军警搜查中东铁路总工程师斯捷潘年科与中东铁路电报局局长科索帕波夫的私人住宅。

5月25日，奉系的穆林车站站长于建祥下令暴打该站的苏方值班员索夫瑟科。于建祥称：之所以惩罚索夫瑟科，是因为他曾阻止奉军士兵无票乘火车。过去，他还以此理由殴打过另外一名苏联公民萨夫拉索夫。

6月10日，因阻拦奉军士兵撕扯汽车上的苏联国旗，苏联驻奉天领事馆的司机加里宁被暴打。

7月19日，在满洲里市，苏联远东银行的苏联职员科诺瓦诺夫一家人因无意中惊走了奉军营长家的鸽子，被该营长的部下暴打。

9月2日，在满洲里车站，当地警察无任何理由毒打苏联公民基谢夫、赫梅列夫、萨迈连柯，之后还残忍地把以上三人吊死。

9月8日，同样是在该车站，苏联公民也无辜遭受毒打，并险些丧命。

9月25日，同样在满洲里车站，苏联公民波特戈尔斯基被当地警察殴打，并被带上手铐关押在地下室里。

9月3日，在齐齐哈尔火车站，苏联公民乌萨科夫被无辜毒打。

---

①Г·别斯科娃《苏俄对华关系：1917－1924》。

∷中东铁路工地

对于以上事件，张作霖非但不加制止，反而责怪当地苏联公民不遵守东三省自治政府的法律法规。不仅如此，他还命令部下逮捕了中东铁路管理局局长伊万诺夫及有关人员。稍后，在张作霖唆使下，奉军采取了更大规模的行动，逮捕众多的苏方铁路员工，查抄并关闭与中东铁路有关的苏方办事、办公机构，把中东铁路的苏方人员一律撤换成清一色的奉系人员。

张作霖在中东铁路问题上的超常规举动震动了莫斯科的决策者。他们在把张作霖列为中国头号敌人的同时，开始了外交努力。联共(布)中央责成苏联外委会分别于1926年1月19日、21日致电北洋政府及东三省自治政府，要求采取必要的措施制止反苏事件，恢复中东铁路的正常秩序，释放被无理关押的苏方人员。此外，苏方还建议苏中、苏奉共同签署相关协议，以确保苏联公民在华及在中东铁路沿线地区的合法权益。

为防止事态进一步扩大，苏方还做出让步，即单方面撤消了原中东铁路管理局局长伊万诺夫的职务，并再次保证：今后一定使中东铁路变为纯粹的商业化企业。

由于双方的共同努力，关于中东铁路的冲突暂时平息。

1926年1月24日，在奉天举行了由苏联驻奉天总领事克拉科维茨基与东北代表签署有关文件的交换文本仪式。在仪式上双方签署了《苏联政府与中华民国东三省自治政府关于恢复中东铁路营运秩序》的文件。同日，张作霖命令释放在押的原中东铁路管理局局长伊万诺夫。第二天，与他同时被关押的其他苏方工作人员也被释放。

因中东铁路而引起的冲突似乎平息了，但是双方之间由此引发的仇视实际上更加强烈。

第二章

关于外蒙古地位纠纷

一、外蒙古地位问题的由来

关于外蒙古，1999年版《辞海》是这样解释的：

地区名。指蒙古高原北部，以别于高原南部的内蒙古。原为中国领土的一部分，清代分为土谢图汗、扎萨克图汗、三音诺颜汗、车臣汗等喀尔喀四部和科布多、唐努乌梁海两区，归驻扎在乌里雅苏台的定边左副将军统辖。1911年沙俄策动外蒙古"独立"。1915年，中、俄、蒙三方在恰克图缔结《关于外蒙古自治之三国协定》规定，外蒙古是中国领土的一部分，外蒙古承认中国宗主权，中国、俄国承认外蒙古自治。十月革命后，外蒙古于1919年放弃"自治"。1921年初，外蒙古封建主在盘踞中俄边境的白俄唆使下，再次宣布"独立"，同年6、7月，蒙古军在苏俄支持下击溃白俄，解放库伦，成立君主立宪政府。1924年5月《中苏解决悬案大纲协定》中，仍规定外蒙古为中国领土的一部分。同年11月，外蒙古废除君主立宪制，成立人民共和国。1946年1月，中国国民党政府承认外蒙古独立。

外蒙古的独立与沙俄及苏联政府紧密相关。事实上，俄国扩张主义者早就对蒙古怀有野心。他们曾扬言：一旦清王朝崩溃，便可以把蒙古从中国肢解出来。而武昌起义一声枪响，使俄国扩张主义者们感到有了可乘之机，就唆使外蒙古的乌里雅苏台行政区的封建主组织临时政府，并于1911年底宣告独立。1912年，沙俄军队攻占胪滨府。2月15日，沙俄支持外蒙古的第八世哲布尊丹巴活佛在当时的都府库伦成立"大蒙古国"。哲布尊丹巴活佛自封为"大蒙古皇帝"，并建国号为"共戴"。一个月之后，即3月24日，便正式向

::孙中山

外宣告：外蒙古独立。

对于外蒙自称的独立，孙中山等人表示强烈反对，并明确宣布“蒙古族为中华民国五大民族之一”。他还派人多次劝告哲布尊丹巴活佛，取消独立，不要投靠沙俄政府。

迫于国内各界的压力，袁世凯也于1912年4月15日命令当时的外交总长陆徵祥向俄国政府声明：外蒙古之事非经中国承认，一概无效！

对于中国的声明和反对，沙俄视若无睹，于1912年11月3日胁迫哲布尊丹巴与其签订《俄蒙协约》，明确规定沙俄政府扶助外蒙古保持自治秩序，帮助外蒙古训练国民军，不准中国军队进入外蒙古境内，不准华人移民此地。还规定俄国人在外蒙古享有特权。显然，沙俄的企图就是要把外蒙古从中国分裂出去，并进一步使之成为自己的殖民地。

1912年11月8日，俄国驻华公使库朋斯基紧急会见上任不久的外交总长梁如浩，将《俄蒙协约》通告中国政府，声称：如果中国予以拒绝，俄国将在外蒙古采取单独行动。

梁如浩不甘示弱，当下向俄国政府提出抗议照会：

“蒙古为中国领土，现虽地方不清，万无与各国订立条约之资格。兹特正式声明，无论贵国与蒙古订有何种条款，中国政府概不承认。”

之后，即11月12日，梁如浩又亲赴俄国驻华使馆，要求俄公使库朋斯基电告本国政府，速即取消《俄蒙协约》。

沙俄政府见中国外交人员拒绝承认《俄蒙协约》，就祈求日本联合向袁世凯施压。袁世凯怕得罪俄、日两国，就把梁如浩叫来，当面大加训斥。梁如浩义愤填膺，当即向袁世凯提出辞职。

其后，陆徵祥继任外交总长，但是涉及到中国的领土主权问题，他也不想成为千古罪人，所以继续与沙俄政府进行交涉，直至1913年9月陆徵祥离职，中俄交涉仍拖延未决。

为解决中俄关于外蒙古问题的交涉，袁世凯在陆徵祥离职后，又任命他的姻亲孙宝琦任外交总长。孙宝琦对袁世凯言听计从，于1913年11月拟定了一份中俄声明文件，用损害中国主权作代价，以交换俄国政府对袁世凯政府的承认。1915年7月7日，中、俄、蒙三方代表在外蒙古的恰克图签订了《关于外蒙自治之三国协定》。该协定规定：外蒙是中国领土的一部分，而中、俄两国同意外蒙古自治。这实际上就等于承认俄国对中国外蒙古的侵略要求。①

二、苏联借机出兵外蒙古

苏维埃政府成立后，对苏联政府来说，一个中心问题就是如何与中国的北洋政府及满洲地区的实际统治者张作霖处理好敏感的外蒙古问题。苏联人

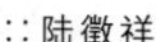

∷陆徵祥

∷孙宝琦

①以上相关资料引自蔡东藩等《中国通史》。

::1915 年 6 月 7 日中俄恰克图会议签订《中俄蒙协约》时，中方代表陈箓等与俄方代表的合影

之所以特别关注此问题，其原因有二：首先被苏联红军击溃的沙俄白军将领谢苗诺夫与翁格恩等率领其人马逃到了外蒙古与内蒙古的交界处，倚仗张作霖的暗中支持，与苏维埃政权负隅顽抗，并企图在外蒙古及远东一带建立“反苏复国”基地。其次苏联政府始终认为，外蒙古与苏联、中国有极其复杂的地缘政治关系。所以，对苏联政府来说，要想确保苏维埃政权在远东地区的统治，与中方处理好地缘政治关系，外蒙古问题就显得极为重要。

如前所述，历史上沙俄政府已经迫使中国政府接受了诸如《俄蒙协约》、《关于外蒙古自治之三国协定》等不平等条约，并确认了外蒙古的“自治”地位。但是“十月革命”后，随着沙俄政府的垮台，在张作霖及外国干涉势力的压力下，北洋政府否认了上述有关外蒙古“自治”的条约。

1919 年 10 月，北洋政府派西北筹边使兼西北边防军总司令徐树铮率领军队开到“大蒙古国”首府所在地库伦(即现在的乌兰巴托)，命令已实施君主立宪制的封建主立即签署“自愿无保留地拒绝‘自治’，归顺中国”的“协定书”。几天后，即 1919 年 11 月 22 日，由北洋政府总统徐世昌向全世界公开宣布：外蒙古已完全废除“自治”协定，再次归入中国版图。按规定，外蒙古要按时向中央政府纳贡。同时，在北洋政府倡议下，在库伦还开办了中国银号库伦分号。

外蒙古的地位变化引起了莫斯科当局的注意。出于慎重考虑，苏联政府于1919年下半年发表了一份试探性的声明，即《苏俄政府对蒙古自治政府及蒙古人民的声明》。该声明中，苏联阐明了对东方的外交政策，提出废除沙俄政府对外蒙古签订的一系列不平等条约，表示愿与蒙古活佛建立平等关系。

不过该声明发出后，外蒙古当局在第二年才收到蒙文文本，而且也没有回复。

在此期间，苏维埃政府急于要与外蒙古发展关系的意向得到了共产国际的重视。他们指示设在苏联伊尔库斯克市的从事对东方秘密输出革命的“共产国际蒙藏部”，研究此问题并采取行动。该蒙藏部的主要任务就是在中国蒙古、日本及朝鲜等国组织革命运动，筹建共产主义小组，为其境内的进步组织提供经济、军事援助，培训职业革命工作者，最终目的是在上述国家实行共产主义。

1920年11月17日，联共(布)会同共产国际，开展有关帮助外蒙古推行革命的统一战线，反对中国军阀统治的探讨。次年2月就制定出具体措施，例如，提供武器装备蒙古革命游击队，筹建蒙古共产主义小组，开展反对中国军阀统治和沙俄白卫军的武装斗争等等。①

在苏联政府及共产国际的大力支持下，外蒙古境内产生了一个具有共产主义性质的政党——蒙古人民党。1921年1月1日，在恰哈图市举行了蒙古人民党第一次全国代表大会。大会共有26名代表参加。大会的口号是：在苏联共产党及共产国际的领导与支持下，团结各界民众，进行反帝反封建的革命，并为争取民族统一和社会解放而努力奋斗。

会议还决定联合境内所有的游击力量组成统一的革命武装组织，即蒙古人民革命军。

同年3月13日，在恰哈图市举行了由外蒙古地区各旗的劳动代表、各游击队组织代表及各革命党派代表参加的蒙古人民代表大会。在苏联政府倡议下，大会决定成立蒙古临时人民政府。先前成立的蒙古人民党的领导成员均

①见K·罗申《蒙古政治史：1921-1940》。

在该政府里担任要职。

在外蒙古形势大好的局面下，苏联政府联合共产国际加快了开展针对张作霖的奉系势力及沙俄白卫军翁格恩残部的“剿匪”行动。1921年2月10日，联共(布)通过共产国际蒙藏部发表声明：军阀张作霖的在蒙势力及“翁格恩匪帮在蒙的军事占领严重地危害了苏维埃政权及共产国际在蒙开展的争取民族解放的革命事业”，所以，当前苏联与共产国际的战斗任务，就是粉碎由谢苗诺夫所控制的滨海地区、军阀张作霖所控制的满洲地区、翁格恩所占领的外蒙地区对新生的苏维埃政权的包围与封锁。①

苏联领导人认为，如果能完成上述任务，不仅对巩固苏维埃政权有利，而且还可以改善苏联与周边国家(地区)的双边关系。

按照2月10日联共(布)声明精神，苏联政府于6月16日做出了向外蒙古派驻苏联红军的决定。并于1921年6月28日组成了由纳依曼与切列米西诺夫将军率领的蒙古远征军，从恰哈图向翁格恩的大本营所在地——库伦进发。

::共产国际执委与亚洲委员

①见K·罗申《蒙古政治史：1921－1940》。

三、张作霖纵容翁格恩“据蒙反苏”

就在苏联政府向外蒙派兵的两个月之前，即1921年4月中旬，当时的北洋政府在天津召开过一次重要会议，其主要议题就是外蒙古的局势问题。与会者认为，当前外蒙古的危机不但威胁到了张家口，而且威胁到了北京。为此，会议决定任命张作霖为“蒙疆经略使”，政府拨款300万美元，命其统领10万军队，迅速开赴外蒙古，收复失地，并歼灭翁格恩的白俄“亚洲师”，防范苏联红军进入外蒙古。

但是，当张作霖的部队刚刚逼近张家口时，就驻马不前了。原来，在得知张作霖亲率大军入蒙时，势单力薄的翁格恩就深知自己不是张作霖的对手。在日本人的周旋下，他向张作霖表示：“本人一直崇拜张大帅，如有可能，我愿与张大帅结盟，并听从您的调遣。”①

在没有损失一兵一卒的情况下，得到对手投诚的表示，张作霖自然十分兴奋。于是他立即回复道：接受城下之盟，并视时机予以帮助。

翁格恩，名罗曼，或施特恩贝格。苏联的档案里对他的介绍是：“德国男爵，沙俄将军，蒙古亲王，汉人‘驸马’。”②

翁格恩出生在一个沙俄贵族家庭，他的祖先是俄国佩剑骑士团成员，参加过十字军东征。

他在青年时代参加沙皇军队，1905年随沙俄军队开赴中国东北，在日俄战争中多次与日本军队作战。日俄战争后，在一个哥萨克保安团服役。第一次世界大战期间，在弗兰格尔手下与德国人作战，由于作战勇敢被授予圣乔治十字勋章。

曾经见过这个白卫军军官的美国人，说他是一个面色苍白、相貌柔弱的波罗的海贵族，有金色的头发和微红的长须。他在军队中一向以蛮勇、残暴和狂怒著称。

十月革命后，翁格恩怀着对布尔什维克的强烈仇恨回到西伯利亚，投入沙俄将军谢苗诺夫麾下，指挥一个哥萨克骑兵团，成为谢苗诺夫的得力助手

---

①②见K·罗申《蒙古政治史：1921－1940》。

和帮凶。其后，俄国临时政府总理克伦斯基派谢苗诺夫和翁格恩到外贝加尔地区组建外蒙古的“布里亚特”团，残酷镇压西伯利亚和外贝加尔地区的苏维埃革命运动。当时年仅35岁的翁格恩被谢苗诺夫授予中将军衔。

1920年，谢苗诺夫和翁格恩的部队在与苏联红军作战时落败，谢苗诺夫与翁格恩分手。谢苗诺夫率部经西伯利亚进入中国的哈尔滨地区，而翁格恩则率领其麾下的白卫军退回蒙古地区。以后，他又把这支由俄国人、蒙古人、中国人和日本人组成的部队整编为“亚洲师”。1920年底，他率领“亚洲师”占领了当时的蒙古首府乌尔加，恢复了活佛哲布尊丹巴的王位。

对于翁格恩及“亚洲师”盘踞蒙古的活动情形，美国史学家迈克尔·塞耶斯和艾伯特·卡恩在其著作《反苏大阴谋》中有如下叙述：

“在库伦总部里，翁格恩生活在封建性的掠夺和专制主义的气氛中，俨然以天命所归的人物自居。他娶了一个蒙古公主，脱下西服，穿上蒙古黄丝长袍，自称是成吉思汗再世。他在经常围着他转的日本特务怂恿下，梦想做‘世界新秩序的皇帝’，这个新秩序从东方发轫，定将降临苏俄和欧洲，并用火、剑和大炮把‘堕落的民主主义和犹太人的共产主义’斩草除根。这个半疯的暴虐者任意采取数不清的野蛮行径。有一次，他在西伯利亚一个小镇上见到一个漂亮的犹太女人，就出1000卢布的赏金要那女人的头。头取来了，赏金照付。

“‘我要用绞架铺设一条从亚洲横越欧洲的大道。’翁格恩男爵声称。”

1920年11月10日，苏俄外委会负责人契切林致电中国外交部，要求中国出兵剿灭翁格恩部。电报全文如下：

::P·翁格恩将军

北京外交部钧鉴：

自谢苗诺夫强徒继溃散以后，此项白卫军中，有数支窜入中华民国领土以内，大半向蒙古行去，且占加伦，与其他妨害中华民国及远东共和国并劳农共和国之人互相结合，俨如该处之主人翁。中国驻屯库伦一带地方之军队，不能以自己之兵力击散此项白军，向我军司令部及远东共和国司令部请求佐助，将该强徒击退。劳农政府认为廓清侵略蒙古之事，有关公共利益，甚愿辅助中国军队击散库伦之白卫军，已以相当训令通知我国驻西伯利亚司令部矣。

劳农政府援用此电，证明派蒙古之劳农军队，系中国之良友，一俟滞留蒙古之白卫军扫除净尽之时，该军即算已达目的，应立即撤回。特电。1920年11月10日自莫斯科寄。第8610号。①

当时的北洋政府外交部收到此电报后，转给了“中国驻屯库伦一带地方之军队”的最高长官张作霖。但是张作霖以“蒙古之事纯系中国内务，无须他国干涉”为由将电文搁置。②

1920年11月28日，苏联外委会负责人再次致电中国外交部进行交涉。电报全文如下：

北京外交部鉴：

中国在库伦虽驻有充足军队，业经数日，而谢苗诺夫残部军兵，仍自由向蒙古境地前进。为驱除此项残兵，中国蒙古官吏愿意俄国赞同派兵赴蒙一节，已于十一月十日达知在案。不审何故，迄今尚未得中国政府关于上项之答复。兹中国官吏已将在库伦及包围库伦附近之谢氏党徒驱除，或将尽力追击，当得有同等效果。殊深欣幸。顾兹应向中国政府声明者，俄罗斯共和国以不侵略他人土地为政治原则，现俄国政府因中国正在设法迅速廓清反对俄国之谢氏党徒，俄国政府拟不将武装士兵开赴蒙境。倘谢氏党徒仍在蒙边一带出没，须俄国协助之时，则俄国政府为中俄两国友谊及利益起见，定以武力协助廓清反对革命之谢氏党徒。1920年11月28日自莫斯科寄。第9685号。③

北洋政府在收到契切林的第二封电报后，迫于张作霖施加的压力，对苏

①见中华书局编《文史资料选辑》。
②见Л·尤杰夫维奇《草原之霸》。
③见中华书局编《文史资料选辑》。

∷身着便装的张作霖

联要求出兵外蒙古剿匪之事予以婉然拒绝。12 月 24 日，当时的国务院指示外交部：

经启者：准贵部抄送劳农政府外交总长电告派兵赴蒙协剿俄匪文一件。查蒙疆系我国领土，俄匪窜扰地方，我军已次第进剿，可期肃清，并无向他国请求助剿之举。俄政府借词越俎，从中有何作用，殊可疑虑。相应函请贵部核复。关于派兵赴蒙一节，严词阻止，并将毋庸请援情形，切实告知，以杜窥伺可也。此致外交部。①

同一天，外交部又受命致电中国驻英国公使，要求其与苏联驻英公使交涉：

据俄劳农外交长契切林十一月十日电称，劳农政府库伦华官请求，已训令驻西伯利亚司令部派兵到蒙助剿谢部余党，事平立即撤回。复准是月二十八日电称，现华官已将在库谢党驱除，俄政府拟即不将军队开赴蒙境。倘谢党仍在蒙边出没，将来须俄协助时，定以武力协助各等语。

查外军越界，关系主权，甚为重要。其第一电的称由我请助一节，当系虚构。现虽中止派兵，仍有将来可以武力协助之语，在我终难承认。希转告驻英劳农代表，以蒙边防剿事项，我方布置极为周密，无须俄政府越俎代谋。请其转电政府，彼此尊重主权，即将前意取消，以免误会为要。盼电复，外交部。②

4 天后，即 12 月 28 日，国务院就此事再次批示外交部：

经启者：案查蒋纯自伊尔库茨克转来俄劳农外交总长一电，愿助中国驱除谢氏党徒等情。查外蒙不清，业经派队驰援，渐次戡平，所有防务，自

①②见Л·尤杰夫维奇《草原之霸》。

应中国完全担任，无劳俄政府越俎代筹。相应函达贵部，即希察核办理可也。再查原电系由贵部送来，不再录送，合并声明。此致外交部。①

1920年12月30日，出于奉系势力在满洲地区及蒙古的切身利益，张作霖再次向北洋政府施压，让国务院以严厉的口气重申拒绝苏俄出兵外蒙的原则立场。国务院给外交部的电文如下：

经启者：准函开，俄劳农政府外交总长电告派兵赴蒙协剿俄匪，我国并无向他国请求助剿之举，请严词阻止等因。

查此事本部前据该外交总长二次来电，其续电称，中国已将库伦谢党驱除，俄政府拟即不将军队开赴蒙境，倘谢氏党徒仍在蒙边出没，将来须俄协助时，定以武力协助等语。本部当以外军越界，关系主权，甚为重要，现其电称虽中止派兵，然仍有以武力协助之语，在我终难承认。因一面电致库署接洽，一面电由驻英施公使转告驻英国之劳农政府代表，以蒙边防剿事项，我方部置极为周密，无须俄政府越俎代谋，请其转达该政府，彼此尊重主权，即将前意取消各在案。准函前因，相应将办理此事情形，函复贵院，借资接洽，即希查照办荷。此致。②

在苏中两国频繁的外交函电交涉期间，翁格恩正带领“亚洲师”对布尔什维克及拥护苏维埃的俄、蒙人民进行血腥屠杀，并狂妄地宣称要把蒙古变成反攻苏联的基地。他向“亚洲师”发出命令：“蒙古已经成为进攻苏维埃西伯利亚的红军的天然出发点，红军政委、共产党员和犹太人以及他们的家庭要统统被消灭，他们的财产必须没收。如有违犯，将处以纪律惩戒，或处以各种不同形式的死刑。”③

翁格恩自以为有中国军阀张作霖和沙俄匪首谢苗诺夫的支持，肆无忌惮地率领白卫军在蒙古草原上流窜，抢劫当地居民。1925年5月1日，他命令部下道：“见到红军政治委员、共产党员，要连同他们的家属斩尽杀绝，财产全部予以没收。惩罚的措施只能有一个，这就是各式死刑！负责惩办罪犯的

①②③见Л·尤杰夫维奇《草原之霸》。

一长制首长必须牢记：除恶务尽，严惩不贷。这样就可以得到我们大家所渴望的和平——上天给予的最高恩赐。”①

在翁格恩“亚洲师”经过的地方，留下的只是化为灰烬的村庄、遍野的死尸，血流成河，惨不忍睹。

翁格恩的暴行激起了苏联政府和苏联红军的极大愤怒。他们认为，正是张作霖胁迫北洋政府的姑息养奸，才导致了翁格恩在蒙古境内对苏联边境的猖狂蹂躏。

他们决定不再对北洋政府及张作霖所率领的奉军抱有希望，所以在1921年6月16日未经中方同意就单方面做出了“向蒙古发兵”的决定。之前一天，苏联政府曾给中国外交部去电，声称苏联红军是“应蒙古临时人民政府的请求进军蒙古的”，“苏俄部队进入蒙古的目的是帮助中国剿匪，保证尊重中国的主权”，许诺“一俟大功告成，俄军即退出蒙境”。

沙俄士兵

6月15日，苏俄外交人民委员契切林又致电中国外交部称：

中国北京中华民国外交总长鉴：

俄劳农政府自成立以来，屡次表示愿与中国联络，敦笃两国邦交。现惟一之主义，在尊敬中俄两国主权，以去除公敌，此公敌即白军领袖翁格恩是也。现白军聚集蒙古中央，以抵御俄军及华军，军事日形扩大，致使俄军不得不经过蒙古边境，以与彼战。

查俄军与翁格恩作战，实于中国有利而无害，俄共和国为协助中国起见，去除匪徒，而保存中国主权，此为俄军与翁格恩作战惟一之原因。一俟大功告成，俄军即退出蒙境。俄国政府以为翁格恩亦为中国之敌，此次与

①见Л·尤杰夫维奇《草原之霸》。

彼作战，实足增中俄两国之睦谊，而益臻亲善也。俄劳农政府外交总长契切林叩。六月十五日。[①]

前面已经说过，在契切林致电中国外交部之前，中国东三省巡阅使兼蒙疆经略使张作霖已率10万军队向蒙古进发，只不过由于张与翁格恩有“城下之盟”，才心怀叵测地屯兵于张家口，想坐收渔人之利。

显然，苏联政府已经识破了张作霖的诡计，所以，才单方面向外蒙古出兵。不仅如此，其真实目的实际上在于挑动外蒙古独立。苏联驻伦敦代表致函中国驻英国公使顾维钧，声称：

奉政府电开，劳农政府极愿与中国解决蒙古问题，蒙既独立，劳农政府承认蒙人自决之权利，然亦希望维持中国之主权。自主之蒙古，恐为俄国白党及日本所鱼肉，此层不可不注意。劳农政府愿与中国政府及蒙古政府开议此事，已与蒙古互换意见，彼甚愿将对中国关系之问题，开设讨论。故劳农政府主张由中、俄、蒙三政府代表组一委员会，以图中蒙关系问题之解决。俄之出此，绝无要求恢复前俄政府在蒙已得到权利、特权之意，此项权利要求完全放弃。[②]

∷苏联红军整装待发

①②见Л·尤杰夫维奇《草原之霸》。

对此，张作霖及当时的中国政府坚决反对苏联政府出兵外蒙古，并一再重申对外蒙古的主权。

而此时，苏联则采取了文武兼施的做法，即一方面利用苏外交机构与中国打文字仗，另一方面则命令苏联红军势如破竹般地进入蒙古腹地。

经过近20天的激烈战斗，苏联红军远征军击溃了翁格恩的“亚洲师”，并于1921年7月6日占领了翁格恩的大本营——库伦。两天之后，即7月8日，蒙古临时革命政府由恰哈图迁往库伦。与该政府同时抵达的还有由红军远征军护驾的蒙古八世活佛哲布尊丹巴。

在苏联红军忙于蒙古“独立”政权建设的同时，被击败的翁格恩率领残兵败将四处逃窜。由于苏联红军切断了蒙古通往中国境内的路线，所以他原本投奔张作霖的计划告吹。在万般无奈的情况下，他先是逃到上乌京斯克地区，后又转到贝加尔湖流域，最后为其部下在北部地区抓获，并交给苏联红军审判。1921年9月21日，翁格恩被苏联政府枪毙。

四、外蒙“独立”，苏联与“蒙疆经略使”结下怨仇

对于苏联红军未经中国同意便大举出兵外蒙古，使当时的中国政府，尤其是中国的“蒙疆经略使”张作霖无比愤怒。他们通过外交渠道向苏联抗议道：这是苏维埃政府背信弃义的行为，是对加拉罕对华宣言的否定，是对中国领土的蓄意侵犯。而苏联政府的“红军进驻蒙古是应蒙古临时人民政府之邀清剿匪徒”之解释完全是自欺欺人之说，中国一概不接受。

很快，外蒙古问题使苏联政府与张作霖势力对立起来，而且局势日益恶化。可以说，它成了同“中东铁路”一样的使苏联领导人最为头疼的事件。①

1921年7月27日，苏联外交机构负责人契切林在给刚刚从中国返回莫斯科的苏联远东共和国外长依·尤里的电函里说：“看来与中国及军阀张作霖的敌对关系正在日益加剧。请您再返北京，本着既确保外蒙‘自治’，又承认中国对外蒙宗主权的基本原则，再次与其展开谈判。要与他们讲清楚：我们在

①见Д·斯拉文斯基《苏中关系》。

外蒙古的军事行动完全是为了打击翁格恩匪帮。要让他们知道：翁格恩也是他们的敌人。我们承认中国对外蒙古的宗主权。只要我们肃清了那里的匪帮，就立即从那里撤军。”①

事实上，在剿灭翁格恩匪帮后，苏联红军非但没有从蒙古撤军，而且还在1921年11月5日在莫斯科与蒙方代表签署了《苏蒙协议》，使驻军变为合法化。这一有损中国主权的《苏蒙协议》，更加激化了苏联与中国及张作霖势力之间的深刻矛盾。

这段时期内，有关外蒙古的政策问题，也曾在苏联领导层内部引起了不同争论。

如持反对意见的苏共外交界领导人越飞提出：早在1915年由中、俄、蒙三方共同签署的《关于外蒙古自治之三国协定》，已经确认沙俄政府对中国外蒙古的侵略。

越飞还分析蒙古现状说：“虽然那里存在着富有的封建主与神职人员对中国商人的激烈对抗，但是他们仍属于同一阶层，充其量是同一阶层的人在为各自的利益互相斗争。按阶级关系的方法去分析，那里根本不存在所谓的‘争取民族解放与自由平等的革命斗争’。”

按照越飞的说法，在外蒙古那里进行苏维埃革命，“是不会收到预期的效果，并且也是不符合实际的”。

越飞甚至不同意向外蒙古地区派驻苏联红军。他认为，向那里派兵“是与我们反对帝国主义侵略、反对中国的军阀统治的外交政策相抵触的。实事求是地说，向外蒙古派兵，这一行动恰恰是我们的敌人最喜欢看到，而我们真正的东方朋友最为反对的事情”。

越飞十分肯定地表示：目前的对外蒙政策绝对有害而无益。“如果我们不准备发出声明，如：苏维埃政府对外蒙古没有别的打算，也不准备在那里长期驻军等，那么我们对外蒙古的政策就算彻底地失败了。蒙古，是我们的中国邻居最敏感的地域之一，也是中国大军阀随时可以用来反对我们的一张王牌。当我们按自己人的观点帮助蒙古人建立所谓的‘蒙古政府’的时候，那么广大的东方民众就会立即想起被推翻的沙俄政府。他们会说：为

①见Д·斯拉文斯基《苏中关系》。

了得到自己的特殊利益，苏维埃政权也在效仿沙俄政府呀！”

越飞甚至气愤地向苏联的政策制定者发问：“我怎么也弄不明白，为什么我们那样怜悯富有的蒙古封建主和神职人员？甚至为了讨好他们而甘愿冒险改变我们在远东、在世界的外交政策。”①

:: 20世纪20年代苏俄外委会负责人、首位来华特使A·越飞

但是赞同苏联对外蒙古政策的契切林等人并不接受越飞的观点。契切林坚信：“在蒙古地区建立人民革命政权，是苏联外交的巨大胜利。就那里的特殊情况而言，成立临时人民政府也是蒙古人民企盼的大好事。”

契切林认为：“目前实施的对外蒙古的政策正是为了蒙古与苏联的共同利益。要知道，蒙古人民在像盼望救星一样，盼望着我们的到来，尤其是给他们带去胜利的苏联红军。由于蒙古临时革命政府始终在与帝国主义、封建势力、中国军阀等作斗争，所以在广大的蒙古人民中间有着很深的革命根基。这个地域广阔、有着两百多万人口的国度，历史上第一次有了属于自己的人民革命政府。当然，这个新生的政权不可能一下子健全所有的国家机器，就是人民革命军也只是处在初创阶段。正因为如此，蒙古人民才请求我们的红军留下来，保卫他们的新生政权，防止日本人、匪徒及张作霖的部队对他们的侵袭。对此，我们就要担负起我们的神圣职责，不能把他们推向危险的境地。况且目前的人民临时政府仍处在白匪、日本人及张作霖军阀势力的威胁之中。不仅如此，他们甚至还在威胁着我们的广大的西伯利亚地区。”

在谈到今后与中国及张作霖势力的关系时，契切林的口气非常强硬：虽然“我们承认中国政府对外蒙古有宗主权，但是我们不能允许在外蒙古的同一地区、同一时刻有第三国的军队同时存在。”②

这实际从根本上否认了中国对外蒙古的主权要求，又肯定了苏联将长期在外蒙古驻军的既成事实。

①以上见苏联档案局版《苏蒙关系 1921－1940》。

②见苏联档案局《苏蒙关系 1921－1940》。

关于外蒙古地位确定的问题一直延续到1924年5月31日。这一天，苏联政府与北洋政府的代表签订了《中俄解决悬案大纲协定》。苏联政府承认外蒙是中国的领土；代表中华民国的北洋政府承认外蒙古“自治”及其君主立宪制政府，并声明经双方协议妥善办法后，苏军即由外蒙古撤出。

但是张作霖拒绝承认这一协定。后来在苏方被迫做出妥协，并在奉系的外交帮办杨卓的蒙骗下，才得到了张作霖的同意。

可是几个月后，即1924年11月，苏联政府就背信弃义，提议废除外蒙古的君主立宪制政府，转而成立了完全独立的“蒙古人民共和国”。

苏联政府失信于人的做法，不但加剧了苏中两国之间的紧张关系，而且强化了张作霖反苏仇苏的决心。可谓中东铁路旧仇未去，外蒙古“独立”之新恨又来。

苏联与张作霖之间的敌视，有如雪上加霜。

第三章

张作霖豢养白俄匪军

20 世纪 20 年代，新生的苏维埃政权的主要任务之一，就是与战败后流窜到中国东北及满蒙境内的白俄武装分子作斗争。而这也是苏联国家政治保卫总局(即克格勃的前身)的首要任务。所以收容和豢养这些白俄匪军的中国军阀张作霖就成了苏联安全保卫部门研究和关注的对象。

一、白俄匪军对苏维埃政权的威胁

十月革命后逃到中国境内的沙俄白卫军匪首有：沙俄海军上将高尔察克，沙俄陆军将军基捷里赫、卡普捷尔及谢苗诺夫。当时，大约有 30 多万名白军逃到东北境内。这些武装分子在奉军庇护下，化整为零，以游击小组的形式越境深入到苏联境内，开展暗杀及偷袭行动，完成行动后又迅速潜回中国境内。他们的存在，对苏联远东地区的红色苏维埃政权构成了极大威胁。

在这些白军中间，几个著名的武装团体有：

1．以沙俄旧军队安多克将军组织的多个“闪电式”游击小分队。他们的活动地点主要是与中国边境相邻的苏联滨海区阿穆尔河流域及后贝加尔地区。其中最具破坏力的是以叶姆林为首的游击队。虽然叶姆林的指挥部设在哈尔滨，但是他经常带领白军小分队潜入苏联境内。在那里，他挑拨当地居民与苏维埃政权的关系，暗杀苏共党员及红军家属，破坏当地的公用及民用设施。有时还会同小股奉军一起抢夺苏联境内的居民，洗劫当地的苏维埃政府，甚至奸淫妇女，可谓无恶不作。

2．以沙俄旧军队将领彼得罗夫为首的白俄武装匪徒。他们的活动范围在与中国绥芬河地区接壤的苏联境内，其中包括后贝加尔地区、尼古拉—乌苏里斯克地区、海参崴及苏城地区。

∷哥萨克骑兵

3．以沙俄后贝加尔军区什里尼科夫将军为首的高尔察克的残余势力。这些武装匪徒都是哥萨克军人，活动范围为苏联额尔古纳河流域。这支极端仇视苏维埃政权的白匪部队里出现过许多与苏联红军“英勇作战”、“屡建奇功”的反动分子，如高尔查耶夫、梅里尼科夫、波切库宁等校尉级军官。

4．被谢苗诺夫将军指定为代理人的巴克谢耶夫率领的白俄匪军。该股匪军的活动范围主要是中国的海拉尔地区。这里地处中、苏、蒙三国交界，西面是苏联门户后贝加尔斯克，东面为大兴安岭，北面是一望无际的呼伦贝尔大草原，中东铁路横贯东西。

5．专门在苏联境内的中东铁路沿线进行捣乱破坏的斯米斯林匪帮。该匪帮的活动范围从中国的横道河子、马桥河到亚布力西部山区。

6．由沙俄政府委任的原中东铁路管理局局长霍尔瓦特将军领导并指挥的“护路军”。十月革命后，这支白俄“护路军”“拼命反对苏联境内的苏维埃政权建设”。他们也经常潜入苏联境内进行暗杀和破坏活动，在铁路沿线给苏联制造麻烦。

以上几支活动猖獗的白俄匪军在当时几乎控制了从后贝加尔到布拉戈维申斯克，从哈巴罗夫斯克到乌苏里斯克，从额尔古纳河流域到阿穆尔河流域，从湟尔恰山到博尔贾地区的几乎全部苏联远东地区。

对此，苏联政府领导人决定：一方面要通过外交途径向北京的中华民国政府及张作霖本人发出照会，抗议他们收容、接纳大批以“反苏复国”为目的而滞留在中国东北境内的白俄武装匪军；另一方面在张作霖拒绝配合的情况下，派出红军与特工参与对白俄匪军的围剿，同时秘密收集张作霖与白俄匪军首领相互往来的证据。

二、苏联政府抗议中国接纳、包庇白俄匪军

按照苏联政府的指示，时任苏联外交部门的负责人契切林于1918年5月底，向当时的中华民国外交部发出了如下照会：

已电发彼得格勒。急

外交人民委员会提请北京政府注意下述情况：

众所周知的谢苗诺夫匪帮自开始反革命活动以来，便以中国领土作为其进犯俄罗斯联邦和苏维埃社会主义共和国的作战基地，他们从满洲得到给养，在那里招募华兵，并躲避苏维埃军队的追击。苏维埃政权曾再三试图就采取共同措施打击这支匪帮一事同中国当局达成协议，但至今仍毫无结果。甚至在中国当局正式答应不放这股匪帮进入俄境之后，这些保证也未兑现。其结果是满洲铁路全线停车，俄中商品停止进出口，两国人民的经济联系停顿，人民利益遭到更大损失。

近来，谢苗诺夫匪帮又企图进犯俄境，其队伍中有一支华兵。现在，苏维埃军队已摧毁谢苗诺夫的罪恶企图，苏维埃政府打算结束为俄中相互利益所不容的边界现状。但是，如果北京政府继续对这股匪帮实行姑息的

政策，这股匪徒就会重新隐藏在中国领土上，苏维埃政府恢复与中国经济关系的种种努力终将化为乌有，因此，俄国人民和中国人民将同样受害。

鉴于上述情况，外交人民委员会坚决友好地请求北京政府采取断然措施，不许谢苗诺夫匪帮继续隐藏在中国领土上，不许他们把中国领土作为基地，对与中国人民友好的俄国人民采取敌对行动。如果北京政府自认为无力制止满洲境内的匪帮的罪恶活动，那么人民委员会请求北京政府同意苏维埃军队在中国国境内与中国正规军共同消灭或不要中国军队配合独自消灭这股匪徒。

同时，为了中国公民的利益，人民委员会请求北京政府从速允许苏维埃领事代表入境，并准予通行前往任所。1918 年 4 月 8 日第100 号照会已将上述通知中国政府。

外交人民委员契切林。①

可是，在张作霖的辖境内，奉军不但不阻止谢苗诺夫等白匪军进入中国境内，而且还招纳其他流窜入境的沙俄军队，并提供食宿帮助。这进一步引起了苏联政府的抗议，指责中方偏袒、纵容沙俄白卫军。对于苏方的指责，中国外交部也按张作霖的意思做了狡辩。如 1922 年 3 月 30 日发给苏方的电文称：

当经本部电致东省军事长官行查去后，兹准复称，俄国旧党为新党击败窜入我境者，所有携带武装一律解除存库，人则或行拘留，或则遣送出境，绝无丝毫偏袒，任其在我境内有越轨行为等语。查中俄接壤路线甚长，中国防兵间有不及分布之处，俄国白党潜行窜入，容或有之。倘地方驻有防兵，凡属俄人，无论红党、白党，如携带军装窜入华境，自然必照中立之办法办理。东省各军事长官对于此节亦颇注意。惟俄人之在中俄边界及中东路一带者，如能恪守中国法律，中国政府仍当一体保护，绝不稍有歧视。至节略所称各节，本部已一再通知东省军事长官，俄人之来华者随时严加防范矣。②

但是苏联政府并不认同中方的电文。此后，苏联外交部门又多次致函中

①②见中华书局编《文史资料选辑》。

∷1919 年苏联红军在去远东剿匪途中

国外交部，指责中国东三省最高军事长官对白匪军在中俄边境袭击苏联军民“漫不关心”，批评中方所说的“卸除白党武装，也只为形式上之处置，实际上颇为优遇，予白党首领以完全举动之自由”。

对此，张作霖通过中国外交部于 1922 年 11 月 7 日向首先提出批评指责的苏联远东共和国代表团提交节略驳斥，称：

> 案准十月二十八日贵委员团第一〇八七号节略具悉。查俄军自政变以来，无分红白两党，每因内战波及中国边境，迄今数年，中国所受骚扰为祸甚烈。中国对此项越界军队采用取缔防阻办法，亦已为时甚久。沿边各地对于溃逃入境之白军，无不立即解除其武装，分别收容监视，或遣送出境。不仅东省为然，即西北沿边各处，亦复如此。入秋以来，因屡屡边吏报告，红白两军战争之风云日益紧迫，中央政府为郑重边防起见，又复迭次令东省长官谨守中立态度，严加防范。近时东海滨省白军战败，分窜各处，恐其潜入华境，又通饬加意取缔。十月二十七日由第一二一号节略通知贵委员团纯为出自好意。乃贵委员团复文于此反加抗议，一则曰：“贵部直至现在方始接到关于白党侵入贵国领土之迟缓消息，才行发令解除白党武装”；再则曰：“不肯取任何措施以消弭白党未

来之危险”。完全与事实不符。此诚中国政府所深为不解者也。

此次贵委员团节略引用国际公法之原则，具见贵国亦重视国际公法，本部备极欢迎。惟所举解除溃军武装，收容溃军军火编籍保存及交还溃军等四项，按照国际公法之协定，仅能适用于交战各国军队之逃入中立国者。俄国红白两军并未经各国承认为分立之国，且并非交战团体，仅系一国中一部分人民反对其他部分人民所立之政府。在该政府视之固为公敌、为乱党，在他国视之，则为反对党、为政治犯。故中国历来所持态度，系最合于国际法原则者。

中俄壤地相接，中国对俄无论何党，向无偏袒之心。而对于白党溃军犹复解除武装，酌量收容，实为仁至义尽。况溃军之得以由俄境逃入华境者，实属俄国军队防范不周之所致，若先自堵截，何难就擒，更何致侵入华境为邻国患。是俄国人民之挟持武器侵入华境，原属不合。今中国为受害者，顾念贵国政治正在改造，以谋贵国人民之发展，故勉不加责，而为加害者之俄国乃反来排议，似于公理人情不无缺憾。①

苏联政府收到该函后，见仅用外交照会和节略无法取得实际效果，便派专门负责白匪清剿事宜的达夫钦于1922年8月来华，与中方就白卫军在东北等地滞留等问题进行谈判。并于12月28日见中方代表——外交秘书朱鹤翔时，十分气愤地指出：

“中东铁路沿线内现有白匪军不下20万人，殊与本国之安宁实属危险，本委员团曾屡次备文送达贵国外交部，请求设法取缔，迄今未见诸实行，甚为憾事。”②

作为中方外交部负责处理中俄关系的政府官员，朱鹤翔很了解白匪在中俄边境之间作恶多端。但是当时中国的形势是：整个中华民国都在大军阀的控制之下，外交部没有发言权，况且自己乃区区一个小秘书。与苏联相邻的整个东北及满蒙地区都由张作霖一人所管辖控制，别人无能为力。所以，朱鹤翔只能抱着同情的态度说：“中东铁路沿线地区白俄人数众多，但也要审慎从事，否则秩序治安易生危险。”③

---

①见中华书局编《文史资料选辑》。

②③见B·希比良科夫《张作霖与满洲》。

其实，无论是达夫钦，还是苏联政府领导人都十分清楚：能解决白俄匪患的只有一个人，即大军阀张作霖。但因中东铁路与外蒙古“独立”等问题，张作霖采取与苏联对立的态度，不可能指望他来收缴白俄匪军的武器。

就在苏联代表在北京就白俄匪患问题向中方讨个说法的时候，张作霖却命令手下的文人以“因俄乱之影响”，加剧了中国“负担”为由反而向苏方提出赔偿节略。

这份于1924年1月4日发给苏联政府的节略如下：

> 查数月以来俄国红白军在海滨省地方交战，溃军难民分窜邻境，或武装越界，或肆行骚扰，中国东省沿边地方秩序备蒙损害，且中国政府为消灭危害及防范意外起见，迭经饬令东省执政订定取缔及解除入境白党溃军武装办法，并将所有溃军难民于取得驻哈俄委员保证不加残害之声明后，分批送往满洲里、绥芬河等处，交俄官接收。中国因实行前项义务，调遣军队，增设机关，供给运输车辆，救济难民食用，置备并供给一切收容房屋费用及防范检查等等，手续既繁，耗费甚巨，无非因俄乱之影响致无端增加一种意外之负担。中国办理外交素本相互平等原则，为此，本部特向贵政府声明：中国政府对于此次为尽前项对俄义务所费款项，应保留其向俄索偿之权，以便权利义务得以相等。统希查照，并转达工农政府为荷。①

苏联政府研究了中方发来的节略，认为这是张作霖巧借中华民国的名义对苏“追究白俄匪患责任”要求的一个报复举动。因此于1月9日指示其驻华特命全权代表团对上述节略进行反驳。全文如下：

> 本特命全权代表团已收到中华民国1月4日贵国外交部说明中国政府因白俄匪帮越入华境而采取措施一事的第145号节略。
>
> 本特命全权代表团认真看了节略内容，很遗憾，不能同意内中所述观点。

①见中华书局编《文史资料选辑》。

若不是贵政府肆无忌惮地非法干涉俄国内政，兴兵反对俄国人民自愿选举的苏维埃政府和支持俄国人民的敌人，则上述节略称之为“俄国内乱”的俄国革命，绝不会如此广泛地影响各国，更不致如上述节略所说的广泛地“影响中国”。

众所周知，贵国政府参加了外国政府对苏俄的无端血腥干涉，贵国政府只能将节略中所指损失归咎于此种情形。

谈到武装干涉俄国内政的诸外国在承认此种干涉徒劳无益而停止干涉之后贵国所奉行的政策，贵国政府目前也许是继续在本国领土上收留俄国人民之敌人——白匪，并给予优待的惟一政府。

上述贵国致我外交部节略所援引的这类优待的事实，无法解释上述节略所注明的意图，这些事实本应使全权代表相信中国对俄国怀有友好的感情，实际上同中国政府对俄国政府持敌对态度的其他大量事实一样，恰恰使全权代表相信相反的情况。

我工农政府并未如上述节略所称请求贵国政府“设立新机构，提供交通工具，救济难民，供给他们食品及一切必需品，并设法向他们提供栖身之所”，相反，对贵国政府优待白俄组织和白匪(按俄国法律他们是国事犯，绝大部分还是刑事犯)再三提出抗议。

诚然，据贵国外交部新提出的与众不同的、不为任何人所承认的“对于白党红党中立”及对两党“平等”的理论，贵国政府向白匪提供的帮助或许可理解为表示“对俄国亲善”，但我工农政府认为，这些帮助只能说明对俄国公开的、不共戴天的仇视。因此，俄国政府绝不能同意贵国外交部所提出的上述完全违背国际法准则和国际惯例的理论。

除中国外，其他各国一旦放弃干涉政策，便当立即自动停止给白匪任何支持和帮助，并拒绝白匪进入各该国领土和拒绝给予优待。在苏俄同其他国家签订的所有条约里一向都有严禁缔约双方允许敌视对方的组织和人员进入本国领土并在那里逗留的条款。这类条款总的说已经为国际实践所承认，并且并不是在同俄国签订的条约里，例如在德国和拉脱维亚和约中也包含这类条款。因此贵国外交部所持“中立”和“平等”的理论，从理论上和实践上都是十分特别的，在国际关系上是根本没有先例的。

谈到贵国外交部节略关于有权“要求俄国偿还下述情况”，即因支持和优待白匪而花费款项的声明，则这项声明只能令人极为困惑。即使同意贵国外交部提出的那个根本不能被接受的关于“中立”的理论，那么根据这个理论也绝得不出这种索取赔偿的权利。因为按照国际法确认的中立，一个国家拘禁交战方面的公民，它只能向有关政府索取赔偿，无论如何不能向与被拘禁者敌对的一方索取赔偿。依此类推，在这种情况下，贵国政府即使按自己的理论，也只能向某个白卫军政府(如果天底下还存在这样一个政府的话)索取供养和帮助白匪的赔偿，而绝不能向白匪所敌对的我工农政府索取赔偿。

所以，本驻华特命全权代表团表示完全不能理解该节略的作者的头脑中怎么会有如此奇怪的念头，并借此机会通知中国政府，俄国现在不承认，将来任何时候也绝不会承认这类毫无道理的要求。相反，遇有机会，很可能说明俄国有权要求中国赔偿损失，因为中国政府参加了帝国主义列强对俄国的国际干涉，而这场干涉使俄国遭受了损失。由于俄国的敌人——白匪的支持，这场干涉一直持续至今。

此外，本特命全权代表团还应当提请注意，贵国外交部经常谈到“俄国内乱”，而在此期间俄国已完全恢复了秩序，工农政府也许是世界上最稳定的政府，且已存在六年之久，同时绝不能认为中国的国内政局已经稳固。贵国外交部经常宣传反对工农政府，尤其是反对本特命全权代表团，其中包括散布似乎俄国打算侵略中国的显然不真实的消息，绝无助于俄中两国人民所渴望的睦邻友好关系的建立。

我工农政府在五年来本着做出极大让步的精神(世界上任何一个政府过去和现在都未曾对中国做过这样大的让步)，多次建议贵国政府进行和谈。我工农政府现在完全有权希望贵国政府改变对俄国政府的敌对态度，放弃那不能被接受和“对于红党白党守中立”的政府，终将在“红党白党”间做出抉择，并终将停止敌视俄国的宣传。①

结果事与愿违，这篇带有讥讽与挑战性质的驳斥指责文章更激起了张作霖等人对苏联的愤恨，使之真的成了苏联“不共戴天”的敌人。

①见中华书局编《文史资料选辑》。

三、张作霖收容白俄匪军

出于反苏反共及国内作战的需要，张作霖早在1919年初就与沙俄谢苗诺夫将军有过接触。他的目的是收容溃逃在东北境内的白卫军为奉系作战。稍后，经谢苗诺夫的推荐，张作霖首先接纳了一支由普列什柯夫上校率领的沙俄第一西伯利亚步兵团。虽然该团编制为三个营，但是溃败到中国境内后，仅剩300余人了。

张作霖指示部下与普列什柯夫达成了如下协议：

1. 作为外籍移民，白卫军余部官兵志愿到奉军服役。

2. 该志愿者加入奉军后，除参加禁办防务外，愿听从奉军最高指挥官下达的各种战斗命令。

3. 志愿者为有酬服役。

4. 如志愿者违反奉军军纪，或本人自动解除本协议，奉军将即停止向当事人发放酬金。

5. 如志愿者战死，该酬金将发放给死者直系亲属或生前委托人，直至协

∷沙俄中东铁路管理局局长霍尔瓦特（前排右二）与白俄匪首高尔察克（其左）合影

议期满为止。

6．本协议有效期暂为半年。半年后经双方同意可自行续约。[①]

双方签订协议后，普列什柯夫立即率领西伯利亚步兵团开进了奉天(沈阳市)，编入张作霖的主战部队序列。

除了接收反苏反共的白俄匪军外，张作霖还乘机接收沙俄政府遗留下来的大量物资。比如，十月革命后，滞留在哈尔滨的沙俄官员曾拒绝把500艘轮船归还给苏联政府。他们想寻找能帮助其“反苏复国”的靠山，并象征性地出售这些在当时来说算是数额巨大的财产。

张作霖理所当然地盯上了这些船，派人与在哈尔滨的沙俄官员进行秘密交易。

当时，沙俄官员提出的唯一要求，就是希望张作霖准许谢苗诺夫将军到东北地区的大连招兵买马，以期卷土重来，对苏维埃政权进行反击，实现“反苏复国”的梦想。

对此，张作霖满口答应。这样，他就轻而易举地得到了500艘性能先进的船只。其后，这些船只有一部分用于奉系海军的后勤补给。

张作霖强行收购俄籍船只，对苏联恢复远东地区航运事业的构想是个沉重打击。因此，苏联政府向中方提出了赎回声明和抗议照会。

张作霖接受了沙俄的大批物资后(除上述提到的船只外，还有白俄匪军赠送的枪支弹药等)，更加积极地支持、纵容白匪军以中国东北边境为跳板，向苏维埃政权越界进犯，失败后再退入中国东北地区。

张作霖收容、支持白俄匪军的行动一直受到苏联特工的极大关注，并多次举证向中方发出抗议照会。如远东共和国于1922年2月11日向中国政府提交的照会称：

远东共和国政府得悉，近两个月来在远东共和国军队与滨海地区反革命军队作战期间，由于中华民国当局纵容，曾多次发生破坏远东共和国与中华民国友好关系的事件。

1921年12月期间，滨海地区的俄国反革命队伍为攻击远东共和国军

①见B·乌索夫《苏联特工在中国》。

队，由符拉迪沃斯托克出发沿乌苏里江铁路北上。虽然远东共和国部队力图阻止反革命队伍北上，但后者仍渡过乌苏里江进入中国境内，继续前进。

12月8日，希什金上校所部从俄国隆恰科沃村进入中国境内。同日，一支俄国反革命队伍沿中国领土向俄国科兹洛夫斯卡亚村进发。12月15日，一支50人的骑兵队在维德纳亚村对面的中国境内行进。12月15日、16日，在维亚姆斯卡亚和杰尔米冬托夫卡两车站附近，一支200人的反革命队伍因遭到远东共和国军队的追击，退入中国境内。1922年1月3日，一支几百人的反革命队伍携200辆大车在中国境内沿黑龙江上溯，至托别利斯卡亚村附近，意欲从后方包抄远东共和国部队。1月5日，一支规模很大的反革命队伍从中国领土出击俄国纳杰日金斯卡亚村，事后又退入中国境内。

除上述情况外，还有其他一系列类似的越界事件发生，袭击远东共和国军队的俄国反革命队伍曾多次出入中国国境。另据情报，中国境内的各个地点正在建立白卫军队伍，意欲兴兵反对远东共和国。据本年1月份情报，在中国境内距离远东共和国国境很近的许多地点正在组建白卫军队伍。在涅尔琴斯克工厂区，即额尔古纳村和卡马村、斯卡亚村对面，有一支俄国队伍正在组建。布谢村对岸的中国的卡拉甘卡城，有一支队伍正在中国军官的帮助下组建。白卫军驻扎地季姆村对面的中国卓科德村以及中国的兴东村富锦旗、三姓镇等地，白卫军继续在布拉戈维申斯克对岸的黑河地区以及满洲里附近集结。

除上述地区和其他边界地点驻有武装的白卫军队伍外，整个中东路支线上，俄国各个反革命组织并未停止活动，这些组织近来正加紧招募官兵，拼凑反革命队伍反对滨海省远东共和国。①

但是一心与苏联为敌的张作霖对苏联发出的照会不屑一顾，继续与白俄匪军紧密勾结，接受大批军事物资与兵源。对此，苏联国家保卫总局授意远东共和国委员团于1922年10月28日公开列举大量事实，揭露张作霖与白俄

①见B·乌索夫《苏联特工在中国》。

匪军相勾结的罪行。该致中华民国外交部的电文如下：

本委员团并接报告，谓贵国卸除白党武装，只为形式上之处置，实际上颇为优遇，予白党首领以完全举动之自由，且不肯采取任何措施，以消弥白党未来之危险。

本委员团依赖中国之友谊，尝盼获得更切实而可行之消息转告我国政府。国际法原则对于此事不可废戏，有如是者，故远东共和国政府有希望以下各项之全权：一、窜入中国边境之武装党众，应立即卸其武装。二、凡由该党众取得之枪炮子弹及国家财产，统领详细登载，并须设法保管此种财产，以便将来移交我共和国官员。三、所有避入中国领土之白党，为因军事事情起见，应将其在外国领土实行对我仇敌举动之能力剥除(即将伊等留置某地，由中国官员管理监视是也)。四、为因终止军事行为起见，所有窜入华境者一律遣送出境，并交与远东共和国官员。

本委员团曾向贵部将迫近之危险屡次指陈，此系显明不容讳饰者。

现在中国各处白党之如何组织，如何整备军械，如何供给，如何运输及如何屡次攻击俄境而复回华境一若家园者，若此等情形，华官概行目睹。

本委员团迭请贵部防范此种危迫情形，并将地方官员新署放任及迭次赞助情事根除净尽。

当兹指出一事，已足证明。当我驻哈代表沃萨尔宁与哈尔滨中国官员谈判之顷，白党首领在绥芬河地方正庆祝其逃逸，招待中国官员宴饮，并与之讨论作战计划。此事之可能，实显系得有援助。①

关于张作霖与白俄匪军的关系，美国历史学教授约翰·斯蒂芬在其《欧洲黑手党——俄国纳粹黑幕纪实》一书中有如下概括：

张作霖以绅士风度对待他领地内的俄国难民。他对于这些命运在他手心里的流亡者不但彬彬有礼，而且表示同情。他把北满沿额尔古纳

①见B·乌索夫《苏联特工在中国》。

河的大片土地让给大约1万名外贝加尔哥萨克人。他为政府、军队和警察雇佣了好几千俄国人，对他们的选择往往优先于中国人。他从盐税、铁路收入和保护费中足以得到可观的经费，而对于白俄则收薄税。尽管他也调整过中东铁路局的白俄代表权，但却倾向于不去干涉白俄的组织。

四、张作霖授权张宗昌收编白俄第65师

十月革命后，沙俄军队和白俄分子潮水般涌入中国东北地区，张作霖不顾苏联的再三警告与抗议，一意孤行地把大批白俄官兵收编到自己的奉系军队中。张作霖非常看重哥萨克骑兵作风剽悍、作战勇敢，遂加意招揽。他给了白俄官兵许多优厚待遇，其目的就是让他们为自己在中国的军阀混战中打头阵。他的下属也秉承其旨意，积极主动地收编白俄匪军，为奉系打败对立的军阀立下汗马功劳。

张作霖手下的“河马将军”张宗昌就是这方面的典型代表。

张宗昌是张作霖一手提拔起来的流氓将军，善于利用白俄匪军是其显著特点。

∷张宗昌

1882年2月，张宗昌生于山东省掖县的一个吹鼓手之家，因家境贫寒，少年时被迫下关东，在奉天、长春、哈尔滨、齐齐哈尔、黑河等地的铁路或金矿上做苦工，后因善于巴结俄国工头而被提拔为工长。

1904年，日俄战争爆发，辽东半岛成为日本和俄国两个帝国主义国家厮杀的战场。张宗昌在日俄两军间投机取巧，最后投靠了俄军。据当时其工友林宪祖回忆张宗昌的发迹时说：“俄军素与张接近，即委托其组织力量，类似别动队，担负运送辎重等等任务，人遂

呼张为统领。及日俄战争结束，亦即随同解散，辗转至海参崴。”①

林宪祖回忆张宗昌流浪到海参崴后的情况时说：

“海参崴当时为帝俄在远东的唯一军港，亦为其唯一商港。中国人民留其间经营商业者很多，其中尤以登州同乡为最多，设有华商公会，有招商团。张到海参崴后，经同乡介绍，接充商团团长。但商团不过为资本家做护身符，平日亦无事可办，张对此不甚感兴趣，因而时常出入于茶馆酒肆戏园娼寮之间，寄情声色，倾心交游。凡有缓急借贷者，无论多少，亦能尽力帮助，颇得仗义疏财之名，从而结识一班同乡青年，成为一种潜在力量。”②

在海参崴，张宗昌结识了俄国人米罗夫和日本浪人仓谷藏，对他日后成为握有重兵的军阀大有关系。

米罗夫(原名米里格罗夫·尼格来)原是一个俄国流氓，后来靠经营手枪牌火柴起家。他把女儿嫁给海参崴最大的资本家泽列维斯，慢慢发达起来。那时张宗昌把承包中东铁路零星工程的钱全都赌光，被工人索要工资而无法应付。米罗夫把张宗昌窝藏起来，亲自出面调解并代垫部分工资，才帮张宗昌度过难关。张宗昌因此对米罗夫万分感激。

就在张宗昌在海参崴走投无路时，恰逢同盟会革命者到海参崴招兵买马，张宗昌就报了名。之后，他又诱骗土匪刘弹子的人马，偷渡到上海参加革命军，自己则当上了光复军的骑兵团长，由此开始了他的行伍生涯。

1913 年 7 月，张宗昌率骑兵团参加讨袁之战，被袁世凯部将冯国璋打败，遂投降了冯国璋，并在其队伍中当了中将师长。冯国璋死后，他又投奔了奉系军阀张作霖，被任命为苏鲁别动队总司令。第一次直奉战争中，张宗昌在山东战败，逃回奉天。其后带兵平息吉林叛军取胜，被张作霖委任为第三混成旅旅长，但手下兵员缺少。恰在此时，从苏联逃出的大批沙俄溃兵涌入中国，给张宗昌带来了大量兵源。

当时，白俄高尔察克海军上将的军队和西伯利亚白卫军被苏联红军打败，1 万多名白俄匪军沿着中俄边境来到绥芬河附近，在此担任守备任务的奉军第三混成旅旅长张宗昌对这些白俄溃军感到不好处理，就向奉天发电请示张作霖。张作霖立即回电，授权由张宗昌相机处理。

---

①②见山东文史资料委员会编《土匪军阀张宗昌》。

不久，张宗昌在海参崴结识的米罗夫带着自称是“帝俄国务总理”的谢米罗夫到绥芬河，想求见东北大帅张作霖。而张作霖以奉天距绥芬河路途遥远为由，全权委托张宗昌与之会见。

该“帝俄国务总理”向张宗昌请求说：

“这些白俄军队，因为转战很久，艰苦备尝，军中上下普遍存在着厌战情绪，又无粮无饷，精疲力竭，而又回国不得，因此多欲放下武器，希望中国予以收容。此外，也希望帮助解决一部分经费，本人可以武器抵偿。”①

张宗昌闻言大喜，要知道，他正在为兵员和武器发愁呢。现在这些白俄溃军的到来，正好解了他的燃眉之急，既有人，又有枪，何乐而不为呢？

张宗昌又有张作霖全权委托及“相机处理”的指示，于是拿出筹集的部分款项交给“帝俄国务总理”作经费，而换来的是大批的枪支弹药及高级通讯器材。然后又把愿意接收改编的500余名白俄溃兵，暂时编成一支白俄部队，由聂卡耶夫担任部队长。以后这支部队发展壮大，成为奉军第65白俄独立师。

日后，“帝俄国务总理”谢米罗夫道出真相，原来这是二人上演的一出好戏。在此之前，张宗昌曾受张作霖之命秘密来到海参崴，通过好友米罗夫找到谢米罗夫，请求沙俄政府帮助奉军及自已刚刚组建的第三混成旅。

当时，谢米罗夫虽然没有答应，但还是以东道主的身份，在海参崴最豪华的格罗斯大饭店招待张宗昌，还邀请临时政府的高级官员作陪，临别还赠送给张宗昌40箱小甜瓜式手榴弹。

以后谢米罗夫的白卫军遭到苏联红军猛烈进攻，无法在苏联境内立足，想起了当年结识的张宗昌，于是就率众溃逃到张宗昌防区附近。谢米罗夫曾在山东绘声绘色地讲述他与张宗昌相互勾结的情况：

“张宗昌到海参崴时，日本留驻在海参崴的陆海军正准备撤走，周围形势很不利，我们除退到中国境内外，别无他路。我和张宗昌是患难朋友，和他谈到这些情况，他表示很愿意帮忙。口头约定，到了不得已时，俄军都退到张宗昌的防地以保存实力。因此，红军发动进攻后，我通知聂卡耶夫向张宗昌的防区撤退，并派参谋车可夫到张宗昌处接洽。张宗昌开始见到那么多俄

①见山东文史资料委员会编《土匪军阀张宗昌》。

国官兵，又缺少吃的用的，很为难。后经与聂卡耶夫协商，我们自愿贡献出武器装备，他就满口答应了。我们将所有武器，包括 1 万枝步枪、20 多门大炮、40 多挺重机关枪，连同弹药和其他一切相关的武器装备都交给了张宗昌，还有一部分人员也由张宗昌留用。”①

事实上，张宗昌和谢米罗夫、聂卡耶夫的勾结是以共同反对苏维埃政权为先决条件的。曾任张宗昌手下团副的牟中珩回忆说：

“第 65 师是在苏联十月革命爆发、白俄集团失败后，由西伯利亚溃退到哈尔滨一带的，被张宗昌收编为第一梯团。当日收编的条件是：白俄梯团先帮助张宗昌和张作霖统一中国，然后张宗昌率领中国军队帮助白俄回到苏联消灭苏共。”②

在 1924 年的第二次直奉战争中，张宗昌升任奉军第二军副军长。他以白俄梯团为先锋，一路顺风，由东北一直打到山东和江南，张宗昌的部下牟中珩回忆其中的奥秘时说：

“该师(即第 65 独立师)在收编的初期，战斗力甚强。官兵都是俄国人，武器马匹都是由俄国带来的，武器装备比中国军队精良得多。骑兵旅尤为精悍，为中国骑兵所不及。及第二次直奉战争，奉军入关南下，张宗昌率军进攻直鲁两省，每当战争危急和前线无法支持时，即将白俄梯团投入前线，每战必胜，每攻必克。于是张宗昌在白俄的有力支持下，一直打到山东，当上了山东督办兼直鲁联军总司令。因此第 65 师就成了张宗昌的骨干力量。张宗昌对白俄兵极为宠爱，待遇极为优厚。当时一般士兵都吃高粱米面，没有荤腥，只是吃点咸菜或蔬菜，独白俄士兵每天都吃牛肉面包，并供给青菜油料。白俄的军官每餐都是大酒大肉，吃洋餐，更为奢华。因张宗昌对白俄爱如至宝，于是人们都称白俄师为‘张宗昌的老毛子师’，白俄官兵也自认为是‘张的老毛子’。”③

张宗昌要养活白俄部队，手下还有 10 万人马，军费消耗颇巨，他的重要财源是种毒贩毒。他曾当过土匪，结交了一帮土匪、马贼朋友，由他们在东北靠近俄国的边界地带种植鸦片，主要选在中苏朝三国交界的三不管地区，就是由朝鲜边境至吉林省东北部，也是朝鲜与俄国沿海省的国界附近。因为

---

①②③见山东文史资料委员会编《土匪军阀张宗昌》。

∷调动的白俄炮兵

∷哥萨克骑兵

那一带地广人稀，山峦重叠，容易选择适宜鸦片生长的林地，另外不易被人发现，官军也难于讨伐。张宗昌让土匪、马贼选择易守难攻的山寨种植鸦片，经简单加工后，由张宗昌的部下护送销往各地，大发横财。

这些鸦片主要是卖给上海的青帮头子黄金荣、杜月笙等，及日本浪人仓谷藏。后者与张宗昌在海参崴相识，帮助他在绥芬河收编白俄军队，以后一直跟着张宗昌。张宗昌、黄金荣与杜月笙、日本浪人仓谷藏联手贩毒，赚了大笔钱财来雇佣白俄官兵为他卖命，并部分解决了10万军队的军费问题。

当时，张宗昌手下的俄国人、日本人组成的两个骑兵部队赫赫有名。日本作家杉木寒三所著《小白龙传奇》一书中描写张宗昌手下的外籍部队说：

“直奉两军交战，北起内蒙、热河，南到渤海湾，战线拉得很长。10万奉军跋山涉水，涌向关内。

“10月16日，张学良的第三军和张宗昌的独立混成第一旅入关，在滦河一带和直系彭寿莘的第一军发生冲突。

“小白龙白朗的马队，是初次参加作战。它左侧是梅列日科夫(即聂卡耶夫)率领的白俄骑兵和日本人的编成义军，而褚玉璞则率队在东侧督战。双方在山海关一带都投入主力进行决战。奉军连战连捷，形成破竹之势。小白龙马队屡战屡胜，和梅列日科夫马队展开了杀敌比赛。倘若比赛突击速度，小白龙马队和白俄骑兵不分上下，各有千秋。”

在玉麟山战斗中，擅长炮战的白俄炮兵大队发挥了巨大的作用，李恒珍等所著《奉张麾下》一文中，对此有如下记载：

“在这次进攻战斗中，张旅的炮兵大队发挥了巨大的威力。这个大队是张宗昌在中俄边境五站(绥芬河)收编的白俄部队，当时配有俄造77口径的山炮、野炮13门，75口径的山炮1门，全旅还有82迫击炮约20门。”

由于白俄部队作风剽悍，勇猛善战，作为奉军先锋所向无敌，使张宗昌连战连捷。张宗昌的部队发展到10万之众，在马厂一带整编时晋升为军长。他把白俄部队扩大编为先遣第一梯队，任命聂卡耶夫为司令。

1924年9月，苏联代表与张作霖的代表在奉天签署《奉苏协议》后，仍然继续谴责张作霖收编白俄匪军的行为。

对于苏联的指责，张作霖及部下置之不理，因为他们已经把“老毛子兵”视为珍宝。但是为了暂时安抚一下怒气冲冲的苏联人，他们耍了个外交手腕，即把奉军队伍中所有白俄官兵都改成了奉天人，而且还轰轰烈烈地搞了个“入籍军”仪式。张作霖任命张宗昌为“入籍军”司令，任命米罗夫为“入籍军”帮办司令，并下令在山东济南设立“入籍军”帮办司令部，下设八个处。张宗昌还在山东督署内设立顾问办公室，由米罗夫任总顾问。米罗夫领取“入籍军”上将薪金，两处往来办公。

为了广为招募白俄分子，扩充军队，张宗昌还在哈尔滨、天津两个口岸设立了“入籍军”招兵处，并指定白俄少将什尼果夫与白俄中校佐别斯分别担任两个招兵处的负责人。

奉军的“入籍军”部队主要由第65独立师、铁甲队、独立工兵团、骑兵团、骑兵卫队及飞机队组成。

陆军第65独立师是规模最大的在华白俄队伍，1925年成立，共约2000人。张宗昌任命聂卡耶夫为该师的中将师长，卡拉罗夫为少将参谋长，库库林为少将旅长兼第一团团长，马可列耶夫为少将独立工兵团长兼第二团团长。另一个旅为中国士兵旅，旅长为赵亨宝。赵亨宝精通俄语，又娶马可列耶夫之妹为妻。

白俄官兵作风极差，经常奸淫中国妇女。但张宗昌只重视白俄官兵作战勇敢，对其违纪违法之事很少追究，就是白俄兵真犯了重罪，也不过是派人送回原招募地而已。奉军规定对白俄官兵概不准许判决死刑。

在奉军中，张宗昌给每个白俄士兵以相当准尉的薪金待遇，并对他们从不拖欠兵饷。

奉军的“入籍军”的其他部队由相互独立的部队组成，有涅恰耶夫指挥的第105步兵团，切可夫指挥的特别队及科斯特罗夫指挥的装甲车队。其中装甲车队是“赫赫有名，战功卓著”。该铁甲车队所用的战车最初是在第二次直奉战争中缴获的军用运输货车，后来由白俄士兵在车厢四周堆积沙袋，并在沙袋上架设机枪。这样，由于该车能三面开火，速度特快，且运用自如，所以成了张宗昌部队进攻的开路先锋。整个白俄装甲车队在第二次直奉战争中，

∷白俄军队的铁甲列车

由天津沿津浦路一直打到长江北岸，为张宗昌在军阀混战中立下汗马功劳。

以后，张宗昌又提出要进一步改进白俄铁甲车队的战车，使其在战斗中发挥更大的作用。米罗夫因此在济南组织白俄技术人员设计改进方案，于是一种新的铁甲车出现了。新式铁甲车是在原有的货车车厢外加装铁板，并组成列车，每节列车上装备6门大炮、24挺重机关枪。奉军前后共改造出四列铁甲车，组成了真正的铁甲车队。随后，张宗昌任命白俄少将戈斯道夫为司令，白俄上校布克斯为队长。

但是，就在张宗昌大肆夸耀自己的铁甲车队所向披靡之时，1925年秋，在与军阀孙传芳的部队作战时，参战的白俄铁甲车队几乎全军覆灭。

张宗昌并不甘心铁甲车队的失败，他于1926年初又花大价钱让白俄技术人员设计出了战斗性能更为精良的四列铁甲战车。

除去白俄铁甲车队外，为配合奉军其他部队作战，张宗昌还组建了以白俄官兵为主的独立工兵团、骑兵团、骑兵卫队、飞机队、军士学校及济南炸弹工厂、济南皮件厂、济南第二兵工厂等。

独立工兵团亦称白俄工兵一团，为“入籍军”司令部直辖部队，团长为白俄少将马可列耶夫。工兵团只有白俄官兵百余人，后又招募了四五十名白俄技术人员，加在一起共约200人。其任务主要是负责抢修铁路、架设桥梁、维修电讯、爆炸破坏等事宜。

独立骑兵团有300余人，全部为清一色的哥萨克人，作风剽悍，战斗勇猛，其团长为白俄上校彼得戈布斯基。该团常担任攻坚偷袭等艰巨任务，是张宗昌的“致胜之宝”。

骑兵卫队约100人，也均为哥萨克骑兵，作战时负责保护张宗昌和米罗夫，其队长为达纳耶夫。

飞机队是张宗昌的特种部队，有10余架单翼单发动机飞机。队长为白俄上校安德烈修克。

军士学校为张宗昌培养“反苏、反共、复国”军官的基地。由米罗夫兼任校长，白俄军官、白俄东正教神职人员等20余人为教官，采用俄语授课，授课内容除了反苏反共的教程，就是学习枪炮知识及使用方法。

校长米罗夫曾对学员说道：

“我们办这个学校不只是为在中国打仗。现在我们是帮助奉军作战，有一天我们要回国与苏维埃政权作战，那时，张宗昌就将率领奉军的弟兄们去帮助我们打败布尔什维克。”①

张宗昌招揽白俄技术人员开办的三家工厂，则属于军事保障性质。

为制造“反苏、反共、复国”的舆论，经张作霖同意，白俄米罗夫还在天津创办了一份名为《我们的道路》的俄文报纸。发行量由最初的500份到最多时达6000余份，发送地区有中国白俄居住较多的哈尔滨、北京、上海、沈阳、大连、汉口等地，境外的日本、澳大利亚、加拿大等国也有发行。

正是因为张宗昌听从张作霖之命，重用白俄匪军，才使其部队在军阀混战中屡战屡胜，大大增强了奉军的实力，加快促成张作霖对东北、华北地区的控制，而张宗昌自己也因此而爬上了山东督军的宝座。

关于张宗昌与白俄匪军的密切关系，约翰·斯蒂芬教授在《欧洲黑手党——俄国纳粹黑幕纪实》一书中有如下叙述：

“许多经由满洲进入华北的白俄最终为另一军阀张宗昌效力。张宗昌是大帅(张作霖)的下级伙伴。1922年，他解除了从俄国滨海地区涌入满洲的白军残部的武装。两年后，著名的帝俄陆军将军康斯坦丁·聂卡耶夫将军组成一支受命于张宗昌的4000人的自愿部队。这支称为‘聂卡耶夫先遣军’的部队同吴佩孚和冯玉祥的部队进行了较量，并通过攻取山海关(长城东端满洲南部的战略门户)显示了它的价值。聂卡耶夫的军队由装甲列车运送的时候，所到之处令人惊慑。他们拼命作战，自知没有国家的俘虏反正不会碰上什么好运。他们的外号是‘倒霉兵’，像这种为与己关系不大的事业铤而走险的人是不多的。”

①见山东文史资料委员会编《土匪军阀张宗昌》。

第四章

苏联特工受命潜伏北京与东北

一、"契卡"：目标锁定白俄匪军与张作霖

十月革命后，随着国内外斗争的需要，苏维埃人民委员会按照列宁的指示，于1917年12月20日在莫斯科成立了"全俄肃清反革命和怠工特别委员会"(俄文缩写为"В Ц К"，通常译为"伏契卡"，以后又简译为"契卡")，其第一任主席为大名鼎鼎的捷尔任斯基。

"契卡"成立后，其主要行动对象是国内的"反革命"分子，而不是境外的敌对势力。可是随着1920年11月最后一批白俄匪军的溃散，"契卡"的工作重心也移到了国外。

::捷尔任斯基

1920年12月1日，列宁命令捷尔任斯基制定一个削弱这些境外"反苏复国"中心的计划。4天后，捷尔任斯基便拿出了一个多目标的行动计划。该计划中心内容有建立特别行动队袭击流亡白俄领袖和白俄匪军首领，扩大派遣特工行动等。

在国内战争中失败后，逃窜到境外的白俄匪军继续对新生的苏维埃政权采取"反苏复国"的破坏行动，对布尔什维克政权构成了严重威胁。列宁十分看重这种威胁。1921年7月，他曾向第三国际代表大会的代表们说：

"现在，在我们击退国际反革命的进攻

之后，又形成了在国外的俄国资产阶级和所有的俄国反革命党派的组织。逃亡到国外的俄国流亡者有一百五十万或二百万。我们可以看到，在国外，原先那些政党残余都无一例外地共同行动，这些人正在利用每一个机会，尽一切可能以这样或那样的形式来进攻、分裂苏维埃俄国。”①

为了消除境外白俄匪军的威胁，在联共(布)的支持下，“契卡”采取了一系列相应的措施，如：

——在边境地区建立负责边境安全的“契卡”组织，并且在这些特工组织的领导下建立陆、海、空三兵种的边防部队。

——“契卡”通过对所属区域及边防部队的领导和指挥，保证边境地区人民的正常生产生活和边境贸易活动的顺利开展。

——“契卡”采取措施抵御流亡的白俄匪军与外国势力的渗透和入侵。

——“契卡”要从那些地位显赫的沙俄白卫军首领的家中多抓些人质，用于威胁并打击逃亡分子的“反苏复国”行动。

——派遣红色特工到境外，查明并惩办白俄匪军的实际支持者。

为了加强对打击逃亡白俄匪军工作的统一领导，“契卡”还专门成立了一个特别组织——国外工作处，并任命经验丰富的特工特里利瑟尔为该处负责人。

:: M · 特里利瑟尔

特里利瑟尔，名米耶尔，化名为莫斯科文。他于1883年出生于俄国阿斯特拉汗地区的一个犹太族家庭，1901年，他18岁时就成了职业革命者。一战前，他的主要工作是打击布尔什维克流亡人员中的间谍活动。1906年起，任全俄社会民主工人党芬兰军政机关的负责人，后在参加地下活动时被捕，并被沙俄政府流放到西伯利亚。十月革命后被释放，先任东西伯利亚及后贝加尔军事委员会委员，后任远东共和国及远东地区的安全情报机关负责人，

①见《列宁全集》35卷。

并在那里发展培养了一大批苏联特工。

1921年2月，特里利瑟尔被调回莫斯科，同年8月被捷尔任斯基任命为“契卡”国外工作处首任处长。①

与“契卡”成立国外工作处的同时，共产国际也响应列宁的号召创建了“秘密国际联络处”。首任处长为达尔希斯。

达尔希斯，名越塞尔，化名皮亚特尼茨基，于1882年生于立陶宛的一个犹太人家庭。他于1897年起，加入立陶宛的科夫诺革命地下组织，并结识了包括捷尔任斯基在内的一大批俄共(布)革命活动家。1900年，达尔希斯转到立陶宛首府维尔纽斯，负责秘密发送中央机关报《火星报》的地下工作。1902年8月被捕，5个月后被布尔什维克营救出狱。1903年初被派到柏林，继续从事布尔什维克地下期刊的发行工作。同年底被召到伦敦，与在那里流亡的列宁相见。按照列宁的指示，达尔希斯回到柏林创建了以《火星报》为主的俄国布尔什维克革命期刊秘密印刷中心。同时，他还被任命为共产国际驻柏林的秘密召集人。1921年被共产国际召回莫斯科，同年8月，被任命为“秘密国际联络处”首任处长。②

按照列宁与捷尔任斯基的指示，“秘密国际联络处”的任务就是协助以特里利瑟尔为首的“契卡”国外工作处开展安全情报工作。在后来的操作过程中，“秘密国际联络处”实际上也给了国外工作处以极大帮助。它吸收了一大批外国共产党人及其同情者进行秘密情报工作。当时，有些人更愿意对来自共产国际的呼吁做出反应，而不愿直接同苏维埃情报安全机构打交道。20世纪20年代至30年代，许多苏联国家政治保卫总局和内务人事委员部的最优秀的外国特工，都一直以为他们是在为共产国际效力。

1922年初，根据实际斗争需要，“契卡”先后被更名为“国家政治保卫局”、“国家政治保卫总局”，但其所属的特别组织“国外工作处”及其头目始终没变。在此期间，被苏维埃政府重点通缉的要犯，如沙俄政权的海军上将高尔察克、陆军中将谢苗诺夫、“沙俄临时政府总理”谢米罗夫等率白卫军残匪纷纷逃匿到中国东北境内，并且受到张作霖的接纳、收编，这引起了苏联政府领导人的极大关注，他们指示特里利瑟尔领导的“国外工作处”与达尔

①②见K·安德鲁《克格勃绝密档案》。

希斯领导的“秘密国际联络处”密切配合，把工作重点转移到中国的满洲地区。这样，以上两个组织便把行动目标锁定在逃窜到中国东北地区的白俄匪军首领及其支持者张作霖身上。

二、苏联特工北京工作站

苏联国家政治保卫局特工机构“国外工作处”成立后，首先在当时张作霖等频繁出入的中华民国首都北京建立了工作站。先后派往北京工作站工作的有雷尔斯基、霍多罗夫及达夫祥。其中达夫祥的工作时间相对前两位要长得多，而且是北京工作站主要负责人。

达夫祥，名雅柯夫，化名达维多夫，1888 年出生于亚美尼亚一个商人家庭。1905 年在彼得堡大学毕业后，便加入了俄国社会民主工人党。后因从事共产主义活动，被沙俄警察逮捕，并流放到比利时。流放期间他继续深造，掌握了多种语言，并获得工程师职业证书。几年后，他流放期满，被获准回国，但是在途经德国时，又因宣传共产主义思想被德国警察逮捕入狱。十月革命后，达夫祥被德国警方驱逐出境，受莫斯科总部指令，他没有返回祖国，而是来到了巴黎。在那里他以俄国红十字协会会员的掩护身份做起了分化、瓦解沙俄流亡分子的工作。1919 年底，达夫祥受命回国，按照捷尔任斯基的指派先后到联共(布)中央外联局、外交人民委员部工作。1922 年，当苏维埃政权把对外特工工作的重点转向中国后，达夫祥又由捷尔任斯基亲自提名，被首批派往北京担任新创建的特工站站长。[①]

∷达夫祥

按照莫斯科的指令，达夫祥要在北京做好两件工作，一是以公开的身份完成外

①见 B · 卢立耶等主编《军事情报局：人事与档案》。

交人民委员部交付的苏维埃政权代表的工作，即通过外交渠道与张作霖在北京的势力进行周旋。二是以隐蔽的身份完成“国外工作处”或者苏联国家政治保卫局交付的刺探白卫军首领及残部在华的活动情况，收集张作霖及部下接纳并收编白俄匪军的动态与证据。

不过，在达夫祥到北京不久后向特里利瑟尔发出的密报中，流露出了为难情绪。他写道：

> 虽然这里的工作很有趣，很有挑战性，但是其难度也很大，而且极具风险。比如，远离莫斯科、联络不畅通、缺乏及时的沟通等不利因素给我们在这里的工作造成了很大的麻烦。可以说，我从未遇到过如此艰难的工作环境。知道吗，有时我的神经被弄得几乎都要崩溃了。①

尽管如此，达夫祥表示还是要努力坚持下去。一年之后，达夫祥自认为在中国的工作已取得了成效，所以，他给特里利瑟尔发去了这样一封密电：

> 我这里的工作很顺利，通过我上报给您的行程表，可以看出，我几乎走遍了全中国，尤其是广大的满洲地区，没有我不到的地方。我们的情报网也在迅速扩大。这里请允许我斗胆放言：本人已经能对活动在远东及满洲地区的所有的白俄匪军都了如指掌，并对于他们的行动能做到准确的预知和预判。②

一年来，随着情报工作的深入展开，达夫祥感到，仅在北京一地设立工作站无法完成国家政治保卫局及“国外工作处”交付的重要工作。所以在他的提议下，特里利瑟尔又批准在哈尔滨、齐齐哈尔、奉天等十几个城市与地区秘密成立了新的特工站或特工组。这些新的特工组织的成立，既为苏联的安全情报工作打开了一片新天地，又为达夫祥送来了内容翔实的各地新信息。1923 年初，达夫祥向莫斯科发去两封极有价值的密电。

---

①②见 B·乌索夫《苏联特工在中国》。

1923年1月30日：

“亲爱的米哈依尔·阿勃拉莫维奇(特里利瑟尔的名与文名)，今天向您发去由奉天工作站获取的关于白卫军反间谍组织的档案资料，请不失时机地使用之。”①

1923年2月11日：

“上海、天津、北京、奉天的工作站工作的很有成效。尤其是哈尔滨工作站，已经有我们的‘线人’打进了奉军与日军的情报网。我还将在长春设立一个工作站，并且事先物色了两位同仁为该工作站成员。我还将派人进入中东铁路。请等待使您更感兴趣的情报送出。”②

但是就在达夫祥竭尽全力在中国北方创立苏联特工网络时，两件事情的发生，使他一度离开自己心爱的工作。

第一件事就是北京站内部的勾心斗角。对于达夫祥在北京站做出的成绩，苏联特工内部评价不一。莫斯科总部的上司给予肯定，认为正是有了达夫祥的积极努力，才打开了苏维埃安全情报工作在中国东北、华北地区的新局面。而与达夫祥并肩工作的助手和下属，则认为达夫祥的做法违背了捷尔任斯基提出的初到中国时，其主要任务就是“蛰伏与隐匿”的指示精神。他们甚至认为，达夫祥好大喜功，乐于冒险，早晚会给苏联特工在北京及东北的活动造成危害。这些人的观点还得到了并不负责苏维埃安全保卫工作的斯大林的支持。如由俄共(布)1923年3月23日发出的有斯大林亲笔签名的编号为57号绝密件的密电说：

命令苏维埃人民外交委员会采取一切措施制止达夫祥同志及有关“中东铁路”协议签订等事宜，并指示达夫祥同志不要越权干涉那里的工作。苏维埃人民外委委员会并没有授予达夫祥同志特权。③

很明显，苏共(布)中央并不赞同达夫祥及背后的支持者——苏联国家政治

①②③见B·乌索夫《苏联特工在中国》。

保卫局的做法。

在此情况下，按照“国外工作处”头目特里利瑟尔的指示，达夫祥于1923年9月6日交出了北京特工站站长的职务。

第二件事是为了恢复与中华民国的外交关系，苏维埃政府于1921年7月22日派出以特命全权代表越飞为首的14人代表团到北京参加苏中复交谈判。谈判进行得很不顺利，近一年的时间里，没有取得任何实质性的进展。到1923年秋季，代表团长越飞又因突发急病被送到日本医治。在谈判代表团群龙无首又困难重重的情况下，经联共(布)政治局同意，决定任命对华工作经验丰富的达夫祥为该谈判代表团团长，继续进行苏中复交谈判。

达夫祥离开北京特工站后，特里利瑟尔便先后派阿尔维斯与符尔图纳多夫接替达夫祥的职务。其中符尔图纳多夫担任北京工作站站长的时间较长，而且工作富有成效。与其他苏联特工不同的是，他身为一名技术高超的外科医生，以良好的掩护身份与奉军、白卫军及日本的高层人士频繁往来，获取了大量情报。

符尔图纳多夫，名叶甫盖尼，1883年出生于俄罗斯一个名医世家。受父亲的熏陶，他从小就掌握了不少医学知识，大学一毕业就当上了外科医生。他在十月革命前加入布尔什维克，由于从事革命运动，他曾于1903年、1905年、1907年三次被捕入狱。最后一次获释后，他被俄共(布)中央派到远东地区从事军事起义工作。在那里，他了解了中国，并学会了汉语。1920年，他被召入“契卡”组织，两年后又被调进特里利瑟尔领导的“国外工作处”。1923年底接替离职的阿尔维斯，任北京特工站站长。①

∷首位秘密来华的共产国际成员维京斯基

这里需要说明的是，在北京特工站始建初期，“国外工作处”的头目皮亚特尼茨

①见B·乌索夫《苏联特工在中国》。

基曾派维京斯基以共产国际代表的身份秘密来到中国，其任务一是寻找在华境内开展苏维埃运动的可能性，并伺机帮助中国的进步人士成立共产主义组织；二是实地考察在北京建立苏联特工站的可行性，并帮助未来的“国外工作处”成员在北京及东北地区有效地开展以反对白俄匪军与张作霖相互勾结的秘密斗争。

1920年4月，维京斯基受命从远东入境来到中国。维京斯基携妻子先到北京，经过在华俄国学者的介绍，他首先找到了坚决反对军阀统治的进步教师李大钊。此时，在十月革命的影响下，李大钊已经成为一名共产主义者。因此，他同维京斯基的谈话十分投机。双方的交谈不仅使李大钊对苏联十月革命以后的情况有了更多的、更为具体的了解，也使初来乍到的维京斯基大概了解了有关中国现状、军阀统治、北京及东北地区的特殊形势。他认为，通过与李大钊等北方进步人士的交谈和几天的走访，自己已经初步完成了“秘密国际联络处”交付的第二项任务的基础工作。在考虑实施第一项任务时，维京斯基曾试探性地向李大钊建议：中国的进步分子应考虑成立共产主义组织。对此，李大钊反应很积极，他告诉对方，自己愿意就此事介绍维京斯基与南方的进步人士陈独秀相识，并做进一步的商谈。

维京斯基很高兴，立即南下，在上海找到了陈独秀，并受到陈的热情接待。通过二人多次密谈，陈独秀和他联络的上海革命者对苏维埃政权及共产国际的认识产生了质的飞跃。他们毫无保留地赞同维京斯基的主张，决定在中国发起成立共产党的组织，并同意今后与俄共(布)及共产国际建立密切联系。而维京斯基则代表俄共(布)及共产国际许诺：今后将从各个方面支持和援助即将成立的中国共产党，支持和援助中国人民争取民族独立、反对军阀统治、反对帝国主义势力的斗争。

临别时，他们还相互交换了联络密码。

在维京斯基光临上海几个月之后，即1920年8月，上海成立了共产主义小组。又过了将近一年，即1921年7月，中国共产党在上海正式诞生。

维京斯基卓有成效的工作得到了莫斯科领导人的赞扬，同时也引起了张作霖手下侦探的注意。1925年初，他携带绝密情报乘车去哈尔滨特工站接头时，被奉天的密探跟踪。在万分危急的情况下，维京斯基借解手之机，将全部绝密情报吞在腹中。

即使这样，他还是被警察关押起来。数日后，当身在北京的张作霖得知维京斯基既无证据，又无口供时，才命令下属将其释放。

无独有偶，就在维京斯基在东北遇险的同时，一向谨慎小心的北京特工站站长符尔图纳多夫也在哈尔滨被捕，被捕的原因是传递情报。

二人的双双被捕证明了张作霖对北京及东北地区控制的严密，也给莫斯科高层以极大震动。他们决定要加强在中国、确切地说是在张作霖控制地区的苏联特工的活动力量。

为此，联共(布)中央政治局于1925年4月17日做出决定：成立“以苏维埃全权代表加拉罕为首的北京活动中心”。其成员包括别尔金将军、契切林、维京斯基、盖克尔等一批负责安全情报、外交及使馆武官工作的经验丰富的特殊人员。该决定明确指出：北京中心要协调并加强对华的情报安全工作。

“北京中心”成立之后，认真检讨了以前在华开展情报安全工作的得失。认为，与苏联政府拨付的巨额资金相比，其回报是很有限的。自从达夫祥被调离职后，这里的工作几乎陷入停顿状态，即使上报了一些情报，其质量也不高。

针对“北京站”出现的问题，当时在苏共中央负责安全情报工作的优龙芝将军发密电给加拉罕，作出三项指示：

> 1925年5月20日，绝密
>
> 加拉罕同志：
>
> 一、除已成立的“北京中心”外，不要再设任何指挥机构。
>
> 二、在该“中心”内要加强特工工作的力度，同时要增加翻译力量。
>
> 三、要获取以下情报：该地区的实际统治力量，其内部状况、军事部署及集结能力。
>
> 总部需要的是符合实际的第一手情报，而不要个人主观的分析与判断。[①]

在接到伏龙芝密电后，“北京中心”适时调整了内部情报组织结构，在征得“国外工作处”头目特里利瑟尔同意的情况下，将“北京特工站”的全部

①见B·乌索夫《苏联特工在中国》。

工作移交给了由苏联军事情报局派出的驻华武官盖克尔。

::Z · 盖克尔

随着中苏两国于1924年5月31日共同签署《中苏解决悬案大纲协定》，两国算是正式建立了外交关系，接着便互派大使、武官等。按照联共(布)中央政治局的决定，派到中国的武官(当然也包括派到其他国家的武官)将由苏联红军军事情报局负责。而被派出的武官就理所当然地成了当地苏联情报机构的负责人。

其实，以上决定早在1920年夏就由当时的苏维埃革命军事委员会制定出来了。同年6月3日，联共(布)中央予以确认。在稍后由苏联红军军事情报局为驻外武官制定的细则里规定：任何一位出任所在国家的军事武官必须要完成下列四项工作：

1. 对所在国的外交期刊杂志的收集和研究。

2. 重点研究重要阶段、重要事件的当地国印刷品。

3. 对重要目标实施监视与追踪。

4. 建立侦察、间谍网。

其中对于建立"间谍网"一事，军事情报局特别指出：根据目前中国境内，特别是张作霖统治的北京及东北地区的特殊形势，要特别注意招募间谍的资格审查。例如要低成分的家庭出身或实属进步人士，对苏维埃政权及无产阶级革命赞同并支持，决心与帝国主义在华势力、张作霖等大军阀及白俄匪军做坚决的斗争。如符合以上条件的人选可委以重任，甚至可推荐上级批准为某地区的负责人。

为了逐步壮大苏联特工在华力量，军事情报局还建议驻华武官在建立"间谍网"的同时，谨慎地发展自己的"线人"，作为招募间谍的后备人选。

关于苏联驻华武官负责领导并招募中国间谍的情况，在张作霖于1927年4月6日命令奉军搜查苏联驻华武官处时得到的机密材料中得到了进一步的反映。

如在一份关于招募外国使馆中"低级"的中国工作人员(听差、门卫、苦力等等)的报告中写道:“所招募的最合适的间谍是一些党员(指共产党员)。‘北京’在以意识形态的信仰为基础招募秘密间谍方面有着精深的造诣。”

驻华武官指示被招募的间谍要“收集那些撕碎了的、扔在机关的垃圾篓里的文件,打废了的纸页,工作后留在各种油印机上的校样初稿等有价值的材料”。该报告接下来写道:

> 我们对偷到此类情报的间谍要进行金钱的奖励,但数目不是很大,其原因有两个:一是如果他们手中的钱很多,会引起周边人的怀疑,他们的上司会通过这些人知道他的所为。二是如果间谍由于某种原因突然怀疑其情报有重要意义的话,他们会趁机和我们讨价还价。因而,我们要不断地向他表明,我们等待他拿出更重要的情报。而如果我们付得多了些,就是希望他以后干得更漂亮些。可见,给这些间谍的报酬应该比他们从自己的主子那里得到的工资要多得多。
>
> 我们使他们明白,如果间谍的“线人”干得好,那么他的招募人也应得到奖赏,因为正是他们才是这项工作的推动力量。
>
> 我们要求间谍应该表现得勤勉严谨,要对自己工作中的主子表现出耿耿忠心和依恋之情,努力使自己不受怀疑。而对自己的“线人”则要“时刻保持警惕,记住会有假情报”。此外还要让间谍清楚地意识到,自

∷莫斯科苏联红军军事情报局大楼

己随时都有可能被身边的人识破，或被利用来传递假情报。[①]

为了让有关部门引起对由武官及武官处统一领导所在国安全情报工作的重视，联共(布)中央政治局还于1929年4月15日专门下发了一份题为《必须在近期改进和完善在华的军政工作》的文件，该文件说："考虑到以往的经验教训，必须给武官及武官处的工作以极大的支持，给予他们自主权，使之能全方位地指挥并领导所在地区的军情工作，进而顺利地完成'中心'和全权代表赋予的各项使命。

"为能很好地履行自己的神圣职责，武官应当为在第一线工作的属下制定行动方针、路线及具体规划，还要定期检查他们的工作。"[②]

20世纪20年代，在张作霖遇刺前后担任苏联驻华武官并兼任"北京特工站"站长的有6人，其中首任盖克尔工作时间较长，成绩也比较突出。

盖克尔，名亚纳多立，于1888年出生于格鲁吉亚的吉弗利斯市的一个德国军医家庭。1918年参加苏维埃红军，参军前加入布尔什维克。苏联国内战争中，曾先后任第33军、第8军参谋长，顿巴斯军军长，乌克兰方面军参谋长，参与组建乌克兰苏维埃政权。1918年5月，被调往白令海峡任海军基地政治委员。同年8月，受命去雅罗斯拉夫地区镇压反革命暴乱，随后任该地区最高军事长官。1919初，调任亚斯特拉罕地区军区司令，三个月后又调任苏联红军第13军军长。1920年4月，改任苏维埃内卫部队参谋长，一年后又奉命去高加索地区任第11军军长。1922年初，改任苏俄军事科学院院长，在军事科学院任职不到三个月，被联共(布)政治局选调为与中华民国复交谈判代表团成员。1924年6月，中苏建交后任首位驻华武官兼任"北京特工站"站长。[③]

在盖克尔任职期间，苏联在华的情报工作得到了很大发展，具体表现有：

——对原有的"北京特工站"进行了整顿，加强了一线特工人员的力量。

——扩大了从北京至整个东北地区的"间谍网"，增加了翻译与内线人员

①见俄文版《"契卡"红色文献》。

②见B·乌索夫《苏联特工在中国》。

③见B·卢立耶《军事情报局：人事与档案》。

的编制。

——加强了与冯玉祥部队的良好关系，并给予该部队在军事、资金上的巨大帮助。

——秘密对张作霖的奉系将领进行策反，并初见成效。

——成功地实施了对逃窜到东北境内的白俄匪军首领的长期监视。

——掌握并发回莫斯科大量的有关张作霖集团与白俄匪军勾结的证据。

——收集到大量奉军、日军及白俄匪军的军事实力、军事部署、武器装备及人员调动情报。

——掌握并发回莫斯科大量有关奉军与日本军国主义相互勾结、反苏反共的证据。

盖克尔于1925年11月卸职，之后便由下列人员相继担任苏联驻华武官兼任“北京特工站”站长：

原苏联土库曼军区军事委员沃罗宁；

原苏联红军少将叶格罗夫；

原苏联红军民族军团少将拉平；

原苏联远东共和国情报机构负责人鲍罗维；

原联共(布)中央政治局所属“中国委员会”书记隆格瓦；

原苏联政府驻华副全权代表萨法罗夫。

除以上提到的“北京特工站”负责人外，还有一些身份较为重要的间谍被秘密地派到北京，执行特殊的使命。按照莫斯科总部的安排，有些人的活动是极为隐蔽的，甚至“北京特工站”的同行都不知情。这些来去匆匆、隐姓埋名的人物，就是将要执行最重要任务的萨尔嫩、维纳罗夫、埃廷贡等人。

::苏联特工Z·拉平

三、苏联特工哈尔滨工作站

1.复杂的历史背景

十月革命的爆发在中苏边境地区的中心城市哈尔滨引起一片混乱，各种势力纷纷登台亮相。

1917年11月7日，即发生十月革命的当天，哈尔滨的俄工兵苏维埃便召开会议，组成临时革命委员会，随后又与布尔什维克在哈尔滨的党组织一起成立了“城防委员会”。11月12日，俄国社会民主工党(布尔什维克)哈尔滨支部发表《告满洲全体公民书》，号召东北地区的民众支援布尔什维克发起的十月革命。12月12日，哈尔滨俄工兵苏维埃又发表《告公民书》，称：“自本日起，哈尔滨工兵代表苏维埃即为国家主权正式代表，所有国家及公共机关均受本委会管辖，凡本委会发布的政见即为正式命令。”12月14日，哈尔滨俄工兵苏维埃军事委员会发布命令，撤销由沙俄政府任命的中东铁路管理局局长霍尔瓦特在中东铁路管理局的一切职务，任命布尔什维克工人斯拉文为“主持中东铁路管理局政治与外交事务委员”。随后，哈尔滨俄工兵苏维埃又派普拉诺夫为驻哈领事，而沙俄政府任命的驻哈副领事波波夫在遭到布尔什维克驱逐后逃入东北内地。

沙俄的中东铁路管理局局长霍尔瓦特面对哈尔滨俄工兵苏维埃的活动，遂通告各国驻哈领事，表示他已无力保护外国人的生命财产。各国在哈商人随之分别组织了“自卫团”自保。受形势变化的影响，原中东铁路哈尔滨属地界内形势也比较混乱。中东铁路运行紊乱，货物积压严重，仅哈尔滨东站就积压货物近900车皮之多。

有鉴于此，英、美、法、日四国驻哈领事要求滨江地区的官员迅速采取行动，维持哈尔滨等地的秩序，保护在哈尔滨居住的外国侨民的生命安全。特别是日本驻哈尔滨领事代表驻哈领事团向霍尔瓦特递交照会，要求限制俄工兵苏维埃的活动，声称“为保护日本利益”，他们有权借用东北巡阅使张作霖的部队，或调用自己的军队，维护当地秩序。英国驻华公使则直接要求中华民国政府出兵维持哈尔滨秩序。

为了防止第三国势力介入，1917年12月1日，中华民国外交部会商东北巡阅使张作霖电告吉林督军选派军队，准备开赴哈尔滨镇慑俄“激党作乱”。12月5日，滨江地方官员派员通告各国驻哈领事，中国准备派兵进驻哈尔滨，镇压“乱党”。两天后，即12月7日，吉林派出一名团长带两个营及部分学兵来哈。12月10日，又派出一名旅长带着三个营的官兵来哈。12月17日，吉林督军命令在哈的中国军队立即成立中东铁路警备司令部，其军事指挥人员均由军官担任。

12月20日，中华民国外交总长陆徵祥照会苏俄公使，宣布：中方决定“以实力赞助霍尔瓦特，维持北满秩序”。随后，中东铁路警备司令部又派员将霍尔瓦特保护起来，并按张作霖的指示，会同奉军张宗昌等人与霍尔瓦特一起就遣散哈尔滨布尔什维克军队问题进行了密谋。

12月26日，中东铁路警备司令部受命派兵到哈尔滨南岗市场和西大桥，强行解除由布尔什维克领导的苏俄武装，双方发生武装冲突，并互有伤亡。对此，1917年12月29日的《远东报》曾作了详细报道：

本月初，俄国在哈埠之广义党首领流基啸聚党羽，并运动俄官兵共数千人，图谋驱逐铁路总办霍尔瓦特，夺取路权，以扩张新党之权力。一时市面骚然，中外商民颇形恐惶。嗣经吉省军队开拔来哈维持现状，人心始稍安贴。吉林孟督军派陶旅长为总司令，高旅长为会长，么团长为副司令，督带步马炮各营，并机枪多架，陆续开拔到哈，组织司令部，实行以武力镇压，分布道里、道外，严密防范。该新党属欲暴动，均鉴于华兵之干涉未及举步。但其跃跃欲试野心仍始终不死也。

吉军方面虽节节布置，十分严密，仍不欲遂用武力，屡与霍总办谈判，欲令该新党解除武器离去哈埠，以求恢复原状。乃该党坚不允从，必欲于他人之领土中以达其改革政治之目的。吉军见其负固不服，猖獗日甚，乃作持满待发之态。至二十五日附合流基之俄兵渐有悔悟之意，已允缴械出境。乃至二十六日忽又中变，随至香坊北头炮营夺取子弹多箱，预备拒敌，并拟立即将霍驱逐及谋害附霍军官。吉军见事机日迫，并恐稽延时日，中外商民损失益大，且已奉中央相机办事之命，乃决定以武力干涉。

二十七日拂晓，司令部派么团长督各营至秦家岗五百五十九号。该俄兵等始欲抵抗，继见重兵压境，又经么团长一再开导，遂即服从缴械。

又同昨派高团长督派各营至铁路大桥西六百一十八号，监视该处俄兵解除武装。乃该俄兵等凶悍异常，一见军队，即纷纷开始射击，吉军迫不得已，开始还击。相持约十分钟，该俄兵等自知不敌，其一部分遂竖立白旗，吉军当即下令停击。其他一部分尚轰击数十枪后，见竖白旗者纷纷缴械，亦即不敢妄动。所有各俄兵武装至午后一时业已一律缴齐矣。

此次司令部派么、高二团长督队至附和新党俄兵屯驻地点迫令缴械外，并派各团营长分段警备防范，备极严密。故市面安谧如常，中外商民并无丝毫损害。其缴械俄兵将于日内监送回国。哈埠一隅当不至糜烂矣。

1917年12月28日，哈尔滨俄工兵苏维埃主席流基及其所领导的布尔什维克军队4000余人被缴械后遣送出境，随后中东铁路沿线富拉尔基、博克图、碾子山、扎兰屯等地倾向布尔什维克的军队亦相继被张作霖的奉系部队解除武装递解出境。如此，霍尔瓦特借奉军之手稳定住了哈尔滨的局势，并逐步把这里经营成反苏维埃政权的大本营。自1918年起，其反苏维埃活动日益频繁并不断升级。

1918年3月18日，原沙俄政权的骑兵大将普列什阔夫逃来哈尔滨，被霍尔瓦特委任为中东铁路护路军总司令，由此形成了奉俄两方护路军共存的局面。

4月24日，相继逃亡来哈的白俄分子在哈组织“远东卫国护法团”(即“远东拥护祖国和宪法会议委员会”)，得到霍尔瓦特及驻哈外国领事团的支持。该团“政策”共有五条，其中包括“组织一部分强有力的军队”，“竭力协助组织西伯利亚及远东特别临时政府”等。同月，被苏俄“契卡”列为首要追杀对象的沙俄将领高尔察克、谢苗诺夫等人相继来到哈尔滨，与霍尔瓦特商讨组建“反苏复国”武装部队。

5月8日，霍尔瓦特在中东铁路沿线及哈尔滨地区发布告示，宣布对界内俄人“急需行使统治权”。

5月9日，霍尔瓦特与普列什阔夫在哈尔滨组织“救国会”(又称“远东义勇团”)，设军事、外交、筹饷、民事四处，“虽无政府字样，确系政府组织”，霍尔瓦特统领一切，普列什阔夫为总司令。随后霍尔瓦特便在中东铁路宣布戒严，并分设5路护路军司令部。

5 月 15 日，俄籍布尔什维克党员、横道河子教师乌曼斯基在哈尔滨被白俄分子绑架杀害。为此，中东铁路哈尔滨总工厂，印刷厂，电报、电话系统的工人举行罢工。17 日，罢工工人在南岗尼古拉教堂广场集会悼念乌曼斯基。与会的工人领袖丘马克又被白俄分子抓走，“俄工愤懑，复集地包(即机车库)，企图暴动”。5 月 19 日，霍尔瓦特下令解散铁路职工联合会执委会，将 13 名布尔什维克执委会委员驱逐出境，并下令戒严。20 日，哈尔滨铁路总工厂等工人集会，反对解散职工会执委会和驱逐委员的命令。

1918 年 6 月 18 日，由于与苏联红军作战的谢苗诺夫军队失利，“远东卫国护法团”、“西伯利亚自治会”、沙俄政府国民议会旅哈议员和沙俄政府下议院议员等沙俄分子在哈尔滨召开会议，特请霍尔瓦特照会协约国出兵，干涉苏维埃。20 日，在哈尔滨的原资产阶级临时政府官员及孟什维克等重新集会，通过“决议”吁请协约国出兵干涉苏维埃政权。21 日，将会议通过的“决议书”、“呼吁书”交由霍尔瓦特以及驻哈尔滨的协约国领事转交各国政府。

7 月 9 日，霍尔瓦特宣布成立“全俄临时政府”，由其自任“最高执行官”、“临时摄政”。同时在哈尔滨出示布告称：“俄人以国家为重，应以鄙人为临时政府代表，共救国家之危亡”，并为稳定自己的“临时政府”，派出军警搜捕哈尔滨的布尔什维克党员。

∷白俄将领视察前线

8 月 16 日与 11 月 17 日，《远东报》相继报道：

本埠俄报传云，多数党(即布尔什维克党)代办数人刻在哈埠潜匿。刻闻俄警已派人侦察各代办，以便拘捕云。

本埠去冬将多数党驱逐后杳无踪迹，乃于日昨俄警察在中国大厅路西俄饭店拿获多数党侦探一名。当时由其身上搜出委任状并新式美元颇多，遂带往警署去矣。

而在哈尔滨的布尔什维克也不甘任人宰割，发动反击，如 1918 年 12 月 20 日沙俄将军谢苗诺夫在剧院看戏时险遭刺杀，当时的报纸曾有如下报道：

闻 12 月 20 日，谢梅(苗)诺夫曾至戏院观剧。开幕之后，有人连掷炸弹两枚并放手枪数响。谢氏手足受伤，塞尔维亚某军官受伤甚重，旁座者受伤二十余人。当时坐客四散逃窜，谢氏指挥兵队围住戏院，搜捕刺客，卒未能擒获。①

这些情况说明，尽管有霍尔瓦特等“临时政府”的管理，但因为布尔什维克的反抗，哈尔滨地区及中东铁路沿线仍是一片混乱。鉴于该地区已经成为东北局势动乱的策源地，所以作为东三省最高长官的张作霖以维护该地区秩序等为由，收回了中东铁路路权(详见第一章)。

收回路权后，受身边日籍顾问的鼓动，张作霖还强化了对东三省及相邻的苏俄地区的边境管理。他甚至以整个中俄远东地区监管人的“身份”，把收回中东铁路路权及强化边境治安的告示电告给与中国东北相邻的 6 个俄属地方政府，即贝加尔、后贝加尔、阿穆尔、萨哈林、滨疆区及堪察加。而身处新旧政权更迭窘境中的上述行政当局，竟没有一个表示抗议或回绝。

张作霖的做法，不但使新生的苏维埃政权一时失去了对中东铁路及所属沿线的控制权，也失去了作为主权国家对远东地区的宗主权。从侧面反映出

①以上资料摘自石方等著《哈尔滨俄侨史》。

军阀张作霖对“赤色”苏维埃政权的蔑视与反动。

2.苏联在哈尔滨地区建立情报组织

对于哈尔滨地区出现的反苏反共的混乱局面及张作霖无视苏维埃政权存在的做法，苏联领导人表现出了极大的愤慨，一些红军将领甚至提出要越境与奉军及白俄匪军作战，而哈尔滨地区的布尔什维克组织更对苏联政府的软弱表现提出指责。

为了平息内部的不满并作出恰当的决策，联共(布)决定成立以苏俄军事委员会政治局局长安东诺夫为首的专门委员会，调查并评估发生在哈尔滨及中东铁路沿线的反苏反共事件。

一个月后，该专门委员会向联共(布)政治局提交了结论性报告：

> 经国家政治保卫局特派员古比雅克、阿尔波夫等同志深入实际的调查，确认由于存在俄中边境地区民众觉悟较低及目前我军不论在人数和武器装备上都处劣势的情况下，无论如何都不适合越境与敌人作战。①

联共(布)政治局同意了专门委员会作出的结论性调查报告，并指示国家政治保卫局及红军军事情报局，先以派遣特工及筹建特工站的形式参与哈尔滨

∷苏联红军军事情报局三处（即亚洲处）办公室外景

①见B·乌索夫《苏联特工在中国》。

及北满地区的对敌斗争。

接到政治局的指示后，“国外工作处”与军情局“三处”(即“亚洲国家与地区处”)立即行动起来。因为在1924年秋与张作霖签署《奉苏协议》之前，双方没有任何官方往来。苏联特工只能以经商为掩护来建立自己的间谍网与“特工站”。

1922年初，一家以商人名字注册的“西达尔夫涅多尔”商贸公司在哈尔滨成立，接下来该公司又开了两家分公司，分别以“多普罗夫洛特”与“索夫特夫洛特”命名。公司的营业范围是经营阿穆尔河的俄中航运业务。

实际上，以上公司分别由共产国际“秘密国际联络处”派出的特工别斯特里茨基、基谢里科夫及布尔丹等非俄籍布尔什维克负责。

同年3月，在哈尔滨开办了一家总部设在哈马罗夫斯克的“达尔邦克”银行，银行的行长分别由罗姆与沙彼罗担任。两人也是由“秘密国际联络处”派出的外籍特工。按照“秘密国际联络处”的命令，“达尔邦克”银行的主要任务是在中国的哈尔滨及北满地区广泛地收购金银财宝，铸成金条后，秘密地运送到莫斯科，然后再由总部把金条变卖，或直接作为援助发给境内外反帝反军阀的革命武装队伍。

从以上两个秘密间谍网的人员构成可以看出，他们都是“秘密国际联络处”派出的外籍特工。其实在苏联的安全情报战线上，“秘密国际联络处”与“国外工作处”的同行之间经常出现矛盾与摩擦。但在这两个秘密机构的最高层，由于“国外工作处”的头目特里利瑟尔和“秘密国际联络处”的头目皮·达尔希斯之间有着良好的个人关系，所以双方下属的分歧得以缓和化解。在双方关系中，“秘密国际联络处”总是扮演小弟弟的角色。和作为共产国际委员与联共(布)中央候补委员身份的特里利瑟尔不同，达尔希斯在上层基本没有什么重要的位置。所以，在共同对敌斗争中，达尔希斯总是给特里利瑟尔及其领导的“国外工作处”以极大帮助。这次在接到联共(布)政治局及共产国际执委会要求在哈尔滨及北满地区开展情报工作的指示后，他不但派员在那里建立间谍网，而且还把经验丰富的资深间谍派到敌人的秘密机构里卧底，以获得价值连城的绝密情报。如，1921年，他让非俄籍的特工维尔特以非常手段打入了白俄匪军的军事联盟中心，并在那儿以经济主管的身份卧底工作多年，直至该中心被苏联特工彻底毁灭。

∷实为苏联特工机关的"苏联驻哈尔滨经贸处"

1922年春，受"国外工作处"头目特里利瑟尔的指派，苏联特工依格纳琴科在哈巴办夫斯克市成立了一家名为"达尔多斯托克"的商贸公司。公司注册后，依格纳琴科又命令下属米洛诺夫携带巨款，以公司代表的身份来哈尔滨，自称作为一名"反苏复国"的白俄后裔，他要加入"远东救国会"。他的"真诚"请求很快得到批准。其实，米洛诺夫的真正用意，是奉命了解该组织的核心领导人、资金来源及在俄境内的地下关系网。

∷苏联特工M·波波夫

同年4月，"国外工作处"的头目特里利瑟尔指派苏联远东工作站的斯莫罗京在哈尔滨工业区开设了一家以经营原材料为主的"契特拉萨由斯"工厂，以实业家的身份联谊北满地区的工商界人士。

同年6月，苏联特工波波夫受命在北满地区开办一家名为"西普克拉索斯"的俄罗斯产品销售公司。该人后来成为哈尔滨特工站的负责人。

同月，以石油世家为掩护身份的谢尔

比茨基受“国外工作处”指令，在哈尔滨开办了第一家营销石油的“辛迪家”公司。

除以上的商贸性公司外，苏联军事情报局“三处”还派特工在哈尔滨开办了一家学术性机构——“满洲地区研究会”、一家医疗性机构——“俄罗斯红十字协会”和一家慈善性机构——“哈巴罗夫斯克慈善机构驻北满办事处”。为了掩人耳目，突出地域性特点，“三处”还特意安排具有资格证书的中国专业人士担任“红十字协会”与“慈善机构”的负责人，而他们自己则在幕后操纵指挥。

经过一段时间的情报间谍工作，苏联特工获得了大量的第一手资料。莫斯科的领导人看到：自1917年俄国十月革命后，一些沙俄官吏、资产阶级临时政府官员、白俄匪首、旧知识分子以及资本家相继流窜到北满地区的中心哈尔滨，在东北最高行政、军事长官张作霖的袒护与支持下，他们把那里作为“反苏复国”的基地，纷纷建立各种反动组织，以配合国际武装干涉势力及北满的奉军企图推翻苏维埃政权。

具体证据如下：

第一部分：秘密获取的绝密情报

1.1920年7月14日，日本军方代表与张作霖的奉军代表达成共识：

驻海参崴的日军特高课要与北满地区的奉军侦缉处联合行动，监视苏俄赤色分子在哈尔滨、齐齐哈尔及满洲里的特务活动，并抓捕归案。

2.7月19日，日本驻海参崴部队收到由东京本部发来的密电：

为配合友军的行动，驻埠部队要密切关注苏俄赤军军事部署及军事装备情况。

3.7月20日，苏联红军军事情报局“三处”线人密报：

日本驻军与北满地区的“红胡子”关系相当密切。他们无偿地向“红胡子”提供粮食、服装、武器，给他们布置任务，对苏联境内的苏维埃政权及中东铁路沿线地区进行破坏，目的是想给人以一种印象，即解决当地治安问题，不能依靠苏维埃政权，只能依靠日本干涉势力和张作霖的满洲部队。

4.1920年7月22日，“三处”内线密电：

中东铁路的中方经理曾向满洲的长官密告：当地的6名“红胡子”首领已与日本代表签署了协议，即同意执行日本人制订的实施破坏、捣乱的计划。

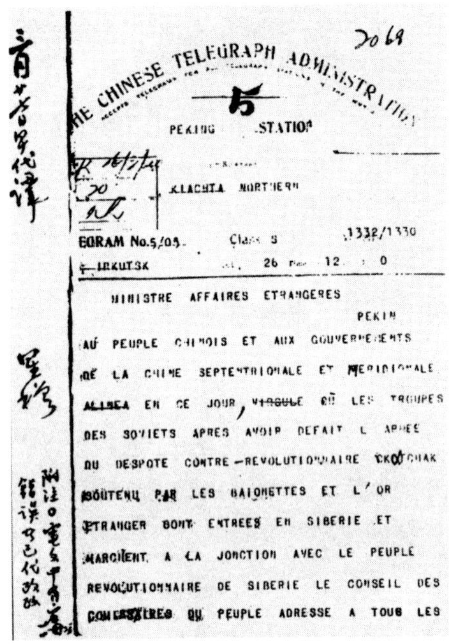
2069
THE CHINESE TELEGRAPH ADMINISTRATION
5
PEKING STATION
KIACHTA NORTHERN
EGRAM No.5/05 Class S 1332/1330
IRKUTSK 26 12 0
MINISTRE AFFAIRES ETRANGERES
PEKIN
AU PEUPLE CHINOIS ET AUX GOUVERNEMENTS
DE LA CHINE SEPTENTRIONALE ET MERIDIONALE
ALINEA EN CE JOUR, VIRGULE OU LES TROUPES
DES SOVIETS APRES AVOIR DEFAIT L ARMEE
DU DESPOTE CONTRE-REVOLUTIONNAIRE KOLTCHAK
SOUTENU PAR LES BAIONETTES ET L'OR
ETRANGER SONT ENTREES EN SIBERIE ET
MARCHENT A LA JONCTION AVEC LE PEUPLE
REVOLUTIONNAIRE DE SIBERIE LE CONSEIL DES
COMMISSAIRES DU PEUPLE ADRESSE A TOUS LES

::共产国际对外联络处发往中国境内的密码电报

然后，日本人将以此来威胁苏维埃政权，要求参与中东铁路的管理。

5.同日，化名为“达尔它”的资深特工密电：

在奉军及日军的支持下，白俄流亡分子正组织由24位沙俄将军、50名沙俄校级军官参加的军事指挥中心，准备对苏联境内的中东铁路沿线村镇发起攻击。①

第二部分：哈尔滨地区的沙俄反动组织

1.“远东护国卫法团”：

该组织于1917年成立，十月革命后在哈尔滨活动猖獗，竭力呼吁在俄国恢复沙皇统治，并得到奉军与外国驻哈尔滨领事团的支持。1918年4月，该组织公布其宗旨，其中包括“组织一部分强有力的军队”，“竭力协助组织西伯利亚及远东特别政府”等。该组织曾多次纠集在哈的白俄团体举行集会，吁请协约国出兵干涉苏维埃政权，并将“决议书”、“吁请书”交由霍尔瓦特及驻哈协约国领事转递各国政府。以后还多次在市内的尼古拉教堂广场，为途经哈尔滨的协约国干涉势力举行祈祷大会。

2.“俄国人民自由党哈尔滨专部”：

该组织于1917年前成立，十月革命后表现活跃，曾多次开会，选举霍尔瓦特为该党参加俄国立宪会议候选人，并以其在哈尔滨创办的《公报》为喉舌，宣传俄国要以立宪制为政体组织政府，对后来霍尔瓦特成立的“全俄临时政府”持欢迎态度。

3.“俄人远东义勇团”：

该组织由1917年十月革命后逃到哈尔滨的原沙俄军队的官兵组成，沙俄

①以上摘自B·乌索夫《苏联特工在中国》。

骑兵大将普列什阔夫为其领导人之一。“俄人远东义勇团”纠集大批武装人员，经常在尼古拉教堂广场操练，准备配合武装干涉势力返俄参战。该组织内部设军事、外交、筹饷、民事等处。普列什阔夫经常带领这支武装，与布尔什维克武装对抗。在中东铁路总工厂工人为截断高尔察克匪帮运输线而举行的罢工期间，多次遭到“俄人远东义勇团”的残酷镇压。1919 年 11 月，高尔察克的西伯利亚政府在苏联红军的打击下垮台，霍尔瓦特和普列什阔夫领导下的这支部队也作鸟兽散，他们当中的一些人分别加入了张作霖的奉军和日本人的“新编俄国义勇军”。

4．沙俄匪军军事联盟，又称“白俄军事联盟”：

该组织于十月革命后成立，总部设在法国巴黎，其领导人是沙皇的亲属尼·尼阔莱，核心成员多为沙俄将军。后来在哈尔滨成立了这个组织的分支机构，由尤尔比茨基、格利巴诺夫斯基等白俄军官领导。哈尔滨“白俄军事联盟”成立后，即归巴黎总部领导，总部的机关刊物《巴黎中央报》按期寄到哈尔滨来。哈尔滨“白俄军事联盟”机关设在市区的一个地下室里，内部设置了参谋部、军事教育部、联盟审查委员会、军事考核部等机构。其宗旨为“推翻苏维埃政权，重建沙俄帝国”。由于该组织得到张作霖所领导的奉系军队的支持，其成员最多时曾达到 2000 多人，另有 600 多名俄侨青年接受过该组织的军事训练。为了对张作霖奉军的经济支持予以回报，哈尔滨“白俄军事联盟”向奉系张宗昌所属的“第 65 白俄独立师”输送了大批俄侨青年。

5．俄侨保皇党：

十月革命后，在法国巴黎的流亡俄侨成立了保皇党，很快在哈尔滨的俄侨中建立了分支机构。保皇党的纲领与立宪民主党没有区别，均认为“沙皇

∷沙俄“哥萨克骑兵联盟”部队

是神圣的”，斯拉夫人要团结起来，恢复俄罗斯帝国。

哈尔滨的俄侨保皇党由沃·基斯利契将军领导，活动地点不固定，但经常在哈市的南岗、香坊等地召开会议。保皇党的参加者多为沙俄军官，谙熟军事知识与作战技术，他们中的许多人后来都去了奉军的“白俄部队”。其杂志《俄国声音》是哈尔滨俄侨保皇党的机关刊物，内容主要为“反苏复国”的宣传。

6.沙俄“哥萨克骑兵联盟”：

该组织成立于沙俄时代，是维护沙皇统治的一支武装力量。十月革命后，其部分成员流亡到中国的东北地区，于1924年在哈尔滨重建这一组织。“哥萨克骑兵联盟”机构设在哈市的中央大厅8号，以巴克什耶夫为负责人，下设参谋部、办公室等。其组织原则为：凡是哥萨克骑兵均可加入该团体。并将其划分为部落编制，在每一部落中选出正副首领、书记员、出纳各一，计有库班、敖连布尔、西伯利亚、叶尼塞河、伊尔库茨克、后贝加尔、阿穆尔、乌苏里等8个部落。这8个部落分别在哈尔滨、三河、海拉尔等地进行反苏反共活动，内容包括培养训练破坏者与间谍，然后潜回苏联境内从事破坏活动。

除了以上提到的6个“反苏复国”组织外，还有一些虽然组建时间不长但也颇具破坏力的反动组织，如“哈尔滨乌克兰人民会”、“哈尔滨俄国法西斯联盟”等。

四、苏联特工北满工作站及神秘特工斯托亚诺维奇

根据联共(布)中央政治局的指示，苏联红军军事情报局决定在中国的北满地区组建特工站。

1920年10月“北满特工站”建成，首任站长为明斯基。

明斯基，名雅可夫，化名为明斯凯尔，犹太人，1891年生于乌克兰首府基辅市的一个裁缝家庭。1906年毕业于基辅艺术学校，之后便投身革命。1918年为社会主义革命党成员，1912年曾因参加革命运动被捕，第二年被流放到远东的伊尔茨春地区。一年后，他逃离流放地，化名来到伊尔库茨克市参加了1917年的“二月革命”。同年4月，受俄布尔什维克中央委员会的委托，明

斯基单身来到中国，做革命期刊在东方的发行工作。同年8月到9月，他又被调回国，参与十月革命的筹备工作。十月革命后，他先后被伊尔库茨克及西伯利亚苏维埃选为人民委员和远东布尔什维克中央执行局委员。当被红军击溃的大批沙俄白匪军退守到远东地区后，明斯基被迫转入地下。

1918年，明斯基在海参崴任远东地区地下党负责人时，被俄共(布)选为中央委员会委员。1919年1月29日，明斯基被沙俄上将高尔察克的反间谍人员抓捕入狱。一年后，被成功解救，之后相继被联共(布)政治局任命为联共(布)驻滨疆地区全权代表、“契卡”驻远东地区特委会负责人、苏维埃政权驻哈尔滨及中东铁路沿线地区的负责人及苏联军事委员会驻阿穆尔河流域特别军事委员。1920年10月，被军事情报局任命为中国北满特工站首任站长。①

明斯基上任不久，就于同年10月底接到一份绝密电报。密电是由莫斯科发来的，发电人是当时仅次于列宁的苏联当局第二号人物——时任全俄中央执行委员会主席、全俄中央委员会书记斯维尔德洛夫。

::K ·斯托亚诺维奇

该密电要求明斯基全力保护化名为斯托亚诺维奇的功勋间谍。现在其人正在北满地区秘密执行苏共关于“向张作霖集团与白俄势力施压，发动中东铁路罢工，培训布尔什维克骨干分子”的特殊使命。

让明斯基不解的是，一名间谍竟能受到党的最高领袖的如此重视，身世必然不凡。

事实的确如明斯基所想，斯托亚诺维奇果真有着不平凡的经历。

斯托亚诺维奇，真实姓名为米亚钦·康斯坦丁，于1886年出生于俄国奥林柏格省的一个农民家庭。

①见B·卢立耶等《军事情报局：人事与档案》。

1903 年，从乌法大学毕业后便参加了革命，次年加入布尔什维克，之后被指派参加地下工作，在“人民武装起义野战队”中担任领导职务。该野战队的任务是为党的高级机密会议担任警卫，抢夺敌人的军火库，利用工业原料秘密制造各种武器，护送秘密联络员，以及肃奸除叛等。

1906 年，他成为斯维尔德洛夫领导下的乌拉尔地区地下党负责人。

1908 年，他受苏共中央委派去欧洲的日内瓦接收当地地下党组织援助的军火。在欧洲期间他共接收运送了 12 批军火，为国内组建布尔什维克军队做出了贡献。这 12 批军火的清单至今还保留在苏联克格勃的档案馆里。

十月革命前，斯托亚诺维奇被调回国，在著名的“社会科学学院”接受系统的马列主义及安全情报方面的教育。十月革命后，他先是被任命为家乡——切利亚宾斯克的苏维埃主席，后又被全俄中央执行委员会主席斯维尔德洛夫秘密调到中央，受命秘密走私粮食和军火，拯救陷入危机之中的红色苏维埃政权。

1917 年底至 1918 年初，斯托亚诺维奇通过自己在中东铁路的特殊关系，向饥饿之中的彼得堡及莫斯科秘密运去了近 40 列火车粮食。此外，他还通过自己在欧洲的关系，向联共(布)中央汇去了大笔外汇，向苏联红军运送大批武器。

1918 年 4 月，斯托亚诺维奇又接受了斯维尔德洛夫亲自授予的特殊任务，即秘密地把倒台的沙皇罗曼诺夫一家从托波尔斯克市押解到其故乡——叶卡捷琳堡市，并实施处决。

完成了以上几项秘密任务后，斯托亚诺维奇被联共(布)中央提升为东乌拉尔前线司令。

斯托亚诺维奇上述传奇似的经历都是近期被俄罗斯有关档案机关解密的，而在当时，明斯基作

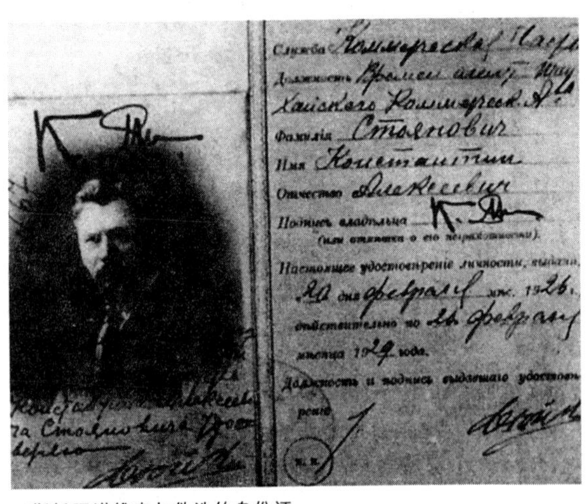

Служба
Должность
Фамилия Стоянович
Имя Константин
Отчество Алексеевич
Подпись владельца
(или отметка о его неграмотности)
Настоящее удостоверение личности выдано
20 дня февраля 1926
действительно по 20 февраля
месяца 1929 года.
Должность и подпись выдавшего удостоверение

::斯托亚诺维奇与伪造的身份证

为北满地区的苏联特工站负责人，是不可能知晓这一切的。不过，作为下属，他要坚决执行斯维尔德洛夫的密令：保护斯托亚诺维奇在中国北满地区的安全。

事实上，在明斯基接到斯维尔德洛夫密电之前，经验丰富的斯托亚诺维奇早已携妻子不声不响地潜入哈尔滨。只不过，他又改换了一个新姓名：B·雅科夫列夫，而且第一个落脚点是不被人注意的哈尔滨市郊。

斯托亚诺维奇上大学时学的专业是电器与机械制造，以后又在贩卖军火时充实了这方面的实践知识。所以，在电学与机械学方面得心应手。凭借自己的特殊技能，他先是在住地附近的一家小面粉厂里找到一个电工的差事，然后就琢磨着怎样以此为跳板进入中东铁路总工厂。只要能进入这个总工厂的技术领导层，就能接触到两方面的人群：以技术人员为主体的工人队伍和以管理人员为主体的欧洲与日本籍的高层领导。混在工人队伍中可以实现培训骨干、发动罢工的目的，而混在高层领导里可以了解到中东铁路的沙俄官员与张作霖的奉系及外籍势力相互勾结的情报。

几个月后，斯托亚诺维奇凭着“哈尔滨守法公民且为技术人员”的身份进入中东铁路总工厂，半年后，他又凭着高超的技术水平和令人羡慕的由“全球电工协会”颁发的最高等级电工证书，当上了中东铁路首席电工师。在稍后写给联共(布)的捷尔任斯基与国家政治保卫总局局长缅任斯基的密电中，斯托亚诺维奇谈到了自己取得高级技术职务的重要性：

在哈尔滨，我以米西钦的姓氏取得了首席电工师的职位。我要无愧于这一有利的职位，立即着手与工人同志们接触，要与他们座谈，向他们讲解政治经济学，并回答他们提出的政治性的问题。看吧，哈尔滨地区就要爆发大规模的反对白俄分子、反对军阀统治、驱赶霍尔瓦特的罢工运动。罢工的主体将是由我利用职务发动的具有一定技能的工人。一旦罢工条件成熟，我就将担负起领导人的职责。初步考虑，首先我将组织一个罢工筹备委员会(要使罢工的规模覆盖全城、全路)，我暂时退到幕后，担任某方面的代表。其次，罢工开始，我就将从幕后走到前台，担任罢工委员会的主席。其三，罢工结束后，不管结果如何，我都将把革命引向深入，成立一个地下的军事革命组织，而我仍将留下来，担任这个地下组织的主席。

当地的布尔什维克组织总想与我接触，想弄清我的真实身份并让我表达与其合作的愿望，对此，我一律给予回绝。因为我在中央接受的使命是秘密地、不带“赤”色色彩地搞工人罢工运动。我一直在遵守规则，以使人确信：斯托亚诺维奇不是一名共产党员，充其量算是一位思想进步的无政府主义者。而关于我的真实身份，那是无论如何不能暴露的。①

局势按照斯托亚诺维奇的策划发展。1920年底，由斯托亚诺维奇幕后操纵的以中东铁路技术人员及技能工人为主体的“中性”罢工运动取得了胜利。沙俄干将霍尔瓦特被赶下台，张作霖表示愿意接受苏维埃代表参与中东铁路的管理，日本人则被挤出哈尔滨的政府建设和中东铁路的管理层。

罢工结束后，斯托亚诺维奇果真在北满地区组织了一支“中性”色彩的武装小分队。利用自己的丰富经验，他为该小分队弄来了大量的资金、武器弹药，以暗中对抗白俄匪军及奉系军警对当地布尔什维克党员的追杀。

在秘密组建武装小分队的过程中，他还接到由莫斯科领导人发出的特殊使命，说是据可靠消息，沙皇罗曼诺夫家族的卫队长索克洛夫与白俄上将高尔察克的法国顾问让·涅夫，携沙皇尼古拉二世的遗骸潜伏在哈尔滨或北满地区，要查清他们的居处并从速电告莫斯科。

斯托亚诺维奇利用自己在哈尔滨及北满地区的耳目，迅速查到了以上两人的行踪，并报告了莫斯科。

在开展工人罢工运动及组建地下武装分队的过程中，斯托亚诺维奇没有忘记培训骨干的工作。在刚刚发动工人罢工时，他就看中了一位名叫阿布拉姆逊的年轻人。

阿布拉姆逊于1898年出生于哈尔滨市，其中文名字为马祖林、马逊，是俄朝混血儿，能流利地说汉、俄、朝、日语。正因为他能掌握多种语言，斯托亚诺维奇把他聘来做自己的翻译。

阿布拉姆逊的父母都是工人，思想进步，后来在斯托亚诺维奇的精心培养下，他成了一名地下布尔什维克，1921年被任命为联共(布)西伯利亚局中

---

①以上史料摘自俄文版《“契卡”红色文献》。

国科副科长。

除了阿布拉姆逊外，斯托亚诺维奇培养的另外一位苏联特工就是敏斯凯尔。

该人曾是哈尔滨地区的俄侨记者，后被斯托亚诺维奇引导参加地下革命斗争。加入布尔什维克后，敏斯凯尔先担任联共(布)滨疆区驻北满地区代表，后又任联共(布)哈尔滨支部书记。

斯托亚诺维奇在哈尔滨工作的一年多时间里，他只发展培养了上述两名苏联特工。而这两名特工在斯托亚诺维奇的指导下，完成了许多艰巨而复杂的特殊任务，其中一副中国人长相的阿布拉姆逊(马祖林)，还曾在以后帮助萨尔嫩与埃廷贡实施刺杀张作霖的任务。

尽管斯托亚诺维奇竭力掩盖自己的真实身份，但是他频繁的活动，尤其是在幕后操纵工人大罢工的行动还是引起了奉系军警对他的注意。为了防止意外发生，他把自己在哈尔滨的危险境况如实地电告莫斯科领导人。

很快，莫斯科便发来了密令，要他“持秘密交通员送去的化名为斯托亚诺维奇的护照，去中国的天津与那里的同志接洽”。①

1920 年 12 月 21 日，中国北京等地的苏联代表处及情报机关都收到了这样一份发自莫斯科的密电：

> 特派斯托亚诺维奇去华中的北京、天津、上海等城市组建共产党或创建党组织。该人已到天津，要与波列夫、维京斯基、霍多罗夫、奥加列夫相见。由维京斯基安排工作。②

同月同日，共产国际执行局也发出密电：

> 会讲法语的共产主义工作者斯托亚诺维奇同志已从哈尔滨派往天津。他将参与在中国的大工业城市，如上海、北京、天津、广州等地创建革命组织。北京地区的共产国际组织将由波列夫与斯托亚诺维奇负责。③

---

①②以上史料摘自俄文版《“契卡”红色文献》。

③见俄罗斯政治百科出版社《共产国际与中国民革运动 1920－1931》。

不过，后来斯托亚诺维奇的遭遇很不幸。

在中国内地工作时间不长，他就被捷尔任斯基秘密调回俄罗斯，并且单独交给他一项极特殊的任务，即以“叛徒”的身份打入白俄残余势力在乌拉尔地区组建的“全俄临时政府乌法执行内阁”。

斯托亚诺维奇接受了由捷尔任斯基交付的特殊使命，于1926年春背负骂名打进了敌人内部。但是，一年后当他胜利返回莫斯科总部时，却遭到了同事的唾骂。而此时单独交付给他特殊任务的捷尔任斯基已于一年前的7月20日病逝。另一位直接领导人斯维尔德洛夫也早已在1919年病逝。因此，在没有证人证词的情况下，斯托亚诺维奇被国家政治保卫总局当场抓捕，并于1938年在“党内大清洗”运动中，以“布尔什维克的叛徒、内奸”的罪名被判死刑。

直到若干年后，斯托亚诺维奇才被新一届苏联政府平反。

五、哈尔滨总领事馆与特工站

苏联驻哈尔滨总领事馆是由俄国远东共和国代表处演变而来的。

1920年4月6日，在列宁的倡议下成立了西伯利亚远东共和国。此时，沙俄高尔察克政权已彻底溃败，除日本仍盘踞在以海参崴为中心的远东滨海地区外，美、英、法等国家的武装干涉势力已撤离远东，被苏联红军击溃的白

∷苏联驻哈尔滨总领事馆

俄匪军也纷纷逃到由张作霖控制的中国东北地区。因而，远东共和国的建立，实际上成了苏维埃政权与日本及张作霖势力之间的缓冲地带。远东共和国成立后，便积极与北京、奉天的政权建立关系。1920 年 8 月，派出了以尤里为代表的远东共和国使团，次年 2 月又在东北的哈尔滨设立了共和国代表处。

1922 年 11 月 15 日，远东共和国并入苏维埃俄罗斯联邦共和国，同年 12 月 10 日，远东共和国代表处撤销，由苏联政府在哈尔滨设立代表处。

1924 年 5 月 31 日与 9 月 20 日，中苏、奉苏代表分别签署了《中俄解决悬案大纲协定》与《中华民国东三省自治政府与苏维埃联邦政府之协定》(又称《奉俄协定》)。两个文件的签署，标志着中苏、奉苏正式建立了外交关系。同年 10 月 5 日，苏联正式向哈尔滨地区派驻总领事，总领事馆也在同一天举行了挂国旗仪式。

首任苏联驻哈尔滨总领事由拉基金担任，但是仅仅一个月后就被由苏联红军军事情报局派出的特工吉谢廖夫所代替。

吉谢廖夫于 1879 年出生于俄罗斯一个农民家庭。1917 年毕业于远东地区的国立伊尔库茨克大学，同年加入布尔什维克党，并参加了远东及西伯利亚地区的国内革命战争。同年 12 月底，被选为伊尔库茨克州的县苏维埃主席，并被任命为该州的联共(布)及革命军事委员会委员。1918 年 6 月，从事伊尔库茨克与克拉斯诺雅尔斯克地区的地下革命工作。

1918 年 6 月至 1919 年 12 月，吉谢廖夫先后在俄国远东地区及俄中边境地区的伊尔库茨克、克拉斯诺雅尔斯克、赤塔、黑河、海参崴及新尼古拉耶夫斯克从事反对白俄匪军与张作霖奉系相互勾结的地下斗争。

1920 年 7 月，吉谢廖夫参与了秘密逮捕并处决沙俄海军上将——“俄国最高执政官及陆海军总司令”高尔察克的行动。

1920 年 8 月，作为苏联红军军事情报局的特工，吉谢廖夫被派往中国的上海，任上海特工站站长。1922 年，调东北地区任职，先是担任绥芬河特工站站长(其掩护身份为中东铁路管理局苏方董事)，后任苏联驻哈尔滨总领事，并兼该地区特工站站长。①

吉谢廖夫到哈尔滨后，根据苏联国家政治保卫局的指示，“国外工作处”

①见 B · 卢立耶等《军事情报局：人事与档案》。

头目特里利瑟尔向哈尔滨总领事馆派去了 3 位经验丰富的特工，辅助吉谢廖夫开展工作。

这三位特工在总领事馆均担任要职，他们分别是：

季雅特科维奇，哈尔滨总领事馆第一副总领事，同时兼任中东铁路管理局苏方监委。

比基耶夫，哈尔滨总领事馆第二副总领事，同时兼任“国外工作处”驻中国满洲地区特工网总联络员。

捷依特，哈尔滨总领事馆证照部主任，同时兼任“国外工作处”驻中国满洲地区反间谍组组长。

1924 年 9 月 20 日，苏方与张作霖签署《奉俄协定》后，便不失时机地以设立领事馆为由，加大了对奉系控制的中国东北地区派遣苏联特工的力度。比如，继在同年 10 月 5 日开办了哈尔滨总领事馆后，又在满洲里、齐齐哈尔、绥芬河开设了苏联领事馆。而这些领事馆的“工作人员”几乎清一色是由“国外工作处”派出的特工。

为了进一步加强哈尔滨地区的情报工作，1924 年底，莫斯科总部又向哈尔滨总领事馆增派了 4 名间谍。他们都是由特里利瑟尔亲自挑选出来的，其中包括彼丘金、库兹涅佐夫、索斯涅波及巴拉克申。

在哈尔滨总领事馆内，他们以合法的身份担任外勤工作。其经常活动的地点，一个是城内的“波蒙特”咖啡店，另一个是城郊的“雅尔”饭店。

∷白俄士兵

这两个地点成了他们秘密工作的“办公室”。其中“波蒙特”咖啡店的老板是一位德国移民，被发展成苏联间谍后，凭着他良好的素质及流利的俄语、汉语，先后联络并发展了多名重要的“线人”，其中既有俄国人、华人，也有英国人、日本人、朝鲜人，以后这些人统统划归苏联国家政治保卫局移民情报部管理。

通常情况下，“线人”得到的重要情报反馈到莫斯科总部后，都会得到重视。一段时期以来，发生在中俄边境或内地地区的苏联特工“除奸”行动都是由“线人”提供重要情报而实施的。

1924年底，哈尔滨来了一位自称是拉美后裔的名为“盖多福特”的商人。他来到哈尔滨后，便亮出了欧洲某大商贸公司全权代表的身份。他穿戴考究，花钱如流水，很快就引来了哈尔滨各界人士的一片赞羡。

而此时，距哈尔滨不远的中俄边境地区正活跃着一支白俄匪军，由滨疆区匪首卡尔梅科夫的副官申利亚耶夫指挥。这支白俄匪军依仗着充足的食物和武器供应，异常凶恨地残害苏联边境地区的布尔什维克党员及其家属，对当地的苏维埃政权建设造成了重大威胁。

切断这股白俄匪军的供应线，最终拔掉这个“钉子”，是苏联情报部门的最大心愿。

不久，他们收到“线人”获取的情报：

> 其食物与武器供应均来自奉系军队，而供应商或称中介人为沙俄旧将尼基金。①

收到上述绝密情报后，苏联特工部门立即采取行动，派出特工杀手艾立亚以化名“盖多福特”的南美商人身份引蛇出洞，实施“除奸”行动。于是就有了“盖多福特”以大亨身份在哈尔滨招摇过市的一幕。

这一招术果然灵验，很快就有一位自称“尼基金”的退役军人找到“盖多福特”，表示愿意与其合作做生意。不仅如此，他还一再向“盖多福特”表白自己如何与白俄、张作霖及日本人都有交往，并能打通所有的营销渠道。

---

①见B·乌索夫《苏联特工在中国》。

经过一段时间接触后，“盖多福特”向莫斯科总部确认：尼基金的确是张作霖的奉军向申利亚耶夫匪军提供食物与武器的中间商，并请求总部下达“除奸”命令。

总部同意了“盖多福特”的请求。于是在一次交际中，“盖多福特”探知某日某时，尼基金将再次秘密地将奉军的武器弹药移交给申利亚耶夫派出的代表，他便组织哈尔滨地区的特工小组，在双方交接货物处设伏，并最终将尼基金、申利亚耶夫的代表等30余人一网打尽，还劫去了他们准备交易的枪支弹药等军需物资。至此申利亚耶夫匪军的供给线被切断，不久，这支横行中俄边境的白俄匪军因弹尽粮绝而解体。拉美“大亨”“盖多福特”也随之消失。

在哈尔滨及北满地区开展情报工作的过程中，莫斯科总部经常命令哈尔滨总领事馆与驻哈特工站的特工相互协同。

比如，哈尔滨总领事馆的首任总领事吉谢廖夫任职前是北满地区的特工负责人，而此时，由军事情报局派出的特工梅里尼科夫却以“外交代表”的身份全力筹建哈尔滨总领事馆及苏联使团进入中东铁路管理局等外交事务。哈尔滨总领事馆成立后，梅里尼科夫即被任命为哈尔滨特工站站长。

梅里尼科夫，名鲍利斯(化名为谢苗诺夫、穆列尔等)。于1895年出生于俄罗斯谢林基斯克市的一个哥萨克家庭。1916年从首都彼得堡综合技术大学毕业后，便加入了布尔什维克。同年进入著名的军事院校——俄国立米哈依洛斯基炮兵学校学习。1917年毕业，被授予炮兵少尉军衔。十月革命期间，先后任伊尔库茨克红军近卫军指挥员、伊尔库茨克革命军事委员会军事秘书、地方苏维埃主席等职。1918年12月，率领红军与境内的日本武装干涉军作战时被俘，随后被移交给奉军。1919年，又由奉军转交给在东北境内的白俄匪军关押。1920年初越狱返回俄罗斯。1922年任苏联红军军事情报局西伯利亚分局局长助理，同年底被调往莫斯科总部，任军事情报局三处(即亚洲处)特工科科长，1923年以苏联外交人民委员会“外交代表”的掩护身份进入中国的哈尔滨地区。开始是参与筹建苏联驻哈尔滨总领事馆及苏联使团进入中东铁路管理局等工作，后被莫斯科总部任命为该地区的特工站站长。①

①见B·卢立耶《军事情报局：人事与档案》。

其实，在梅里尼科夫任职之前，哈尔滨特工站就已经成立了。其组建人为著名的苏联功勋间谍扎鲁宾。1924年初，他带着自己的副手来到哈尔滨，完成了特工站的组建。

扎鲁宾，名瓦西里，1894年出生于莫斯科一个工人家庭。由于家庭贫困，他只上了几年学，之后，便到商贸公司打工。1914年至1917年，在沙俄军队服役。十月革命爆发后，扎鲁宾投奔了苏联红军，由于其作战勇敢且思维敏捷，1921年被捷尔仁斯基调入“契卡”。不久又被特里利瑟尔调到“国外工作处”，并于1922年底被派到“国外工作处”驻海参崴分部，暂时负责经济科工作。1924年初，根据莫斯科总部的命令，扎鲁宾带领自己的副手卡平化装成俄罗斯商人，由海参崴潜入哈尔滨。主要完成两项任务：第一是迅速组建哈尔滨特工站；第二是打开一条以哈尔滨为中心的南北秘密通道，供进出俄、中、日三国的苏联特工安全通行。

经过一段时间，扎鲁宾顺利地完成了在哈尔滨的工作，并于同年下半年返回海参崴，而哈尔滨特工站的首任站长则由其副手卡平担任。①

卡平，名菲多尔，1896年出生于俄罗斯远东地区的一个平民家庭。进入大学的东方语言专业，通晓汉语、日语。十月革命时加入布尔什维克，大学毕业后，即1919年秋加入“契卡”，随即被扎鲁宾调到“国外工作处”海参崴分部的经济科，负责秘密特工的资金使用与津贴发放工作。1924年初与上司扎鲁宾秘密潜到中国，随后被扎鲁宾留在哈尔滨任苏联驻哈尔滨特工站首任站长。②

按照扎鲁宾的指示，哈尔滨特工站一成立，卡平就把当地的苏联特工网罗到自己帐下：

梅里尼科夫，时任筹建哈尔滨总领事馆及苏联使团进入中东铁路管理局事务的“外交代表”；

依万诺夫，1922年调进苏联国家政治保卫局铁路运输处的苏联特工，时任中东铁路管理局苏方候任局长；

迪基，1921年调进“国外工作处”的经济专家型特工，时任中东铁路管理局经济部候任主任；

①②见B·卢立耶《军事情报局：人事与档案》。

考费多特，苏联特工，其掩护身份为俄远东地区驻哈尔滨商务代表处监察部主任；

巴里罗夫，苏联特工，其掩护身份为中东铁路管理局公共服务部证照处主任；

沙彼罗，“国外工作处”派出的外籍特工，时任哈巴罗夫斯克的达尔邦克银行哈尔滨分行行长；

别斯特里茨基，“秘密国际联络处”派出的外籍特工，时任西达尔夫涅多尔哈尔滨航运公司总经理。

“哈尔滨特工站”的所在地位于现在的哈尔滨市道里经纬二道街上，即后来的苏联驻哈尔滨总领事馆院内。该特工站的间谍网覆盖整个北满地区。据曾在该特工站工作过的苏联特工巴拉克回忆说：“哈尔滨特工站鼎盛时期，其内部人数多达500人。”①

在“国外工作处”及“秘密国际联络处”的协助下，哈尔滨特工站在成立之初，就派员成功地打进一支由沙俄将领科瓦廖夫领导的白俄匪军内部，并里应外合一举消灭了这支白俄队伍，其匪首科瓦廖夫也在围剿中被击毙。

哈尔滨特工站成立之初，还有一个被称为“依万”的特工，利用自己军火商的掩护身份，在张作霖的奉军及日本驻中国东北的军队内部培养并发展几名了“内线”。依靠这些“内线”的帮助，哈尔滨特工站获取了极有价值的情报，上报莫斯科后，得到了上司的高度赞扬。

1924年10月5日，苏联驻哈尔滨总领事馆正式成立之后，哈尔滨特工站就搬进了总领事馆主楼的三楼。这里每天都有大量的工作要做，比如，鉴别真假情报，翻拍各种照片，制造假证照、假文件，破解密码及收发电报等。最初，使特工们感到头痛的事，就是在最短时间内快速翻拍由“线人”偷带出来的绝密文件。因为有时这种文件长达数十页，要想在有限的时间内完成翻拍任务，的确有很大困难。于是，特工站负责人便请示莫斯科总部配备先进的拍照设备。尽管当时苏维埃特工机构经济很拮据，但是他们还是答应了哈尔滨特工站的请求，为他们用外汇购买了两台最先进的德国照相设备。从此

①见B·乌索夫《苏联特工在中国》。

∷H·罗申于1949年作为苏联驻华首任大使出席中华人民共和国兼外交部长周恩来主持的欢迎仪式

可以看出莫斯科的领导人对设在中国哈尔滨的特工组织是极为重视的。

除了以上提到的日常工作外，为加强对外联系，哈尔滨特工站还定期为内外勤人员举办汉语、日语讲座。

哈尔滨特工站成立之后，首任和次任的两位站长，即卡平及梅里尼科夫的任职时间都不是很长。1924年末，加林接任站长。当时，他的掩护身份只是哈尔滨总领事馆的一般工作人员。

加林，真实姓名为托特列斯·克鲁契杨斯基，犹太人，于1896年出生于俄罗斯的彼萨拉斯基市。1919年加入布尔什维克党，同年加入苏联红军，年底就被招募为“契卡”成员。1922—1924年分别在罗马尼亚、奥地利、保加利亚等国从事地下工作，从1924年12月30日起，直至1927年，任哈尔滨特工站站长。①

加林任职后，对哈尔滨特工站的原有人员进行了调整，充实了几位重要特工，其中有“国外工作处”派来的索兹诺夫斯基，“秘密国际联络处”派来的德籍特工埃里克，军事情报局派来的格兰特与罗申。而罗申的工作业绩是最突出的。该人在中华人民共和国成立后，还成了首位苏联驻华大使。

罗申，名尼古拉，化名为卢托科夫，于1901年出生于俄罗斯的一个职员家庭。1919年加入苏联红军，两年后加入共产党，1922年毕业于西伯利亚步兵学校，同年进入苏联红军军事情报局。

①见B·卢立耶等《军事情报局：人事与档案》。

1925 年底，罗申被派往中国的哈尔滨，在总领事馆里以信使的掩护身份从事情报工作。1926 年 8 月底，罗申被莫斯科总部授予一项新的任务：深入中国东北境内的白俄匪军内部做策反工作，并建立一条供他们秘密返回祖国的安全通道。这项工作的难度很大，因为日本人与奉军反间谍机关也在做白俄匪军的工作，而且白俄将领相互配合，严密防止白俄官兵被苏联特工策反而返回祖国。①

罗申通过努力，策反工作最终取得了一定成效，如两名在高尔察克军队里任上校职务的克留恰诺夫和索特尼科夫，被罗申策反过来，并且带领手下的部分官兵成功地回到苏联内地。

罗申的另一个成就是在张作霖的队伍里发展了一名代号为“布拉温”的奉系军官。

由于该人的档案至今也未被苏联及后来的俄罗斯联邦安全情报机构解密，所以关于此人的情况知道的很少。不过近几年已有一些回忆录提到点滴线索，可知“布拉温”是一位中国东北籍上校军官，很有文化知识，在张作霖身边工作但具体工作不详，估计是一位机要秘书之类的职务。

罗申看中了“布拉温”的特殊身份，从而把他发展成“内线”。“沉着、果敢、坚定、低调是该人的最大特点。”罗申曾向特工站长加林叙述道。

由于“布拉温”的努力，在当时他就向自己唯一的接头人罗申传递出大量的极有价值的绝密情报，如：

——奉军的军事部署及武器装备；

——张作霖集团核心人物的全部档案资料及他们的政治倾向；

——张作霖及主要助手的行踪(关于这一点曾为后来苏联特工对张作霖实施刺杀起到了关键作用)；

——张作霖及其主要干将与白俄匪首接触的全过程(苏联外交机构后来披露的张作霖等接纳、支持白俄匪军的证据大都是由“布拉温”提供的)；

——张作霖秘密与日本驻海参崴和中国东北地区的军队及日军本部的相互勾结情报；

——日军本部派出特别代表秘密联络张作霖和白俄势力，企图消灭和颠

①见 B・卢立耶等《军事情报局：人事与档案》。

覆新生的外蒙古人民军及其赤色政权的情报；

——日军向苏俄内地派遣俄籍、华籍间谍情报；

——白俄匪军重金收买布尔什维克内部人员的情报。

对于“布拉温”提供的情报，苏联特工与军事部门采取了相应的措施，成功地阻止了日本、白俄及张作霖势力一系列阴谋的实现。

因为“布拉温”的特殊贡献，在20世纪20–30年代，苏联政府与军情部门给予他重大奖励，而且还授予其数种勋章。

罗申及哈尔滨特工站对“布拉温”的经营，一直持续到张作霖皇姑屯遇刺之后。

1930年，“布拉温”的关系被秘密转到莫斯科总部。从此，“布拉温”的代号在东北境内消失。①

六、老牌教授间谍——“中国通”波兹特涅耶夫

哈尔滨特工站为苏联情报机构带来了源源不断的极有价值的重要情报，这使莫斯科的间谍头目异常兴奋，他们更坚定了在这一地区开展情报工作的决心。

1926年初，“国外工作处”头目特里利瑟尔指出：“以哈尔滨为中心的北满地区特工机构还要注意对该地区的邮件控制，要系统地、有规律地对来自日、奉方面的邮件进行暗中检查，从中了解日军参谋总部、日本军事委员会与张奉军队的勾结及关东军在华、在朝的动态等重要情报。”②

在这里，特里利瑟尔明确地把日军在中国东北地区的活动情况及与张作霖的相互勾结放到首位。

十月革命后，出于共同的“反苏反共”目的，张作霖与日本人的联系更加紧密。1918年，应日本人的要求，张作霖同意北洋政府与日本政府签订了“反苏防苏”的陆海军“共同防敌协定”。1925年末，张作霖靠日本人的帮助击退叛将郭松龄对奉系的进攻后，双方的关系更加亲密。日本人不但派土肥原等数名要员担任张作霖的私人顾问，又派出若干军政人员进入奉军，日、张勾结日益紧密。③

---

①见B·乌索夫《苏联特工在中国》。

②见俄文版《“契卡”红色文献》。

③B·希比良科夫《张作霖与满洲问题》。

苏联领导人对日本与张作霖之间的关系极为关注。为此，他们命令军情部门要花大力气搞清日、张勾结的底牌。

1926年5月，一位名叫波兹特涅耶夫的“东方学者”被请到了苏联军事情报局局长别尔金的办公室里，别尔金表情严肃地说：

“波兹特涅耶夫教授，苏维埃政权成立后，军阀张作霖统治的中国满洲地区及日本占领地区一直是我国党政军领导关注的重点地区。前个时期通过我们的特工和情报人员的努力工作，我们已经初步掌握了那里的白俄首领及其军队的活动情况，也掌握了张作霖及部下支持、纵容白俄匪军‘反苏兴国’的基本状况。但是，由于我们的特工人员对日知识的贫乏，其中也包括日语水平较低，所以有关日本在满洲地区的活动情况、日本对苏维埃政权的现实态度及日、张相互勾结等情况了解的还不多，或者说还不全面。这样即使我们手中有‘线人’提供的重要情报，由于没有对比与参照，所以也很难下结论。”

这时三处处长尼可诺夫递给别尔金一本卷宗。别尔金接过来，对着聚精会神的波兹特涅耶夫继续说道：

“经过我们认真审查，认为您可以给我们帮助，弥补不足。”说到此，别尔金用手拍了拍眼前的卷宗：“这里已经介绍得很清楚了。请您以访问学者的身份到满洲去，帮助我们把那里的情况搞清楚。您看可以吗？”

别尔金用一种期待的目光望着坐在对面的波兹涅耶夫。

波兹特涅耶夫表情诚恳地点了点头。

波兹特涅耶夫，名基米特里，1865年出生于俄罗斯奥尔良市的一个神父家庭。他的兄弟姊妹很多，其中对他影响最深的是大哥阿列克塞。阿列克塞高中毕业之后，自作主张考入首都彼得堡大学，并且选择了一门别人都不理解的专业——蒙古学。

在学校里，由于阿列克塞的天资与勤奋，学习成绩特别优秀，引起了欧洲著名的蒙古学教授高尔斯通斯基的注意，不久就把他收为自己的得意弟子。研究生毕业后，阿列克塞受命组建俄国远东地区的“国立海参崴东方学院”，并成为首任院长。

担任院长不久，阿列克塞就计划去中国与日本进行考察与进修，但不幸的是，在一次做化学试验时，他手中的玻璃瓶突然爆炸，导致双眼失明。在万般无奈的情况下，他把全部希望寄托到小弟波兹特涅耶夫·基米特里身上。

按照哥哥的心愿，波兹特涅耶夫先是在基辅大学读完了神学专业的大学本科课程，然后又在国立彼得堡大学东方语言系学习“中蒙满专业”。

波兹特涅耶夫的天资更为优秀，毕业时，他完成了三门学科的毕业论文：“18世纪东方土库曼民族史论”、“维吾尔族概论”和“东南蒙古的历史与地缘”。

1894年，波兹特涅耶夫毕业，被国立彼得堡大学留下来任编外副教授，教授中国汉语。一个学年之后，他出国考察，先去欧洲，再到中国进修语言。

1898年—1904年，当波兹特涅耶夫在中国进修时，恰好赶上中国的义和团运动爆发。北京的俄国使馆动员所有住在使馆区内的俄籍人员参与使馆的防卫，波兹特涅耶夫携妻子及刚满周岁的女儿也加入防卫的队伍。

在北京期间，他做了大量的笔记，记叙当时中国的市场与风俗。后来，他的记录整理出来，以见闻的形式发表在奥尔良的报刊上。

在北京工作期间，波兹特涅耶夫接受了沙俄财政大臣维特的建议，在中国境内，对数目有限的中俄贸易往来进行调研，并写出调研报告。1903年3月15日，中俄间第一个贸易协定，即《中俄关税补充协定》就是在波兹特涅耶夫所呈报的调查材料的基础上形成的。

根据维特的举荐，波兹特涅耶夫于1903年参加“俄中银行”董事会工作，并任北京营业部经理。中东铁路管理局成立之后，又被任命为该局驻北京分局的负责人。

在此期间，他曾走遍中国的东北地区，还到华中、华南及外蒙古地区进行调研、考察。

1903年，他曾发表学术文章，阐述中国满洲地区的税收情况。

1904年，波兹特涅耶夫返回俄罗斯。

1906年，他受命担任沙俄政府驻日本通讯社社长。这项工作的任命，既反映了沙俄政府对他的信任，也反映出他对日语及日本事务的精通。在日本工作4年中，波兹特涅耶夫结识了大批日籍人士，也积累了大量的对日知识。

1910年，他卸职回国，先是担任“国立东方实践研究所”所长，而后又在外交机关里兼职日语教师。

1917年十月革命后，波兹特涅耶夫辞掉一切社会职务，在国立彼得堡大学任教授，潜心研究中国与日本的现状与历史。

1923年，他加入布尔什维克党，同年被召入苏联红军军事科学院，任战略研究员，其研究课题为日本、中国满洲与苏俄之关系。

别尔金把波兹特涅耶夫借用到军事情报局，正是看中了他通晓汉、日、英三种语言，并且对中国和日本都有相当深入的了解。此外，他还具有相当程度的洞察力等别人无法比拟的能力。①

别尔金确信，在目前比较复杂困难的时期，波兹特涅耶夫肯定会给军事情报局带来丰厚的收获。

波兹特涅耶夫是以访问学者的掩护身份，故地重游访问中国的。他于1926年5月进入中国境内，先到东北的各大城市，然后又来到北京，走街串巷，了解民情。

按照军情局三处处长尼科诺夫的指示，他白天走马观花，游览市井，晚上则有目的地秘密约见一些中、日老朋友，从中了解各方动态。每次重要的会见后，波兹特涅耶夫都会用密码把当天的谈话记录下来，然后汇集成专题发给莫斯科。如，他在1926年7月底发给尼科诺夫的报告中说：

1.日本军方已经与满洲的奉军达成默契，决定要向苏维埃政府发动战争。而满洲地区将是日军作战的前线。

2.该战争的发生地将是苏联与满洲接壤的全境。

3.按照日本的作战日程表，战争爆发的时间约在1930年之前。

4.为了保证作战期间的后勤供给，日本政府将加强与满洲地区统治者的合作，并用朝鲜人在满洲地区储备备战用粮。

5.要特别注意满洲西北地区的动向，尤其是与其毗连的蒙古地区的敌情发展。

6.正在进行的迁移朝鲜人定居点的行动和通达黑河的湖海铁路工程表明，他们准备切断苏联越过黑河到达铁路沿线的道路。②

在写给尼科诺夫的“对满洲地区意见”密函中，波兹特涅耶夫对哈尔滨及满洲地区的情报工作谈了自己的看法：

恕我直言，就目前状况而言，在东方地区工作的同志中间，其中包

①见B·乌索夫《苏联特工在中国》。

②见《俄国立档案馆东方部Φ卷》，俄文献出版社2000年。

括个别情报工作的负责人，对在中国满洲地区开展情报工作的认识不足。被派到该地区工作的特工，不是根本就不通晓汉语，就是对中国事务只是一知半解。更有甚者，还有的同志以为学会点日语就等于通晓了汉语，了解了中国。真叫人汗颜无地！

这些人所犯的最大错误就是身在中国而不想学汉语，不想了解满洲地区的政治、经济、文化和军事，不想研究军阀张作霖及庞大的奉军。反之，他们却整天津津乐道于日本人、日本语。

要知道，在满洲地区，实际的统治者是张作霖，而不是日本人——起码现在还不是。这里的大量情报传递是靠汉语来完成的，而不只是仅仅靠日语。张作霖及其部下也是反苏反共的，这一点他们是一致的。而不一致的是，张作霖始终公开反苏反共，而日本人则是隐蔽行动。

初到中国，本人的最大感受是可以直接接触中文读物，比如报刊杂志、原文文件等。其实，这也是总局对我的基本要求。但是令人遗憾的

∷长春的日本侨民街

是，当我让中东铁路管理局的相关人员找来一些中文报刊时，他们竟然感到很为难。究其原因，才知道他们这里几乎无人能阅读中文读物。这里的人，上上下下只通晓俄文，所以，除了俄文报刊外，从不订购中文报刊。这里不仅只缺少中文读物，日文报刊也没有。据说，整个中东铁路管理局仅有一名俄籍日语翻译。所以，经常发生与日籍员工的冲突。

哈尔滨总领事馆的情况稍好一些，不过那里也只有一两名汉语、日语翻译。其中的日语翻译名字叫马佐金，翻译水平很高。但是，偌大一个哈尔滨地区仅有两名翻译，显然是不够用的。

当然，可以依靠当地的中国人或朝鲜人做翻译，但是只能让他们做一般性的工作，如果要是做间谍或特工，那风险将是很大的。

总的感觉这里的翻译人材奇缺，希望能引起莫斯科领导的高度重视。

其实，要想解决此问题并不难，就是认认真真地开办东方语言培训学校。有三年的时间，就能让学员上岗工作了。[①]

在该密函中，波兹特涅耶夫指出，目前汉语、日语人才短缺的窘况，不妨通过别的渠道来挖掘外语人材，解燃眉之急。为了进一步说明此观点，波兹特涅耶夫举出了使用托依采夫的例子：

在南满铁路管理局翻译处，我结识了一位被称为尼克·托依采夫的俄国人。由于他会讲蒙古语，而被日本人聘到由日本管辖的南满铁路管理局翻译处做临时蒙语翻译。

托依采夫向我解释，虽然自己是地道的俄国人，但却出生在蒙古。有趣的是，他还知道我的双目失明的哥哥阿列克塞。他说，自己小时候父亲就讲过阿列克塞的故事。他父亲说，阿列克塞早年到蒙古进修学习时，还曾到过他们的家，并把自己的著作《蒙古与蒙古人》赠送给他父亲。说着，托依采夫还向我背诵了一段著作里的诗句，但是我已经记不得该著作里是否有这样一段诗句。

在翻译处里，托依采夫的工作是按照俄文版的日本地图式样，绘制

①见《俄国立档案馆东方部Φ卷》，俄文献出版社2000年。

一张蒙语地图。他说，做这项工作纯粹是为了养家糊口。日本人每个月付他100日币。托依采夫以工资低为由曾要求日本人加薪，但是他的合理要求被日方回绝。后来，他就辞去了在南满铁路管理局翻译处的工作，转而进入中东铁路管理局商务处。在这里他负责商务处的仓储工作。由于他蒙语说得好，工作又出力，所以薪水较高，每个月200卢布。

我想，假设托依采夫是我们培养的特工，凭着他如此出色的蒙语，让他担任地处俄、蒙、中三国毗邻的满洲里市或海拉尔市的特工站站长，那一定会很合适。

在与托依采夫接触的日子里，他向我介绍了在南满铁路管理局翻译处工作时的所见所闻。据托依采夫讲，日本人对蒙古很感兴趣，他们向那里投资，既收买当地的蒙古人，也在计划着搞大的工程。他们的触角已从蒙古的东部地区伸向了库伦和哈勒。

在那里做事的日本人都服从一位名叫山田的人的领导，托依采夫感觉这个山田其实就是一个大特务头子。他已经在蒙古生活了10年，讲流利的蒙语，平时总把自己打扮成一个喇嘛的样子。有一次，山田带托依采夫参加当地活佛主持的一个祭祀仪式。他发现山田与活佛的关系很好，相互交流非常融洽。这使托依采夫十分敬佩山田的蒙语交际能力。遗憾的是，托依采夫不懂日语，所以不清楚他们有时用日语交流的内容。因为不懂日语，甚至使我怀疑托依采夫所称的“山田”是否真实。要知道，“山田”的称呼在日本很普遍，就像我们的“依万诺夫”一样。

不管怎么讲，“山田”由于其特殊的身份和经历，曾引起了我极大的兴趣，以至于我后来四处打听有关他的真实情况。甚至专门跑到边境出入口岸，查看“山田”的出入境记录。结果令人失望，在那里我一无所获。

现在就是再到“山田”的居住地也找不到他了，因为不知什么原因，“山田”已经消失得无影无踪了。

应当说托依采夫本人就很有情报价值，我也非常想把他介绍给我们设在哈尔滨或北满地区的特工站，甚至包括他工作的中东铁路的情报组织。不过遗憾的是，由于缺乏基本培训，他不懂得如何获取情报，也没有这方面的天资。只是在我的具体提示下，他才很费力地弄到我所需要的东西。应当说，托依采夫为我讲解的日本在蒙古的构想图还是很有价值的。在这份地图里，既有日本人欲修建的全蒙铁路，又有重点施工区域方位。它基本反映出日本人对蒙古的野心，也说明日本军国主义者正试图联合满洲的军阀势力，对苏联远东地区实行军事合围。从这个意义看，托依采夫提供的日本在蒙古的构想图还是很有价值的。

单从特工人员本身应该具备的素质看，托依采夫的确相差很远。例如，他知识极度贫乏，又懒于学习；头脑简单，又懒于记忆；天性胆小，又懒于锻炼改变。他对政治毫无兴趣，更没有人生信念。可能日本人就是看准了托依采夫的弱点，才敢聘用他担任重要图纸、文件的翻译。这对我们来说非常重要和有益，但他却感到无所谓。所以，仅因为日本人给的薪水低，他就辞掉了这份工作。如果我们真要聘他来到特工站工作的话，想必他一定问："那里的工钱多吗？"①

波兹特涅耶夫在写给军情局负责人的另一封密函中，谈到了日本为了准备联合奉军进攻苏联政权，在中国东北境内的南满铁路管理局里开办了一个俄文进修班。他写道：

该进修班所招募的都是有一定俄文基础的日本年轻军人。其教师为俄国人古列留克，毕业于国立彼得堡大学。古列留克主要教授句法与口语翻译。进修班学员的人数有20—30名，其领导人为福田一夫。该人曾来过莫斯科，当时是作为翻译组成员与日本政府领导人参加一个多边国际会议。

该进修班除进修俄文外，还集体翻译从俄国境内、欧洲国家，如英国、德国的境内，及美国境内直接邮寄来的重要的俄文文件、期刊、书报。这些材料被译成日文后，再分类装订成册或直接转往东京，或转往大连，或转给满洲的相关单位。据其内部人员透露，在进修班结束之前的两年多时间里，这些秘密的译文材料竟然达到180卷之多。

我曾千方百计地寻找机会，打听有关这180卷俄文译件的内容，但是都没有成功。看起来，该进修班的保密工作做得非常好，或者它就是一个以"进修俄文"为幌子的特务机关。②

①②见《俄国立档案馆东方部Φ卷》，俄文献出版社2000年。

波兹特涅耶夫在中国期间，利用“访问学者”的身份，广泛接触中国东三省及华北地区的各界人士，尤其是与张作霖、日本人关系密切的人员。

1926年4月12日，他曾向莫斯科总局发出一份如下内容的密电：

> 据可靠人士提供的消息，日本人在中国南满地区开设的“朝鲜银行”，其背后的大股东是张作霖。张作霖正是通过该银行与日本人、白俄将领进行军事、经济、走私等账目往来。[①]

波兹特涅耶夫写给军情报局的密函与密电引起苏联特工领导人的极大重视。为了利用他的语言优势，发挥更大的作用，别尔金将军指示他可以更大胆地接触在华的各界人士尤其是日籍人士，争取从他们的口中获取苏联军情部门需要的情报。

根据别尔金将军的指示，波兹特涅耶夫采取了一项重大行动：以“访问学者”及“俄国教授”的掩护身份访问日本驻华大使田中，以此正面了解日本政府对军阀张作霖，对苏维政府及西方社会的相互关系及外交政策。

波兹特涅耶夫对田中大使的访问获得了成功。

1926年4月下旬，他们的对话还发表在日文的报刊上。随后，波兹特涅耶夫借机请求田中协助自己到在华的日军驻地访问。田中欣然应允，并专门为他写了便函，要求日本驻华相关部门对波兹特涅耶夫“教授”的访问一路放行，还指示驻地的教育部门给予协助。

1926年7月25日，一名叫福山的日本记者接受了波兹特涅耶夫的采访。采访结束后，波兹特涅耶夫认为与福山的谈话很有参考价值，所以在整理后，分别转给了莫斯科总部和当时在北京负责情报工作的苏联政府首任驻华大使加拉罕。

该谈话详细地叙述了在华的外国干涉势力对中国各大军阀的支持及共同“反苏反共”的言论和行动。

波兹特涅耶夫写道：

---

①见《俄国立档案馆东方部Φ卷》，俄文献出版社2000年。

福山说：现在的中国，就是英、日等强国通过在华寻找代理人来对抗苏联的新生政权。英国政府曾于1926年7月19日秘密向张作霖控制的北京政府发密电，称：中方应该公开反对由苏俄支持的广东孙中山政权。我们是在横滨截获此密电的。①

当波兹特涅耶夫向日本记者发问，外国在华势力愿意与谁来联手反对苏维埃政权时，福山回答道：

愿意干此事的军阀只看谁给的钱多，就成为谁的"联手"。所以，这种"联手"并不特定指"谁"。比如日本政府想联手张作霖来"反苏反共"，但是如果他不给张作霖十足的好处，那么他只能一厢情愿。同样可以得出对称的道理，即如果张作霖在干"反苏反共"的事情，那么他一定得到了日本人(或别的干涉国)的十足好处。②

当波兹特涅耶夫问到其他国家的态度时，比如法国的态度，福山答道：

法国在这方面不是很积极，但是他们也选择了张作霖，只不过是向张作霖提供先进的武器装备。可能这与政府无关，或者是军火商之间的事。③

本来在与福山谈话结束之前，波兹特涅耶夫想了解一下由苏联不公开援助的冯玉祥将军的国民军在与张作霖的奉军对抗时，日本政府的具体态度。但是话一出口，就被福山婉转回绝了。

他以"具体情况不清，尚需一段调查之后才能给予答复"为结束语，结束了与波兹特涅耶夫的对话。而波兹特涅耶夫仍穷追不舍，请对方确定再次谈话的时间与地点。

对方沉思半天，才很勉强地说道："那就请在9月份前后来济南见面吧。"

可是当波兹特涅耶夫按照福山的说法于同年8月下旬来济南赴约时，却被奉军第65白俄独立师特务队逮捕。那一天，他们突然闯进波兹特涅耶夫的

①②③见《俄国立档案馆东方部Ф卷》，俄文献出版社2000年。

宾馆房间，先是把他的一切物品洗劫一空，然后以“苏联间谍”的罪名把他投入监狱。

在中国发行量较大的《新上海报》于1926年9月17日的报道中说：

> 8月25日，身体虚弱且年迈(当时已61岁)的波兹特涅耶夫教授行走时还戴着镣铐。

当时，《新上海报》的这一描写见诸所有新闻媒体。

后来，由于缺少有力的证据，又由于苏联政府提供了大量有关波兹特涅耶夫的“教授”、“学者”身份证明，奉军才释放了他。

1926年10月20日，波兹特涅耶夫返回莫斯科。

七、处于初创阶段的奉天特工站

20世纪20年代的奉天，已发展成为东三省的军事、政治、经济、文化中心，发展成为与日本等列强及新生的苏维埃政权之间相互关系和利益极其复杂的国际化城市。

由于奉天是张作霖的大帅府和奉军大本营所在地，所以更加引起世人的关注。

嗅觉灵敏的苏联特工领导人当然不会放过这个特殊的军情要地。早在20世纪20年代初，莫斯科的“契卡”领导人就提议应该在中国北方的哈尔滨、奉天、北京等地同时设立特工工作站。但由于形势发展不均衡，以及奉系的反间谍工作异常活跃，所以，莫斯科总部暂时放弃了与北京、哈尔滨同步在奉天设立特工站的计划。

直到1924年9月20日，张作霖派出东三省自治政府代表郑谦等与苏联政府全权代表库兹涅佐夫在奉天签订了《中华民国东三省自治政府与苏维埃联邦政府之协定》(又称《奉俄协定》)后，苏联外交与军情机关才在奉天开设了苏联政府驻奉天总领事馆及苏联情报特工站。

首任特工站站长，同时也是苏联政府驻奉天总领事馆总领事库兹涅佐夫。

库兹涅佐夫于19世纪末出生在俄罗斯远东地区的一个神父家庭，他本人曾一度担任神职人员。在教堂里，他一边学习宗教文化，一边积极参加社会公益活动。中学毕业后，他冲破家庭的束缚考取了一所技术学院。第一次世界大战爆发时，又远渡日本求学，在那里不但学会了日语，还进修了汉语。1917年回国时，恰逢十月革命爆发，他积极参加远东地区的苏维埃运动。1918年参加布尔什维克共产党，同年加入情报组织。

考虑到库兹涅佐夫精通汉语和日语的优势，又出生在远东地区，所以通过共产国际“秘密国际联络处”的头目皮瓦特尼茨基特批，“东方部”把他派到了中国。①

1922年起，库兹涅佐夫先是在达夫祥领导的苏联驻北京谈判代表团工作，然后又参与加拉罕在奉天与军阀张作霖的东三省自治政府建交谈判事宜，后来担任苏联政府驻奉天首任总领事及苏联驻奉天特工站站长。

在奉天任职期间，为了便于与张作霖本人接触，库兹涅佐夫被苏维埃政府授予了很大的权力，如可以代表苏联驻华大使甚至苏联外交人民委员会与张作霖谈判包括中东铁路、奉天、长春等机构与地区的一切双边相关事宜。

据说张作霖非常欣赏库兹涅佐夫的工作作风和办事效率，曾建议他辞去苏联政府的官职，改到奉系来做事，并应允他很高的官位和丰厚的酬金。但是，张作霖的建议被库兹涅佐夫婉转回绝了。

1925年末，库兹涅佐夫卸任奉天总领事馆总领事一职，以外交官员的掩护身份专门从事苏联特工站站长工作。有关材料表明，在奉天期间，他曾两次秘密地协助特工萨尔嫩等对张作霖实施暗杀行动。

张作霖在皇姑屯被炸身亡后，库兹涅佐夫曾被奉军列为重点嫌疑犯，并对其实施追捕。苏俄东方史学学者、汉学家B·乌索夫在其《苏联特工在中国》一书中，对此有所描述：

> 1929年6月初，当苏联驻奉天总领事库兹涅佐夫欲与两位领事馆员工从海拉尔偷渡返回莫斯科时，被满洲警察抓获，但是由于没有找到有力的证据，又被释放了。
>
> 殊不知，就在满洲警察全力以赴搜查、审讯库兹涅佐夫时，他的同

①见B·卢立耶等《军事情报局：人事与档案》。

事已经带着满洲当局极力寻找的证据，从另一处口岸逃出了中国。

除库兹涅佐夫外，还有两位重要的苏联特工到奉天工作。

一位是共产国际“秘密国际联络处”派出的特工瓦西里耶夫。他从1925年底接替库兹涅佐夫，任苏联驻奉天总领事。

瓦西里耶夫1880年出生于俄罗斯一个中产商人家庭，1904年加入布尔什维克，1917年参加十月革命，1922年底被共产国际的“秘密国际联络处”头目皮亚特尼茨基相中，参加特工组织。先是于1923年被派往外蒙古，以苏联政府驻蒙古商务处代表的掩护身份，做情报工作。后于1925年底被派往中国的奉天接替库兹涅佐夫，任苏联驻奉天总领事。①

由于奉天情况特殊，形势复杂，苏联莫斯科特工首脑想用瓦西里耶夫与库兹涅佐夫分别任职来提高工作效率，促进外交与情报工作双丰收。

另一位是具有双重身份的特工斯图切夫斯基。所谓的“双重身份”，是指该人是由苏联军事情报总局借调给共产国际的“秘密国际联络处”的。

斯图切夫斯基1890年出生于乌克兰波尔塔瓦市的一个犹太族家庭。第一次世界大战前被送到日内瓦读理工大学，在那里他接触了马克思主义，同情俄国的布尔什维克。1917年从欧洲留学后返回乌克兰，俄国“二月革命”时加入布尔什维克。十月革命爆发后在家乡参加苏维埃运动。第二年，即1918年参加哈尔科夫市的党建和军事委员会工作，同年底参加“契卡”组织，后转到红军军事情报局工作。1920年被派往波兰，参加地下情报搜集工作。1921年被新组建的共产国际“秘密国际联络处”组织借调到乌克兰，参加南方局情报工作。1922年又被“秘密国际联络处”秘密派往意大利，利用自己的语言优势，在罗马做情报工作。1924年又转到伊朗首都德黑兰，以苏联外交官的掩护身份从事组建伊朗共产主义小组的地下工作。

1926年起被苏联军事情报局调回总部，随后改名“巴维尔”，派往中国奉天，协助库兹涅佐夫工作。②

①②见B·科契克《苏联军情特工：组织与人员》。

第五章

苏联特工策反奉军将领

为最终彻底搞垮大军阀张作霖，苏联军情部门除在北京、东北等地建立特工站外，还动用所有力量，深入到奉军内部，发展间谍线人，策反重要将领。

一、张作霖下令枪毙苏特杨卓

有关杨卓的资料，多年来国内几乎无任何资料介绍。笔者最终在莫斯科的东方档案馆，收集到了有关杨卓的部分个人资料。

杨卓，汉族，19 世纪末出生在黑龙江省哈尔滨的一个中产家庭。儿童时参加了一个由俄国著名音乐家组织的少年合唱团，并经常随该合唱团到俄罗斯远东地区进行巡回演出。

该少年合唱团实行全封闭管理。这里除了演出之外，还教授文化课。课程设置很简单，主要是数学与俄文，教师一律由俄罗斯人担任。

因为是俄国音乐家组织的合唱团，所以成员基本上都是俄罗斯少年，还有为数不多的中俄混血儿，像杨卓这样纯粹的中国人，仅他一人而已。

20 世纪初，第一次世界大战爆发，中国境内军阀混战，黑龙江地区的形势相当混乱。为求得一个和平环境，继续从事少儿合唱事业，该少年合唱团负责人在征得全体成员家长同意的情况下，把合唱团所有成员暂时留在了俄国远东地区。杨卓就此开始了在俄国境内的移民生活。

1917 年的十月革命后，原有的沙俄时期成立的政府及民间团体都被勒令解散。少年合唱团因其组织人系沙俄政权的同情分子而被镇压，其成员各奔东西。年幼的杨卓因无俄国国籍而成了无家可归者。所幸在少年合唱团解散之前，他获得了一纸俄罗斯中学毕业证书。这样，他就可以怀揣中学毕业文凭，操着流利的俄语、汉语在俄国境内打工谋生。

不过在居民稀少又经济萧条的俄罗斯远东地区，杨卓的打工生涯相当艰辛，经常身无分文。因生活所迫，他不得不采取一些极端手段，如偷窃、抢劫等。

1917年，杨卓因参与哄抢一家食品店，被当地布尔什维克工人纠察队抓获。被抓后，他并未像其他哄抢分子那样被罚款或强迫劳动几天，而是被单独移送到了当地的警察局。

警察局里，审问他的中年军官态度非常和善，这使惊恐失措的杨卓稍微宽心了一点。中年军官绝口不提杨卓参与哄抢食品的事情，却拉家常似的询问他的家庭和个人经历。杨卓如实地说了自己的经历，可是由于害怕对方知道自己是中国人而被遣送回国，杨卓在叙述时撒了个谎，称自己是俄国远东地区的亚库斯克人。①

中年军官听完杨卓的叙述后，和善地笑了笑，说："安德列·杨（杨卓的俄文名字），其实，你并不信任我。为什么不告诉我，你的父母、兄弟姐妹，包括你自己都是地道的中国人呢？这并不是什么秘密啊！"

杨卓听了中年军官的话后，吃了一惊：他怎么知道得这么清楚？

"到食品店抢几个面包并不是什么大罪过，对身无分文的人来说，果腹的面包可是极大的诱惑。"中年军官继续笑着说。

杨卓心头一热，感到苏维埃政权的管理者并不是冷冰冰的，他们也有同情心，善解人意，于是从内心对布尔什维克产生了好感。

"本来，我可以就这样放你走。"中年军官皱了皱眉头，带着忧郁的口气说，"但是，我觉得我有责任挽救你这种流浪在异国他乡的青年。毕竟，我们已经相识了。"

杨卓迷惘地望着他。

"你也知道，如果我把你交给当地的苏维埃执法部门，他们会因你犯有'粮食罪'而让你坐几年牢。因为现阶段是粮食紧缺时期，列宁都在为缺少粮食而头疼，他曾指示执法机构，对'粮食犯'要坚决地施以重刑。"说到此，中年军官的脸色严峻起来，"所以我要挽救你，让你摆脱困境。"

---

①该民族属蒙古人种，因此长相与中国人类似。

“真、真的吗？”没等中年军官把话说完，杨卓便急不可耐地反问。

“是的。”中年军官十分肯定，之后又讲道，“不仅如此，我还要向有关组织推荐你，不仅让你去学习、工作，而且还能过上更好的生活。”

说到此，中年军官停下来，以试探的口气问道：“就是不知道，你是否同意？”

当时身处困境的杨卓深深地被中年军官的“热情”感动了，当下点头同意。

“我什么也不会，能干什么呢？”尽管同意了，杨卓却知道自己身无长技，不免有些信心不足。

“正因为你目前什么也不会，才建议你先去学习嘛。不要有顾虑，毕竟你有三个好条件，第一，你是中国人，既懂汉语，又懂俄语。第二，你也算是个无产者，起码目前你是一无所有，属于我们无产阶级阵营的一分子。第三，你的天资很好，很有发展前途。”

说着，中年军官展开自己办公桌上的文件夹：“安德烈·杨同志，现在我就给你一个好机会。”中年军官从文件夹里抽出一份“契卡”工作合同，“请你看一看，如果同意加入无产阶级革命队伍，就在上面签上你的姓名，然后我再报到有关部门，等待批准。”

杨卓虔诚地接过中年军官递过来的文件，草草地翻了几页，就毫不犹豫地在合同上签下了自己的姓名。

“很好。”中年军官接过杨卓签好名的文件，放回自己的文件夹中。

“要知道，从此，你及你在中国境内的家人都将得到苏维埃政权的关照。”这位精通心理学的布尔什维克特工毫不费力就把年轻无知的杨卓带上了间谍的不归路。

如果说杨卓签署“契卡”工作合同，仅仅是出于不愿被投入监狱的无奈选择，那么在以后的日子里，贪图安逸的生活和铤而走险的性格，则使他在苏联特工的引诱下，心甘情愿地走上了间谍之路。

1917 年底，当杨卓参加苏俄特工组织时，先是在彼得堡市格罗霍夫大街 2 号楼里接受了 6 个月的特殊培训。

杨卓于 1917 年 12 月末来到彼得堡。到了培训中心后，他先接受了系统的马克思列宁主义教育，然后就是专心学习“契卡”主席捷尔任斯基的有关讲话和指示。

一个月的“洗脑”教育后，他开始接受“红色恐怖”教育。所谓的“红色恐怖”教育是捷尔任斯基的一个发明，是十月革命后谋杀列宁事件、暗杀布尔什维克领袖乌里茨基事件相继发生之后，苏联特工培训中新的内容。

关于这一点，由克里斯托弗·安德鲁及瓦西里·米特罗欣合著的《克格勃绝密档案》里有如下的描写：

> 在布尔什维克忙于内战、对付反革命的同时，“契卡”也对革命政权的敌人大搞恐怖暗杀活动。在谋杀列宁事件的三周前，列宁还亲自给奔萨旗(有可能还有其他地方)的布尔什维克写信，要求他们对反革命分子进行公开处决，“争取让周围数百公里的人们都处在惶惶不可终日之中”。在他康复期间，他还指示“秘密地、紧急地为制造恐怖气氛做准备是非常必要的”。
>
> 受革命领袖思想的指导，“契卡”成员，包括后来的苏联特工都把暗杀敌人、对敌人采取残忍手段当成一种革命的美德。

杨卓所接受的“红色恐怖”教育，主要是从捷尔任斯基授意创办的“契

∷捷尔任斯基与苏联特工

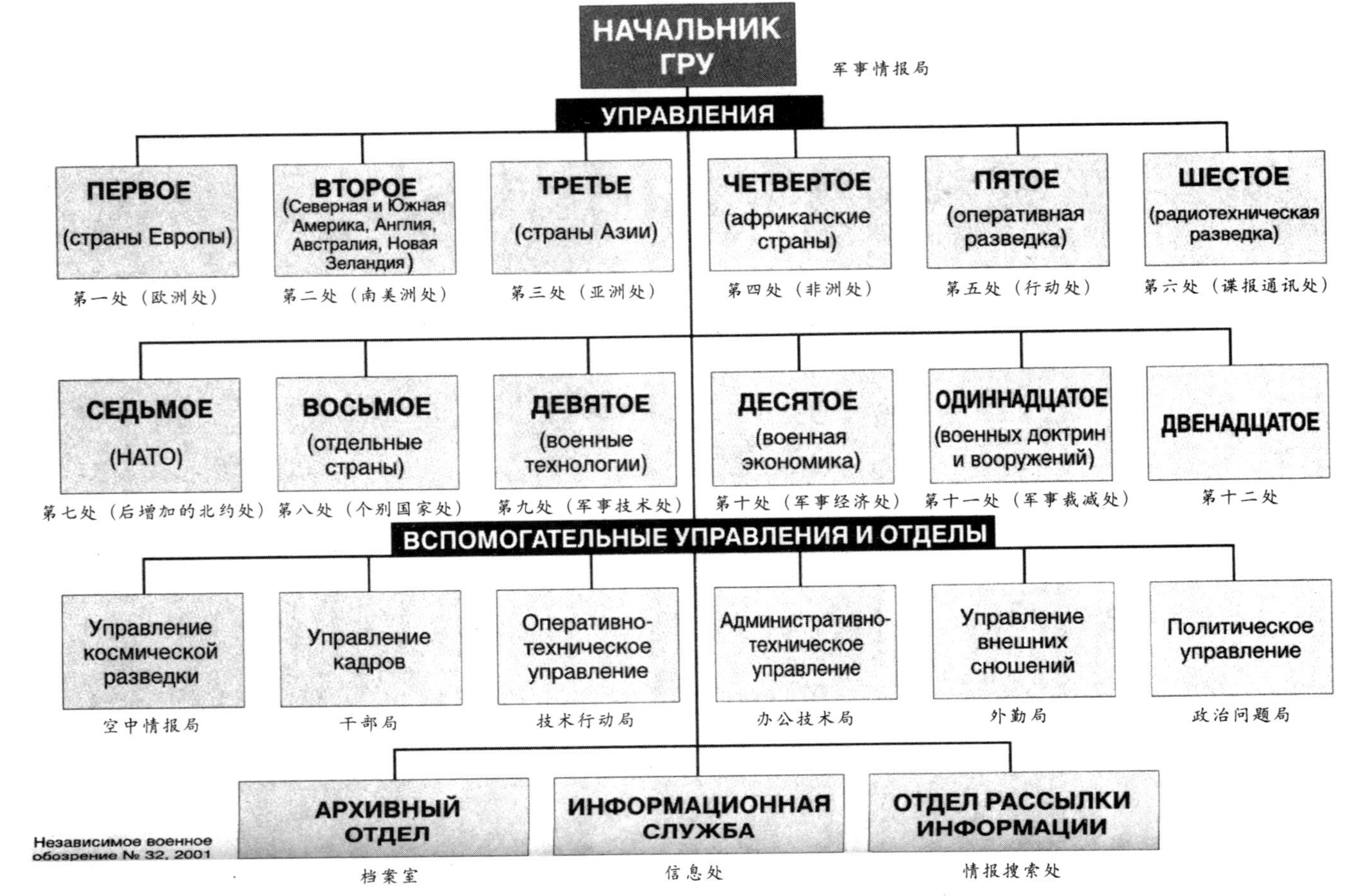

苏联红军军事情报局组织机构

卡”《红色恐怖》机关报上得来的。其中捷尔任斯基的战友马·拉奇斯在该报上发表的言论，成了每位“契卡”学员诵读的座右铭：

> 我们不是在对个别人作战，而是在将资产阶级作为一个阶级消灭。在调查时，你们也毋需寻找证据来证明被告在行动上或言语上是否反对苏维埃政权。你们要问的第一个问题应是：他是属于哪个阶级的，是什么出身，受过什么教育，从事过什么职业。对这些问题的回答就可以确定被告的命运。红色恐怖的意义和内涵就在于此。①

除接受意识形态和“红色恐怖”教育外，杨卓还接受正规的间谍与情报学教育，其教材为谍报专家德米特里·加甫里洛维奇·叶夫谢耶夫所写的《情报工作的基本准则》和《“契卡”情报工作方法简介》。

叶夫谢耶夫的上述两本著作重点讲的是“渗透”与“隐蔽”。

之所以加强对杨卓在这方面的教育，是因为“契卡”领导人早就预料到在以后的某个时刻，会把精通俄文的杨卓派遣到中国的内陆，完成特殊使命。

20世纪初，在世界范围内尚无完整的情报与特工理论体系的情况下，苏联布尔什维克的安全保卫机构就能写出比较完备的情报理论书籍并用于特工的培训，不能不说是捷尔任斯基等“红色特工”们的一大成就。而其中有关“隐蔽”、“渗透”及“预料”与“超前”工理论的论述与实践，更是对未来情报工作的巨大贡献。应当说，在未来数年间，杨卓能以一个校官的身份打入张作霖奉军的大本营，并得到张作霖本人的赏识，被提升为少将，这也是他深悟苏俄情报理论意蕴的结果。

1918年6月，杨卓的培训工作结束。结业的那一天，他被宣布编入苏联红军军事情报局序列。当时的情报局局长阿拉罗夫单独接见了他。

“说起来，我也是与中国有缘的。”阿拉罗夫见到杨卓第一句话，就是套近乎的自我表白。

原来，阿拉罗夫在早年参加布尔什维克后，曾受上级指示于1904年打入沙俄军队内部，同年随服役部队参加了在中国旅顺地区进行的日俄战争。

①见Д·戈林科夫《暗杀反苏分子》。

1904—1905年，他作为后勤人员在中国东北地区奔忙，后因在沙俄军队内部开展马列主义宣传、反对战争的秘密串联而被沙俄军事法庭开除军职。在从中国东北押送回俄国的途中，阿拉罗夫成功脱逃。以后受布尔什维克的派遣，又秘密潜入孟什维克的队伍，从事策反及破坏工作。十月革命爆发时，阿拉罗夫在远东地区从事苏维埃地下斗争。1918年初，被伏龙芝调到新成立的红军军事情报局任局长。①

阿拉罗夫简单地叙述了自己在中国境内的经历后，便对杨卓谈到了今后一段时间内对华或者说对中国满洲地区的工作重点：

一、弄清中国境内，尤其是中国满洲地区反对俄罗斯社会主义苏维埃共和国的军事集团、反革命集团；

二、彻底查清所有反对苏维埃的、受当地军阀支持的沙俄白卫军；

三、搜集中国北满地区执政当局的政治、军事、经济及对外政策情报；

四、获取以上各方面的文献资料及谈话记录。②

与阿拉罗夫谈话后，杨卓被派到了红军军事情报局所属的第三局三处的中国站。

当时接待杨卓的是同为红军军事情报局派到中俄边境地区从事地下活动的特工负责人吉谢廖夫(关于吉谢廖夫，详见本书第四章第五节)。在吉谢廖夫的亲自安排下，杨卓花了一些钱，买了个奉军中校副官的军衔，在中东铁路奉军护卫军的队伍里潜伏下来。

几年之后，中苏双方的政治、军事形势发生了重大变化。苏联的社会生活与经济复苏得到稳定发展，政权开始巩固，而原来企图“反苏复国”的沙俄政治势力与军事力量逐渐向远东移动，不少进入到中国的东北地区，寻求当地统治者的庇护。而中国的张作霖经过长期苦心经营，摇身一变成了“东北王”、“满蒙王”，其所控制的范围已近全中国领土的三分之一。因苏联扶持外蒙古独立及中东铁路管理权之争，张作霖集团已与新生的苏联政府结下深仇。

尽管如此，为了自身利益，苏联政府还是欲与中国政府建立外交关系。1920年、1922年，他们分别派出以加拉罕和越飞为全权代表的苏维埃政府谈

①见B·卢立耶《军事情报局：人事与档案》。

②见Д·戈林科夫《暗杀反苏分子》。

判代表团，避开实权人物张作霖，到北京与中华民国代表洽谈建交事宜。

1924年5月31日，经中苏双方旷日持久的谈判，签订了《中俄解决悬案大纲协定》，在两国之间一些久拖不决的问题上取得了一致意见或相互谅解，随即苏联政府与中华民国宣布两国正式建交。不久，双方又签订了《暂时管理中东铁路协定》，认定："该路纯系商业性质，除本身工农业性质外，所有关系中国国家主权的各项事务，一概由中国政府办理。"

两个文件虽然签署，建交的消息也发布了出去，但是，令苏联沮丧的是，中华民国当时的北洋政府并不能控制全国，两份协定几乎等同于空文。事后，他们才知道，由于中国正逢军阀割据时期，北方大军阀同时也是他们的仇敌张作霖实际控制着东北全境和华北的热河、察哈尔、绥远三省及中国境内的中东铁路沿线地区。因此，两个文件中提到的诸如中俄边境的治安状况、中东铁路共同管理、奉天及哈尔滨等总领事馆的建立等等都成了纸上谈兵。

要想让协议的内容变为现实，必须征得张作霖的同意。

于是苏联领导人命令军情部门立即派得力人员打进奉系高层，担任重要职位，接近张作霖，并想方设法使其在两个文件上签字。于是，潜伏多年的杨卓便走到了"前台"。

1924年6月初，当时的苏联红军军事情报局驻远东及中国哈尔滨地区特工站负责人梅里尼科夫(详见本书第四章第五节)单独秘密约见了杨卓。他说：

"经我们的线人在张作霖面前举荐，他已同意你出任奉军对俄事务帮办。这一职务很重要。由于张作霖拒绝与北京政府及我驻北京的全权代表合作，所以1924年5月31日签署的《中俄解决悬案大纲协定》等文件已经变成了一纸空文。我国政府拟定的开发和使用中东铁路、在奉天及哈尔滨等大中城市开设总领事馆、在俄中边境地区加强治安管理等一系列计划都无法实施。更为严重的是，这使新生的苏维埃政权的声望和信誉在国际舞台上受到极大损害。"

说到此处，由于情绪激动，梅里尼科夫停了下来。知趣的杨卓马上掏出香烟，又殷勤地帮他点着。抽了几口烟后，梅里尼科夫激动的心情平静下来，又接着说下去：

"事实证明，张作霖与我们的革命事业格格不入。总部正在制订计划，准备联合中国其他力量打击他。不过，现在我们还是要利用他，利用他的权威与势力，在外交上承认新生的苏维埃政权，并保证我们的在华利益。”

“您指的是文字上的确认？”杨卓打断了上司的话，发问道。

“对。只有文字上的签字画押，才有权威性与代表性，才能抵消反悔。”梅里尼科夫肯定道。“所以，你上任后，要想方设法靠近张作霖，尽快取得他的信任，在内线人员的协助下，掌握张作霖对苏联政府的真实态度，并说服或者蒙骗张作霖与苏联政府全权代表库兹涅佐夫同志签署协议。”

在俄罗斯档案馆里查阅俄文资料时，笔者发现苏联红军军事情报局中国站负责人梅里尼科夫当时提到的“线人”，与张作霖曾经怀疑的人一致，即在后来“杨常事件”中被张学良击毙的原奉军参谋长杨宇霆。

关于这一点，苏联学者也有叙述。如俄罗斯历史学家Ｂ·乌索夫在其《苏联特工在中国》一书中写道：在中国东北地区，“苏联情报人员又招募了张作霖元帅的参谋长杨宇霆将军”。

另一位在中国亲身经历20世纪20年代历史的苏俄学者巴拉克申在其回忆录《在华终结》一书中叙述：“接受了上司梅里尼科夫的指令后，在奉军参谋长杨宇霆、俄文科长张裕恒的推荐下，杨卓果真当上了张作霖的对俄事务帮办。”

杨卓上任后，梅里尼科夫又给杨卓下达新的指令：在与苏方代表接触时，不论是在谈判桌上，还是在迎来送往时，都不许暴露自己的真实身份。一切情报只能按严格规定的方式传递。

头脑灵活、善于辞令的杨卓没让主子失望。两周后，他就博得了张作霖的欢喜，三周后，他向梅里尼科夫发回了如下重要信息：

> 据张作霖私下提起，如果苏联政府能停止援助冯玉祥、放弃在东三省境内的赤化宣传、在中东铁路债务及管理上关照奉军的切身利益等三个问题上作出承诺，他本人就同意在建交文件上签字画押。

接到杨卓的上述情报后，梅里尼科夫大喜，他一面立即将此情报密报莫斯科，一面对杨卓的工作给予表扬，并鼓励他继续好好干。

张作霖提到的“援助冯玉祥”，大概情形如下：

1917 年十月革命后，张作霖的反共意识与反苏行为极大地激怒了苏共领导人，他们密令苏联的军情部门寻机“除掉”张作霖。同时在中国境内寻找“同盟者”，公开打击与进攻张作霖。

经过一段时期的观察接触，莫斯科的领导人认为，在华北一带活动的冯玉祥将军易于接受共产主义思想，并有按苏维埃模式建立军队、建立政权的思想意识。更重要的是，他把自己的首要任务确定为战胜强大的奉系军阀，结束张作霖在东北和华北的统治。

冯玉祥(1882—1948)，字焕章，安徽巢县人。行伍出身，曾先后任北洋陆军第十六混成旅旅长，第十一师师长，陕西、河南督军及陆军检阅使等职。1924 年在第二次直奉战争中，冯玉祥发动“北京政变”，囚禁直系军阀首领曹锟，并驱逐末代皇帝溥仪出宫，废除了清朝帝号。之后，他将所辖旧部改编为国民军，自任总司令兼国民军第一军军长。

冯玉祥发动“北京政变”后，电请孙中山、段祺瑞等赴京主持建国大计，同时也约来了北方最大的军阀张作霖。虽然在 1924 年 11 月 10 日由上述 4 人组成了“中华民国临时政府”，但由于张作霖盛气凌人，且竭力反对孙中山与冯玉祥“联俄联共”的主张，所以他们的合作很短时间便宣告破裂。

“四人组阁”虽然失败了，但张作霖却乘机率军队占领了北京。单方面任命自己的部下担任北京督军，而且还调动大批奉军到关内抢占更多的地盘。而“北京政变”的功臣冯玉祥则被排挤到了京西郊外。

1925 年初，冯玉祥被迫率部离开了北京地区，选择华北与蒙古的交通要冲——张家口为根据地，以所辖国民军三个军的兵力控制周围的热河、察哈尔、绥远及甘肃地区，积蓄力量，准备与张作霖拼死一搏。

∷冯玉祥将军

当时，冯玉祥的国民军已从开始的几万人，发展到十几万人。不过，虽然军队规模逐渐扩大，但其战斗素养却每况愈下。这是因为纷纷投奔冯玉祥队伍的人，大部分都是毫无作战经验的城市无业游民和青年农民。对此，冯玉祥及手下的高级将领忧心忡忡。他们意识到，单凭这样一支散兵游勇组成的军队，绝对无法战胜实力强大的张作霖的奉军。

就在冯玉祥为难之际，一直在观察国民军发展动态的苏联情报部门借苏共中央与共产国际的名义，向冯玉祥的国民军驻地张家口派来了乔装打扮的李大钊。

李大钊(1889—1927)，字守常，直隶乐亭(今属河北)人。中国最早的马克思主义者，中国共产党的创始人和早期领导人。1913 年毕业于天津北洋法政专门学校，后去日本早稻田大学读书，曾参加反对袁世凯的运动。1916 年回国后，先后任北京《晨钟报》总编辑、北京大学图书馆主任和《新青年》杂志编辑，积极参与新文化运动。俄国十月革命爆发后，他很快接受了马列主义思想，发表《庶民的胜利》、《布尔什维克的胜利》等文章，创办《每周评论》，积极领导“五四运动”，并和改良主义思潮作斗争。

1920 年，李大钊在北京发起组织马克思学说研究会和共产主义小组。中国共产党成立后，负责北方区党的工作。1924 年参加国民党第一次全国代表大会，被选为中央执行委员。同年6 月，代表中共去莫斯科出席第三国际第五次代表大会。国共合作期间，在帮助孙中山确定联俄、联共、扶助农工三大政策和改组国民党的工作中，起到了重要作用。

∷李大钊

正因为李大钊的特殊经历，所以，他以共产国际及中国共产党代表的身份，与处在困境中的冯玉祥相见，才容易使对方接受。

会见中，李大钊劝说冯玉祥只有走苏维埃式的革命道路，依照苏联红军的建军方式建设国民军，并取得苏联政府的援助，才能壮大和加强国民军的战斗力，最终战胜张作霖等反动军阀，取得中国革命的彻底胜利。

冯玉祥接受了李大钊的建议，决定派代表去北京，秘密会见苏联政府全权代表，也就是苏联军情机关在北京的总负责人——加拉罕，了解苏方的诚意，阐明自己的基本观点。

1925年1月29日，冯玉祥的代表在北京成功地秘密约见了加拉罕。

当确认了苏方的诚意后，冯玉祥的代表向加拉罕宣布：冯玉祥任总司令的国民军的战斗口号就是“消灭以张作霖为代表的中国大军阀统治，争取民族独立，创建新中国”。随后，冯玉祥借治病之机亲自去了莫斯科，向苏共领导人表示正式接受苏维埃的建军、建国理念。

在莫斯科访问期间，冯玉祥除了表示要坚决与张作霖作战到底外，还请求苏共中央和苏联政府为他的国民军派出军事顾问和专家，并给予军事、经济上的援助。

关于向苏方代表请求援助一事，冯玉祥在《我的生活》（俄文版）中有专门论述，他写道：

> 我与加拉罕、鲍罗廷的关系很好。我们经常在一起谈论革命、谈论宗教、谈论过去不平等的条约。
>
> 我跟他们说，中国革命的最终目的，是要使全体中国人民获得完全、彻底的自由与平等。如果谁帮助我们达到了这一目的，那么谁就将是我们的朋友。随着交谈次数的增多，我们之间的关系也越来越密切。在他们的启发下，我的世界观发生了很大变化。最后，我正式邀请苏联红军的顾问和专家到我的国民军来工作。我的打算是请三十、四十名军事顾问，其中包括骑兵、步兵、炮兵、工兵等方面的军事专家来我军指导作战与训练。这种邀请是不附带任何条件的。如果说有条件，那就是帮助我们完成民族解放革命。
>
> 不久，这批苏联军事顾问与专家就到位了。

不仅如此，冯玉祥将军还提议让国民军中有才华的青年到苏联去学习，毕业后再返回为国效力。

由于冯玉祥将军的上述想法与苏联政府“寻找同盟者来一起对抗张作霖”的思路完全一致，所以苏联政府上上下下对冯玉祥到莫斯科的访问、对他提出的各种请求和建议都十分重视。虽然他们也非常清楚，即冯玉祥所领导的国民军只不过是一支缺乏战斗力的军队，而且内部的各级军官尚不具备共产主义思想与意识，但是考虑到他们的战斗口号是“打倒以张作霖为代表的反动大军阀”，这就赢得了莫斯科领导人的同情与支持。要铲除张作霖及其强大的奉军势力，就是要联合并扶持冯玉祥将军的国民军。为此，苏共中央政治局两次召开专门会议来研讨如何给冯玉祥以军事援助的问题。

第一次会议于1925年2月14日在莫斯科举行。其通过的决议为：苏共中央决定应冯玉祥的请求，向国民军提供军事援助，并向其部队派出苏联红军军事顾问与军事专家。

第二次会议于1925年3月13日在莫斯科举行。其通过的决议为：苏共中央决定根据加拉罕的请求，向冯玉祥将军领导的国民军每年提供100万卢布的款项，并帮助其在中国的张家口、洛阳等地建立军事学校。

考虑到自己的切身利益，苏共中央在通过上述两个决议后，附加了三条意见：

1．国民军必须坚持以“打倒张作霖为代表的大军阀统治”为首要任务的战斗口号；

2．国民军所控制的地区共产主义活动合法化；

3．不同意冯玉祥将军在中国的西北地区建立自治政府。①

在冯玉祥将军表态接受苏共中央的三个附加条件后，苏联政府与苏联红军总部开始实施苏共中央通过的两个决议。

1925年春，苏联首先向国民军一军所在地张家口派出了一个苏军顾问工作队。该工作队包括29名军事顾问及专家、2名政工干部、1名军医及4名翻译。1925年9月，苏方又增派了6名军事顾问。1926年2月，苏方再次增派1名军事顾问，并派去若干名军事技术人员。首任苏军军事顾问工作队队长为苏军军事情报局成员维·普特纳。

---

①见Д·斯拉文斯基《苏中关系1917-1937》。

∷苏联军事专家、特工B·普特纳

∷苏联军事专家团特工组组长维·普里玛柯夫

普特纳，1893年出生于俄罗斯维林州的一个普通农民家庭。1917年十月革命前加入布尔什维克党，第二年加入苏联红军。在国内战争中，他先后任红军斯莫梭斯克第一步兵师政治委员、第228卡林炮兵团团长、第27奥姆斯杰炮兵师师长等职。

国内战争结束后，普特纳先后担任苏联红军莫斯科步兵学校校长兼政治委员、苏联红军野战军动员部部长、苏联红军陆军监察长助理等职。

1924年初被调到苏联红军军事情报局，同年春被任命为苏联政府援助冯玉祥国民军苏联军事顾问工作队队长。①

普特纳在冯玉祥的国民军里任职期为一年。期满后，他的职务由苏联红军军事情报局的特工维·普里玛柯夫接任。

出于职业特工的习惯，普里玛柯夫一上任就强化情报工作。首先，他从苏联军事情报局中国站调来了女谍报员维什妮娅柯娃·阿基莫娃。该女谍报员会讲一口流利的汉语，在很短时间内就把张作霖所控制的东北、华北地区的人文地理、经济状况、军事实力、国民素质等情报详细记录下来，供普里玛柯夫及中国站负责人决策时参考。

其次，普里玛柯夫于1926年2月15日在张家口建立了一所以反对张作霖等中国大军阀为主要对象的“国民军张家口反间谍学校”。在此之前，普特

①见B·卢立耶等《军事情报局：人事与档案》。

纳还曾帮助冯玉祥建立“国民军高级步兵学校”、“国民军高级军官学校”、“国民军军械学校”及“国民军军事通讯与工程学校”等军事学校。①

以军事顾问的掩护身份来到冯玉祥国民军的苏联特工依·维纳罗夫在日后回忆道：

> 在国民军工作的日子里，我们按照莫斯科总部的指示，完成了对冯玉祥“人民军队”的“顾问”工作，并最终使他的军队改变了性质。②

为进一步牵制张作霖的奉军，苏联军事顾问工作队还在国民军控制的开封设立军事顾问点，以加强那里的军事实力。在苏联军事顾问的建议下，苏联政府每年还额外给冯玉祥的国民军追加了600万卢布的军援物质。

苏联政府援助冯玉祥，不但增强了国民军的军事实力，也对其宿敌——奉军构成了极大威胁，因此，也成了张作霖的心病。所以，在张、苏建交谈判问题上，他就想以此为筹码来要挟苏联方面。

至于张作霖提到的第三条，即苏方在中东铁路债务及管理上关照奉军的利益，指的是奉军长期以来利用中国境内的中东铁路运送军队、辎重装备时所欠中东铁路管理局及俄方银行的巨额费用，希望得到苏维埃政府的减免。不仅如此，张作霖还要苏方在文字上(起码要口头承诺)规定：允许奉系人员与苏方共同经营、管理中东铁路。

接到梅里尼科夫转来的重要信息后，莫斯科的领导人开始认真研究。尽管，他们感到张作霖的胃口很大，条件也很苛刻，但是毕竟知道了他的底牌，以后就可以对症下药了。

很快，莫斯科向当时待在奉天的苏联政府谈判代表团发出了如下信息：为尽快扭转对华关系，为权宜之计，可酌情答应张作霖的“特别条件”，但尽可能以口头承诺为主。

有了莫斯科的指示，苏方谈判团活跃起来，尽一切力量开展活动，游说张作霖。再加上杨卓的极力劝说和哄骗，张作霖认为，冯玉祥作为心头大患即将失去苏联的支持，而且还有对自己有利的条件，这桩交易十分合算。于

①见B·乌索夫《苏联特工在中国》。

②见巴拉克申《在华终结》。

是，1924年9月18日，他指示奉方的谈判代表与苏方代表签署最后的协议。

1924年9月20日，东北三省自治代表与苏方代表在奉天签署了《奉俄协定》。

事后，张作霖为表彰杨卓在奉俄谈判中有功，同时杨宇霆等人也大力举荐，杨卓当上了中东铁路监察委员会主席。这一位置本来是苏方情报机关十分看重的，按规定应由苏方出任。但既然由杨卓担任，苏方也把他看作自己人，所以双方皆大欢喜。

张作霖同时任命杨卓为奉军少将军官。

在张作霖为杨卓封官加冕的同时，莫斯科总部也向梅里尼科夫及杨卓本人发来密电：祝贺他们大功告成。

按照《奉俄协定》，中东铁路由中苏两国共管，所有权益中苏双方各半，一切相关事宜的处置双方也是平等的。签字后，苏方很快接收了中东铁路，但是，对签字同意办理或口头承诺的诸事不闻不问。不论是北京的苏联全权代表加拉罕，还是奉天的苏联全权代表库兹涅佐夫，对停止援助冯玉祥、减免债务及卢布赔偿、禁止在东三省进行赤化宣传，以及按时召开双方小组委员会等事宜统统不认账了。

不仅如此，新到任的中东铁路管理局苏籍局长伊万诺夫无视张作霖的权威，于1924年10月3日、10月8日作出撤销奉系方面局长、处长的决定，并于1925年4月9日发布“94号令”(详见本书第一章第四节)。

苏联政府在东北地区除采取以上做法外，还公然违背中苏签订的双边协议中的有关条款，例如，作为苏方代表先后来东北任职的苏联“外交官”格兰德、伊兹万洛夫及沙夫拉索夫在出任苏联驻哈尔滨总领事的同时，还兼任中东铁路理事会理事。这种双重身份明显违背了《中俄解决悬案大纲协定》中明确规定的“中东铁路为一纯商业性质机构”的原则。

《奉俄协定》签署后，张作霖也查觉自己受到了苏联的愚弄，唐德刚与王书君所著《口述实录——张学良世纪传奇》一书中写道：

> 张作霖此时开始怀疑杨卓。
>
> 他得知杨卓自从当上中东铁路路监一职后，终日穿着将军服，到处招摇撞骗。他又想到对俄外交方面的人多是杨宇霆推荐而来的，如签字

∷张作霖在大帅府

代表郑谦、俄文科长张裕恒等。

杨卓是张裕恒介绍来的，而杨卓的一切活动大部分又是通过杨宇霆来向他(指张作霖本人)转达，他实际上不明其中的奥妙之所在。

据史料记载，最初参与苏奉谈判的是张作霖的“私人外长”于冲汉，从1923年2月起，他就代表张作霖与苏方代表库兹涅佐夫进行了第一轮苏奉谈判。但令人感到蹊跷的是，从第二轮谈判起，于冲汉突然患上了一种怪病，从此退出了苏奉谈判。

《奉俄协定》签署后，苏方种种背信弃义的做法极大地激怒了奉系的高官。他们纷纷向张作霖诉苦，甚至埋怨他不该听信谗言，轻易与苏方代表签约。

张作霖开始醒悟：自己是受骗上当，任人摆布地签下了苏联人企盼已久的《奉俄协定》。

于是，他指示下属避开杨卓，找来精通俄文的专家，逐字逐句地审阅杨卓与苏方代表库兹涅佐夫等人的俄文谈判记录，最后得出结论：是杨卓出卖了张作霖及整个奉系集团的利益。后经侦缉处派密探监视，发现杨卓竟以张作霖外交帮办及中东铁路管理局监委会主席的掩护身份从事苏联间谍活动。

在审讯室里，杨卓不但供出自己是苏联间谍的真实身份，还说出了让所有在场的奉军官员大吃一惊的绝密计划，即遵照莫斯科总部指示，伺机配合奉军的策反将领举行起义，彻底推翻张作霖的军阀统治，并成立倾向于苏维埃政权的满洲人民共和国。①

虽然最终未能从杨卓的口中问出苏方在奉系集团中的“线人”与被策反的将领(按苏联情报机关的严格规定，杨卓是不可能知道上述人物的)，但是

①见B·乌索夫《苏联特工在中国》。

杨卓的供词已经证明：苏方千方百计要搞掉张作霖，搞垮奉系集团。

张作霖立即采取报复手段，回敬苏方对自己的藐视和愚弄。

首先，他以“在奉俄谈判中收受苏方百万元贿赂”的罪名，判处杨卓死刑。

其次，以“造成中东铁路沿线社会动乱”罪，扣押苏联政府派出的中东铁路管理局局长伊万诺夫及有关苏籍官员。

其三，以“与杨卓案有牵联并从事与其身份不符的非法活动”为由查封了设在东北地区的多家苏联商业机构。

其四，阶段性中断与苏联政府的一切外交往来。

张作霖的上述报复措施大大出乎苏联领导人的意料，尤其是处决杨卓，更使苏联军情头目对张作霖恨之入骨。

“血淋淋的事实说明，我们与大军阀张作霖是不共戴天的！”苏联红军军事情报局局长别尔金将军恶狠狠地对部下说。

二、郭松龄将军倒戈

被苏联军情部门招募的间谍杨卓曾供述：遵照莫斯科总部的指示，将伺机配合奉军被策反的将领起事，彻底推翻张作霖的军阀统治。

这个“被策反的将领”确有其人，他就是郭松龄将军。俄罗斯学者季米特里·斯拉文斯基在其新作《1917年－1937年的苏中外交史》中有如下叙述：

> 第二次直奉战争期间，张作霖的部下郭松龄将军就与冯玉祥签署了密约。密约中规定，双方共同反对这位“罪大恶极的大军阀”，胜利后，他们将与广东革命者共同建立国民政府。

为了给倒戈的郭松龄以支持，苏联的军事顾问还特意为他制订了一份夺取北方大都市，也是重要的港口城市——天津的作战计划。但是最终由于郭松龄麾下的高级军官意见不一致，而使得这份战计划未能实施。

1．“潜蓄势力，谋取兵权，以图东三省之根本改造”

郭松龄，字茂宸，原籍山西汾阳，1883年出生于沈阳。父亲是一位乡村

::郭松龄将军

塾师，靠着微薄的收入维持一家人的生活。郭松龄从9岁起，随父在私塾读了3年书，后为生活压力所迫，不得不中断学业给地主当了3年长工。1903年，郭松龄进入沈阳东南常王寨董汉儒开设的书院学习。董汉儒是举人出身，具有强烈的反清思想意识，他对学生的教育，除了传统的“四书”、“五经”，还广选诸子百家典籍以及《史记》、《通鉴》等。他针对清政府的腐败无能和内忧外患，经常给学生讲述历代治世文臣、爱国将领的英雄事迹，这些都给郭松龄留下了深刻印象。

沈阳是中国东北的中心城市，东北又是当时日本与俄国两大列强争夺的焦点地区，相继发生了甲午战争、庚子之役、日俄战争，东北地区饱受日、俄列强的蹂躏，使郭松龄幼小的心灵埋下了复仇的种子，他立志走从军救国之路。

1905年，郭松龄考入奉天陆军小学，1906年秋毕业后考入奉天陆军速成学堂，1907年夏以“优等第一”的成绩毕业，被派到北洋陆军第三镇见习，一年期满后回奉天巡防军任职。1909年随巡防营统制朱庆澜入四川。1910年冬，四川成都成立北洋陆军第十七镇，朱庆澜任统制。朱庆澜虽然不是同盟会员，却是一位廉洁正直、富有爱国心的高级将领，在他周围有一大批同盟会成员，如程潜、方声涛、叶荃、姜登选等。不久，方声涛、叶荃介绍郭松龄加入同盟会。

1911年辛亥革命爆发前后，郭松龄升任十七镇六十八标第二营管带。1911年四川独立后，大权落入川籍同盟会员尹昌衡手中，非川籍的同盟会员纷纷离川。1911年冬，郭松龄离川回到家乡，参与奉天革命者的起义活动。不久，奉天将军赵尔巽勾结巡防营统领张作霖以血腥手段镇压革命党人。在张作霖的大搜捕中，郭松龄因已剪发，身上且有“民军护照”，遂为张作霖的手下逮捕，准备斩首投河。危机时刻，郭松龄的奉天陆军速成学堂同学高纪毅与韩淑秀奔走营救。据记载，韩淑秀“冒死拦截刑车，诉说郭松龄是她的未婚夫，归奉完婚，并未有参与革命的事，郭松龄才免遭杀害”。[①]

1912 年民国政府成立后，郭松龄获释。郭与韩因此生死之缘，后来结成志同道合的终身伴侣。

1912 年，郭松龄考入北京将校研究所，1913 年又考入陆军大学继续深造。郭松龄学习刻苦，掌握了比较全面的军事理论知识，为其今后的军事教育和带兵作战打下了坚实的基础。1916 年底，郭松龄从陆大毕业，应聘到北京讲武堂任教官。

1917 年，孙中山南下广东发动护法运动，郭松龄的老长官朱庆澜虽身为北京段祺瑞政府任命的广东省长，却出于对孙中山的崇敬，无条件拥护孙中山的护法运动，使广东成为革命的中心。郭松龄闻讯后，立即南下广州，投奔朱庆澜，出任粤、赣、湘边防督办公署参谋、广东省警卫军营长、韶关讲武堂教官等职。在广东，郭松龄与方声涛、叶荃等重逢，并与奉天同乡、国

∷陆军大学将校研究所学员合影

①见任松等《郭松龄将军》。

会议员李坚白成为莫逆之交。郭松龄在广州和韶关期间，曾多次见到孙中山，并经常聆听孙中山的革命演讲，对孙中山的大无畏革命精神，深感钦佩和鼓舞。

1918年5月，孙中山为滇、桂军阀排挤离开广州，护法运动失败。郭松龄也回到奉天老家，准备打入军阀内部，伺机起事。当他将自己的想法告诉几位旅粤的挚友时，有人立即提醒他：东三省军政大权操纵在张作霖及其绿林兄弟手中。这一伙人生性野蛮，风险太大，劝他改变主意。对此，郭松龄毅然道："欲谋三省之根本改造，非先推倒恶军阀不可。欲推倒恶军阀，非预备绝大牺牲不可。余拟不择手段，先投身奉天军阀巢窟，暗取兵权，蓄养潜势力，以谋根本改造。"①

郭松龄回到沈阳后，经奉天督军署参谋长秦华(郭松龄在陆军大学的同学)推荐，进入督军署任少校参谋，不久调任东三省陆军讲武堂任中校战术教官。在此之前，张作霖对郭松龄去广东参加革命一事已有所耳闻，因此对他并不信任，更不愿重用。在讲武堂开学典礼上，张作霖甚至还语含讥讽地问他：

"郭教官，你不是到南方去革命了吗？为什么回来呢？你还是回来的好，在外边没什么混头。"②

郭松龄闻听此言，暂忍屈辱，默默无语，但内心却种下了"潜蓄势力，谋取兵权，以图东三省之根本改造"的强烈愿望和必胜信心。

授课时，郭松龄经仔细观察，认为张作霖长子张学良虽然生长在大军阀家庭，但具有正义感和强烈的进取心，很有培养前途。于是，郭松龄经常向张学良宣传"练精兵、御外侮"的爱国思想，希望通过张学良来实现自己改造东北的愿望。而郭松龄的人品学问和思想作风，以及其坚强不屈、果敢勇武的标准军人气质，"强兵救国"和抵御外侮的雄心，都深深地打动了张学良的心。于是，这两位年龄相差18岁的师生，很快成了推心置腹、形影不离的忘年交。

1920年3月，张学良从讲武堂毕业后，被提升为张作霖的卫队旅旅长。此时，张学良还不足20岁，显然还不能独当一面，需要有人辅佐。于是，经张学良的推荐，郭松龄调任卫队旅参谋长兼第二团团长，成为张学良的副手。

---

①②见任松等著《郭松龄将军》。

有了张学良的掩护，郭松龄终于在奉系军队中站稳了脚跟。

2．汲取新思想，辅佐少帅治军

郭松龄上任后，整顿军纪，剔除弊端，淘汰冗员，训练军队。他治军严明，训练有方，而且与士兵同甘共苦，有时吃睡都在一起，亲自挑水煮饭，深受官兵爱戴。短短几个月，卫队旅军容为之一新，枪械精良，纪律严明，成为奉军中的一支劲旅。郭松龄治军有方，却引起奉军中守旧人物的妒忌，他们怀疑郭松龄“所练军队纪律虽严，未必善战”。那时，奉军将领多为张作霖的绿林兄弟或行伍旧友，不识之无，不懂学术，徒以在战场上逞蛮勇而自豪。他们以郭松龄出身军校，未经战场，故以此讥讽郭松龄。

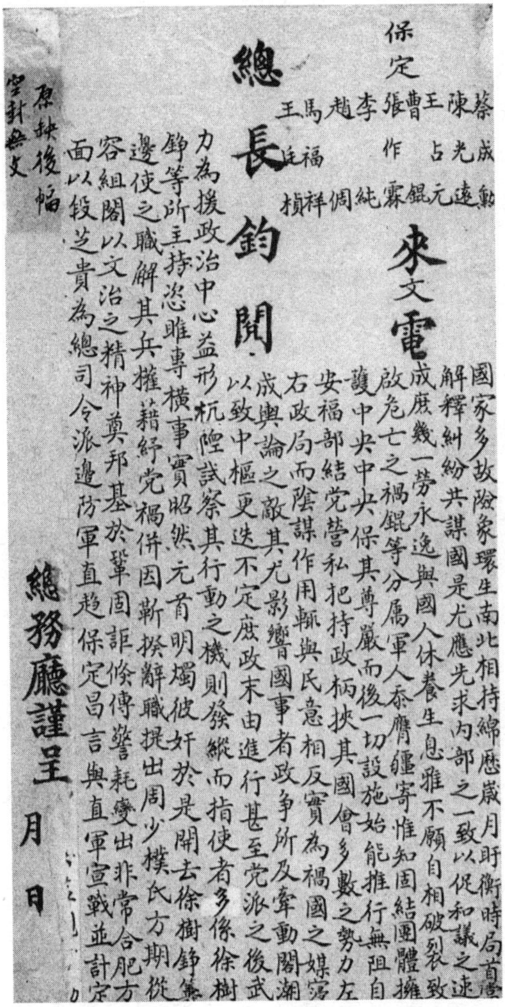
保定
蔡成勳 陳光遠 王占元 曹錕 張作霖 李純 趙倜 馬福祥 王廷禎
來文電
總長鈞閱
國家多故險象環生南北相持綿歷歲月旰衡時局首
解釋糾紛共謀國是尤應先求內部之一致以促和議之速
成庶幾一勞永逸與國人休養生息詎不顧自相破裂致
啟危亡之禍錕等分屬軍人忝膺疆寄惟知固結團體擁
護中央中央保其尊嚴而後一切設施始能推行無阻自
安福部結黨營私把持政柄挾其國會多數之勢力左
右政局而陰謀作用輒與民意相反實為禍國之媒
成與論之敵其尤影響國事者政爭所及牽動閣潮
以致中樞更迭不定庶政末由進行甚至黨派之後武
力為援政治中心益形杌隉試察其行動之機則發縱而指使者多係徐樹
錚等所主持慫恿專橫事實昭然元首明燭彼奸於是開去徐樹錚籌
邊使之職解其兵權藉紓黨禍併因斬撥辭職提出周少樸氏方期從
容組閣以文治之精神奠邦基於鞏固詎倏傳警耗變出非常合肥方
面以段芝貴為總司令派邊防軍直趨保定昌言與直軍宣戰並討
總務廳謹呈　月　日
原缺後幅
空封無文

∷直系奉系讨皖通电

1920 年 7 月，直皖战争爆发，张学良任奉天省城戒严司令，率卫队旅一部驻防沈阳，郭松龄率卫队旅主力入关参战，在天津附近以一个团的兵力一举击溃了皖军两旅之众，初露锋芒。

同年秋天，吉林、黑龙江两省土匪猖獗。张作霖任命暂编奉天陆军第一旅旅长兼吉长镇守阚朝玺和郭松龄前往吉林剿匪。阚性情横暴嗜杀，凡是他认为是土匪或通匪者，不管三七二十一，一律用铡刀杀头，故人称“阚大铡刀”。阚滥杀无辜，不仅未能剿灭土匪，反而驱民为匪，匪势益炽。而郭松龄所部纪律严明，一改奉军的绿林习气。当时有一股悍匪占据佳木斯，深沟高垒，凭险固守。阚部久攻不下，郭松龄知难而进，率军向佳木斯展开猛攻，终于打开一隅，攻入城内。在友军的协助下，消灭了这股悍匪，收复了佳木斯。郭松龄剿匪成功，使卫队旅声名大振。

1921 年 6 月 25 日，张作霖就任蒙疆经略使，除东三省之外，又控制了热河、察哈尔、绥远三地，由“东北王”一跃而为盘踞六省区的“满蒙王”。奉军因此实行了统一建制，扩编为 5 个师、23 个混成旅、3 个骑兵旅，总兵力达 20 万人。在中国北方，形成了奉系与直系军阀并立的两大军阀势力。

扩编后，张学良任第三混成旅旅长，郭松龄升为第八混成旅旅长。当时，两个旅组成联合司令部，通称“三八旅”。郭松龄也和张学良同时晋升为少将。

当时，两个旅的用人行政及训练管理等大权均操在郭松龄一人之手，张学良概不过问。对此，张学良在唐德刚与王书君合著的《口述实录——张学良世纪传奇》一书中有如下叙述：

> 我这个人就是这样，把事情交付给你，你便负责。不论做什么事，我都这样，但你折腾坏了，那我可不客气。还有，我把命令下达了，你照命令去做，我决不干涉你的那一套。

在张学良的支持下，郭松龄对“三八旅”进行了认真整顿。主要措施如下：

(1)重用军校毕业生，逐步淘汰绿林、行伍出身的旧军官。为此，郭松龄建议张学良扩充讲武堂，设立军官教育班、教导团和军士教导队，选拔优秀青年军官和有文化的士官入班，使其接受新式的军事教育，毕业后分派到部队教练新兵。郭松龄本人亲自担任教官和教练等职。同时，多方罗致人才，凡是正式军事院校毕业生，都收入“三八旅”差遣队，储备人才，遇所属部队各级军官出缺，便选拔士官递补。

(2)招募良家子弟入伍，裁减土匪出身的士兵和兵痞，严格纪律，不许骚扰百姓。

(3)实行军需独立，严禁长官贪占公款和兵饷，违者严惩。奉军与其他军阀部队一样，军需人员一向由各级主官(旅、团、营长)自行委派。他们委派的一般都是所谓的“三爷”，即孩子的姥爷、舅爷和本官的姑爷，因他们都与主官有裙带关系，所以主官也把军需部门视为私人账房，任意取用公款，中饱私囊，士兵称之为“喝兵血”。这是一切旧军阀部队的普遍现象。郭松龄到“三八旅”后，推行军需独立制度，任命懂军需业务的专门人才掌管军需，根除“喝兵血”现象。

(4)加强爱国主义教育，树立“军人守土卫国”的天职观念。郭松龄经常对部队官兵训话：“当今世界军事学日新月异，武器也随之改进，东北地处两大强邻之间，他们时时都在窥视我们。执干戈，卫社稷是军人之职责。”①

郭松龄的爱国主义教育，在部下中产生了深远影响。郭松龄亲手培养的官兵，后来都参加了他领导的反奉战争。“九一八”事变后，他们中的大多数人又都走上了抗日救国的道路。如率部起义参加革命的常恩多、万毅、郭维城和彭景文将军等人，都是郭松龄培养出来的东北军优秀军官。

对于郭松龄最为赏识的是张学良。1981 年“九一八”事变50周年之际，张学良在台北探视生病的齐世英时，两人皆认为，当年若是郭松龄反奉成功，中国的历史就将改写，可能就没有“九一八”事变了。②

经过郭松龄的努力，“三八旅”一扫旧奉军的种种弊端，成为一支纪律严明、战斗力很强的队伍，成为奉军正规化、近代化的先声。

郭松龄不但治军严明，他本人也身先士卒，成为奉军正规化、近代化的楷模。平时，他总是一身戎装，腰板挺得很直，显示出威严的军人气质。他一有空便捧书苦读。而在奉军，旧军官以文盲居多，平时以狂嫖滥赌、酒肉征逐为豪举，与郭松龄形成强烈反差。这些旧军官看不惯郭松龄特立独行的作风，加上郭松龄身板挺直，面生浓须，酷似西洋人，所以背地里都把他称为“郭鬼子”。就是张作霖也如此称呼。

虽然旧军官妒忌郭松龄，但郭松龄有张学良为后盾，他们也奈何不得。对此，《口述实录——张学良世纪传奇》中有如下的描写：

随着奉系势力的增强，张学良与郭松龄的关系更加密切了，他们在一间房里办公，两人睡一铺炕。张学良把郭松龄当作良师益友，而郭松

①见任松等著《郭松龄将军》。

②见唐德刚、王书君《口述实录——张学良世纪传奇》。

::东北军骑兵部队

龄认为张学良是难得的知心上司。两人之间，不仅相知，而且相谅。

这里略举一例。张学良喜欢读古书，而郭松龄见到张学良读线装书就上火。有一天，郭松龄把张学良的“四书”、“五经”一古脑全撕了，气哼哼地说：“读这些书有什么用！”张学良也不甘示弱，伸手就把郭松龄的书籍扔到院子里，两人又吵又闹，最后大哭一场。

尽管如此，张、郭相处仍如鱼得水。张学良每次外出去饭馆吃饭，必须约郭松龄同往，倘郭松龄不能去，这顿饭即作罢。张学良希望郭松龄辅佐自己成就大业，郭松龄也真诚地期望张学良能成就一番事业。

1922年4月，第一次直奉大战爆发，张学良任奉军第二路总司令兼第二梯队队长，第二梯队除辖“三八旅”外，还有第四混成旅。第二梯队实际上由郭松龄指挥，最终攻击目标是直军大本营保定。战斗打响后，郭松龄亲率第三旅参战，战斗异常激烈，双方伤亡很大。5月4日，郭松龄指挥部队攻占胜芳镇和崔庄。但由于西路奉军在京汉线上溃败，东路军(即由张学良、郭松龄指挥的部队)虽然取得了小胜，但无法挽回失败的大局。张作霖遂下令全军撤退，并以开会为名，将张学良召回司令部。这样，第二路军的指挥权便落在了郭松龄一个人身上。当郭松龄率部撤退至永定河时，直军就追了上来，郭松龄临危不乱，指挥奉军抢渡，使全军安全渡过永定河。

第一次直奉大战，奉军出兵11万余人，在战斗中，死伤3万余人，被俘4万余人，仅4万余人退回关外，可以说是遭到惨败。唯独张学良、郭松龄的

“三八旅”不仅没有溃败，而且还打了胜仗，尤其是山海关一战，立下奇功，稳住了张作霖在山海关外的统治地位。从此，张学良更加信任郭松龄，张作霖对郭松龄也有了好感，奉系旧派人物也逐渐认可了“三八旅”。

3．与士官派决裂，争取掌兵权

经过第一次直奉大战的惨败，张作霖认识到奉系绿林式的旧军队战斗力太低了，同时又从“三八旅”身上看到了希望，遂下定决心重用新人，整顿军队，以求一雪战败之耻。1922 年 7 月，张作霖设立东三省陆军整理处，以孙臣烈为统监，姜登选、韩麟春为副统监，张学良为参谋长。孙臣烈年老多病，是挂名的统监，而参谋长张学良又因为年少经验不足，所以，实际大权操在副统监姜登选、韩麟春之手，而姜、韩又都是杨宇霆引进的日本士官同

∷东北军入关

学，这就为士官派扩张夺权提供了机会。

郭松龄一直对奉军中以杨宇霆为首的留日士官派心存轻视，他与杨宇霆本人更没有任何往来，视同陌路。杨宇霆为了独揽军权，也对郭松龄采取排斥态度，并以此架空张学良。为此，郭松龄借张学良为后台，对以杨宇霆为首的士官派采取了抵制措施。奉军整编后，“三八旅”改番号为“二六旅”，由张学良、郭松龄分任旅长。“二六旅”虽然仍是旅的番号，但实际已达到师的建制。“二六旅”在请求增加经费、补充军械等项目上受到杨宇霆一派的阻挠时，张学良利用自己的地位，在士官派把持的东三省兵工厂外，单独成立了一个迫击炮厂，用以装备“二六旅”，使杨宇霆等无可奈何。

经过整军后，“二六旅”不但人员、枪械补充齐全，而且官兵都经过挑选，装备又全部是最新式的，仍然是奉军中最有战斗力的部队。并且“二”、“六”两旅不分家，其兵权仍由郭松龄掌管。

郭松龄与杨宇霆等人的矛盾不仅表现在争夺兵权上，而且在政见方面也势同水火。郭松龄、李景林等陆军大学或其他军事院校毕业的军官被称为士派，他们都视张学良为首领。士派大都担任师、旅长以下职务，在中下级军官中影响较大。士派“主张精兵强卒，保卫桑梓，开发东北，不事内战，抵御外侮”，反对张作霖、杨宇霆等穷兵黩武、争霸中原的内战政策。特别是郭松龄，看到内战给广大民众带来的巨大灾难，更加感到“内战”不可以屡兴，战祸不可以久结。他在第一次直奉战争后就联合几位将领，向张作霖上书，建议“罢兵息争，闭关图治，移民开垦，巩固边境”。同时，郭松龄还向张作霖请求让他带领所部官兵赴洮南屯垦，“寓兵于农”。在第二次直奉大战前夕，郭松龄又通过张学良向张作霖转达他的改革东三省方案，即“实行民治，优待劳工，普及教育，整顿金融，开发利源”。

郭松龄的上述主张，与张作霖的穷兵黩武思想格格不入，因而也不可能被采纳。而且，一个封建军阀，最害怕的就是手下的统兵将领有政见主张，郭松龄屡次提出与张作霖意志相违背的建议，引起了张的疑心。据张作霖的贴身副官回忆，张作霖曾在背后大骂：“郭鬼子有野心！”张作霖有意任用杨宇霆为首的士官派对郭松龄等士派实行牵制或者压制，这就不可避免地激化了两派的矛盾。同时，也为苏联军情部门及冯玉祥本人策反郭松龄创造了有利条件。

4.接受反战思想鼓动，与冯玉祥签定反奉密约

郭松龄的厌战爱国言行引起了苏联特工的注意，本来打倒张作霖、消灭奉军势力是在华苏联特工组织的最大任务。如果能借助奉军内部势力搞掉或搞垮张作霖，那将是苏联特工最辉煌的胜利。

首先把郭松龄的“进步表现”与个人资料秘密发送给莫斯科总部的，分别为苏俄政府驻华武官兼北京特工站站长盖克尔与奉天特工站负责人库兹涅佐夫。在对郭松龄的关注方面，两人可谓不谋而合。

1925年春，新成立的以苏维埃全权代表加拉罕为首的“北京中心”收到了一封发自莫斯科的密电：

同意北京、奉天两地同志的密电内容，即策反郭(松龄)反对张(作霖)。但考虑到京、奉两地属敏感地区，所以请张家口的军事顾问团利用冯(玉祥)将军的关系，在中共北方局的协助下做好郭的反张工作。①

该密电很快转到了张家口——冯玉祥国民军第一军所在地苏联军事顾问团特工组负责人普特纳手中。经过一段紧张的调查后，普特纳与普里玛柯夫一起制订出如下计划：

(一)请中共北方局的李大钊及部下通过李德全做韩淑秀的工作，再由韩淑秀说服郭松龄反张。

(二)利用冯玉祥的关系接触并说服郭松龄倒戈。②

计划中提到的李德全与韩淑秀分别为冯玉祥与郭松龄的夫人。

李德全(1896-1972)，直隶通州人。北京协和女子大学毕业，早年参加反帝反封建运动，积极从事妇女解放和儿童福利保健事业，曾在北京、泰安等地创办学校。中华人民共和国成立后，历任中国红十字会会长、中国人民保卫儿童全国委员会副主席、卫生部部长、全国妇联副主席、全国政协副主席。

自从李大钊为冯玉祥向苏联政府表达申请援助的愿望，并得到苏联政府的大力援助和军事顾问团的帮助后，以李大钊为首的中共北方局便经常派员来国民军驻地宣讲马列主义、共产主义思想。在所有的听讲人中，接受最快

①见俄文版《“契卡”红色文献》。

②见苏联国家档案局2000年《解密档案索引》。

的便是冯玉祥将军的夫人李德全。

到了1925年，在李大钊等共产党人的熏陶下，李德全已经走上了革命道路。6月，她接受了中共北方局领导的秘密指示：利用自己的同学关系，向韩淑秀宣传民族革命、反对军阀统治的思想，并力争由她来潜移默化地影响其丈夫郭松龄。

韩淑秀，奉天人。与李德全同为北京协和女子大学毕业生。由于二人志同道合，所以在校参加反帝反封建运动时，就结下了深厚情谊。作为具有先进思想的知识女性，她们都向往、敬慕革命英雄，尤其是一身戎装的革命英雄。辛亥革命爆发后，她们的向往变成了现实：两人分别嫁给了当时叱咤风云的军人领袖——国民军的冯玉祥将军与奉军的郭松龄将军。

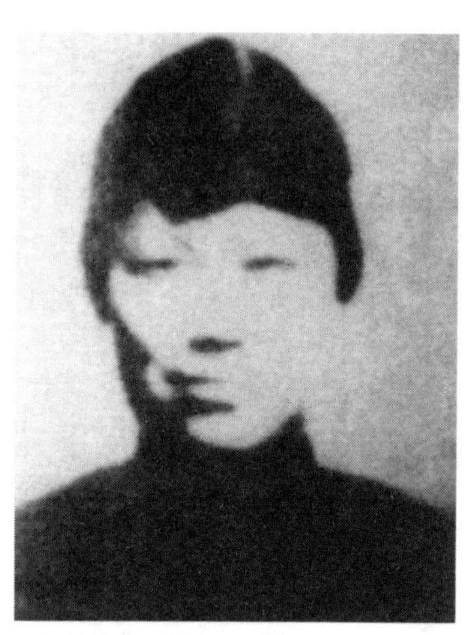
∷郭松龄夫人韩淑秀

说起来，韩淑秀嫁给郭松龄还有一段传奇故事。

1910年深冬，28岁的郭松龄，因为革命党人嫌疑，被张作霖的巡防军汤玉麟部逮捕，随即押赴城东万柳塘准备斩首。当时正是辛亥革命前夜，奉天到处都在捕杀革命党人。凡是剪短发的就杀，用张作霖的话说，叫杀秃子。

∷苏联大使馆翻译、女特工B · 阿基莫娃

尚在学校读书的韩淑秀，回奉天休寒假时听到了这一消息。她的少年好友，同时也是郭松龄奉天陆军速成学堂的同学高纪毅，约了韩淑秀直奔刑场，准备为郭松龄送行。他们等到囚车开来，一眼就看到了身戴刑具的郭松龄。

突然，意想不到的事情发生了：柔弱纤细的韩淑秀猛然冲出人群，拼命向刑车跑去。跑到刑车前，她用冻僵的双手死死抱住仍在行走的马腿。

“放掉他吧！他不是革命党，是我的未婚夫，是从外地来奉天与我完婚的。他冤枉啊！”韩淑秀声泪俱下地哭喊。

结果，莫名其妙的郭松龄因此被释放了。若干年后，他们结成了志同道合的夫妻与战友。

李德全与韩淑秀分别出嫁后，并没有影响两人的交往。按照上级的指示精神，每次与韩淑秀见面时，李德全都要向对方讲述民族民主革命的道理。她还把苏军军事顾问团的汉语翻译维什妮娅柯娃·阿基莫娃介绍给韩淑秀。

维什妮娅柯娃·阿基莫娃的真实身份是苏联红军军事情报局的谍报员，她能讲一口十分流利的汉语。在苏军军事顾问团里，她既是随行翻译，又是特工组组长普里玛柯夫的助理。

接受李德全与维什妮娅柯娃·阿基莫娃的革命教育后，韩淑秀的思想发生了很大变化，回到家后，她又及时把自己的心得体会讲给丈夫郭松龄听。在互相交流中，二人往往产生强烈的共鸣。

在实施通过韩淑秀来策反郭松龄的方案同时，苏军特工组成员还加紧了利用冯玉祥将军的特殊关系来促进郭松龄的思想转变。

吴锡祺在《冯玉祥、郭松龄联合反对张作霖的经过》一文中有如下的叙述：

> 冯玉祥的顾问，京汉路局局长王乃模与郭松龄、魏益三(郭松龄部的参谋长)等都是陆大第四期同学，王利用此层关系，经常跑天津，打听有关消息。在交往中，发现郭松龄牢骚满腹，反对张作霖“棋胜不顾家”的做法，不同意杨宇霆、姜登选一字长蛇阵地向南扩张，预言奉军早晚一定要倒霉。郭松龄在言谈中一再称赞冯玉祥发动北京政变摧毁直系军阀的作为，对他表示崇敬。王乃模将郭松龄对国民军的态度前后几次报告给冯玉祥。

从以上叙述中可以看到，苏联特工组利用冯玉祥将军的关系来策反郭松龄的方案已经实施。

1925年10月24日，张作霖命令郭松龄去天津组编队伍，准备对以冯玉祥为首的国民军作战。郭松龄在去天津前，悄悄地对他的参谋长魏益三说：“我主张巩固国防，开发东北，最反对为少数人去争督军。试想这样谁受害，还不是东北人民吗？”暗示了反奉倒戈的意向。①

郭松龄到达天津后，代表张学良组织第三方面军司令部。郭松龄对人事抓得很紧，毫不放松，甚至3个军的卫队营营长人选都要经他本人决定。外人只以为这是郭松龄不肯放手军队的组编权，殊不知他暗中正在进行反奉的军事准备。

11月5日，国民军将领韩复榘回到驻地，把郭松龄的话报告给冯玉祥。冯听了十分高兴，当即告诉韩："这事情关系太大，不要轻率地乱做主张，最好请郭先生写个亲笔的什么东西，派两个亲信的人送来，双方从长商酌一下，方显得郑重其事。"次日，韩复榘又折返天津，向郭松龄转达愿意合作的意向。②

此前，张学良曾奉命抵达天津，召集郭松龄、李景林等高级将领举行会议，传达张作霖进攻冯玉祥的国民军的密令。郭松龄当场就表示反对。他甚至反问张学良：目前军饷、军械、兵力都无着落，拿什么与冯玉祥开战？

对此，张学良无词以应。结果，此行无果而终。

郭松龄公开亮出自己的立场后，便加紧了与冯玉祥结盟的步伐。

10月19日，郭松龄派其顾问李坚白和弟弟郭大鸣持自己亲拟的密约条款，由冯玉祥驻天津的代表王乃模陪同去包头与冯玉祥接洽。

当冯玉祥得知直隶督办李景林也被郭松龄说通参加反奉后，更是喜出望外，唯对于将直隶、热河两省区地盘划归李景林一节颇有难色。后经苏军顾问团做工作，冯玉祥也就不持异议了。密约缮写两份，冯当即签字，又亲笔在上面写上了"严纪律、爱百姓，就是真同志"等语。

对郭松龄的名义问题，冯玉祥建议改称"东北国民军"。

冯郭密约全文如下：

> 甲(指冯)乙(指郭)系同志结合，为达到下列革命目的，公订条约如下：
> (一)排除军阀专横，永远消灭战祸。
> (二)实行民主政治，改善劳工生活及待遇。
> (三)实行强迫普及教育。
> (四)开发边疆，保卫国土。

---

①②见任松等著《郭松龄将军》。

1．直隶、热河均归丙(指李景林)治理。甲为贯彻和平主张，对热河决不攻取。保大京汉线，甲军随意驻扎，但直省全部收入(保大在内)均归丙军，甲军决不侵夺。山东听其自然变化，但黄河以北各县，由丙军驻扎，收入亦归山东。天津海口，甲军自由出入之。

2．乙为开发东三省经营东部内蒙古，使国民生活愉快，清除隐患，拥护中央，促进国家统一起见，改造东三省政府。前项改造事业，甲以诚意赞助之，并牵制反对方面。

3．乙诚意赞助甲开发西北，必要时亦以实力援助之。

(五)以后两军，犯下列条件之一者，此约无效：

1．为攘夺权利，向内地各省战争。

2．为达前项战争目的，订立卖国条约，向外借款。

3．引用外国兵力，残杀本国同胞。

(六)中央政府之组织及施政方针，以不妨碍开发西北及断送国家权利为限，悉以国民公意，甲乙丙军竭诚拥护，决不干涉及掣肘。

(七)此约签字后，即发生效力。

冯玉祥印十四年十一月二十日

郭松龄印十四年十一月二十二日①

冯郭密约为郭松龄拟订，虽然有策反的因素，但它真实地反映了郭松龄鲜明的政治主张，具有民族民主革命的特色。

11月20日，张学良从奉天来天津看望正在医院治病的郭松龄。郭松龄准备借机做做少帅的工作，便说道：

“东北的事情都叫杨宇霆这帮人弄坏了。江苏失败，东北军断送了三师，奉军声誉扫地。败了回来后还包庇老将，再叫我们去卖命，给他们打地盘。打下地盘，又得被留学生抢去，这个炮灰我是不愿再充当了。”

接着，郭松龄便把矛头直接对准了张作霖：“上将军脑筋陈旧，在群小包围之下，恐已无可挽救，建议‘父让子继’，由你张学良接任镇威军总司令，改造东北政局，我愿竭诚予以拥护。”②

---

①②见任松等著《郭松龄将军》。

∷张学良在北戴河

本来张学良来天津的目的，除看望郭松龄外，主要是带着张作霖督促郭松龄向国民军发动进攻的命令而来，现在骤然听到郭松龄说出这番话，不禁骇然，但他未动声色，又无可奈何，黯然而返。

不久，冯玉祥的国民军第二军进入“保大线”区域时，与奉军发生冲突。张作霖勃然大怒，在帅府召集军事会议，拍案大骂：“主和派误我！”他问杨宇霆，谁是最主和的？杨回答是郭松龄、李景林等人。

张作霖听后，先是欲召二人回奉，而后又改发急电，令李景林即日夺回“保大线”区域，驱逐豫军；令郭松龄所部集中滦州，回奉听候面令。

接到张作霖的急电后，郭松龄在滦州火车站一个停业已久的火柴公司楼上召开军事会议，进行反奉动员。在滦州的上校以上军官约一百人参加了会议，郭松龄夫人韩淑秀也出席了会议。

郭松龄在演讲中首先谴责张作霖穷兵黩武、四面树敌的政策，提出：“为今之计，不如由我辈发起，主张和平，要求雨帅(即张作霖——作者注)下野，推少帅主持大政。让出山东，与国民军停战议和，庶我三省精华，不致尽付东流。”言至此，郭松龄已是声泪俱下，与会军官深受感染，群呼唯将军之命是听。

最后，郭松龄宣布：“我已拿定主意，此次绝不参加国内战争。东北土地辽阔，物产丰富，我们从事开垦，效赵充国的屯田，岂不远胜阋墙战争吗？现在拟好两个方案：(一）移兵开垦，不参加国内战争；(二）战争到底，武力统一。请大家选择签名，何去何从，各随己愿。”①

这时会场气氛格外凝重，片刻后，有四位师长首先签名，其余官佐也相

①见任松等著《郭松龄将军》。

继签名。这时，郭松龄说："我这样行动等于造反，将来成功固无问题，倘不幸失败，我惟有一死而已。"韩淑秀也应声说："军长若死，我也不能活着。"言毕，以手帕拭泪。而左右将校军官则默默无语。[①]

当夜，郭松龄发出"养电"，要求张作霖即日下野。三日后，冯玉祥、李景林也分别发表通电，声援郭松龄反奉，要求张作霖下野。

5．苏方暗中谋划，郭松龄所向披靡

1925年11月25日，北京苏联政府驻华使馆内，以特命全权代表加拉罕为首的"北京中心"正在召开紧急会议，会议的中心议题就是郭松龄将军举义反奉。参加会议的除"北京中心"负责人外，还有火速赶来的哈尔滨、中东铁路管理局、奉天、张家口等在华的苏联军情机关领导人。

会议开始后，加拉罕表情严肃地说：

"据绝对可靠的情报反映：我们配合冯玉祥将军策反郭松龄将军举义反张的计划已经成功。这将是对顽固的张作霖本人及其所领导的奉系军队的最沉重的——也可以预料为最毁灭性的打击。

"目前举义行动已经开始。兼第十军军长的郭松龄将军，辖八、九、十共三个军的主力约七万余人，已经占领了山海关，并将出关作战，其矛头直指连山、锦州，而后，兵逼张作霖的大本营——奉天。"

说到此，加拉罕身边的盖克尔续道：

"此次反张，是郭松龄将军与冯玉祥将军的南北联合行动。在郭松龄军队发兵的同时，冯玉祥将军所率领的国民军主力已乘机进占了热河。"

说着，盖克尔走到一张军用地图前，用手指点着图上的标记。

"而我们的任务呢，"盖克尔环视一下在座的同胞，"我们的任务眼下有两点：一是为郭将军的举义在国内外大造舆论，二是为郭将军的军事行动出谋划策。

"应冯将军的请求，张家口的普里玛柯夫同志已经让那里的苏联军队专家制订出郭将军所部攻打天津卫的作战计划；应郭将军本人的要求，中东铁路管理局的同志已经用钱买通了总部设在齐齐哈尔市的黑龙江奉军主力部队的高级将领，他们承诺：将不向奉天大本营增援一兵一卒。我们的个别特工同

①见任松等著《郭松龄将军》。

志已经乔装打扮，暗中为郭将军提供情报信息。

“今天我们火速召集各地负责人来此地，就是要把有关情况通报大家。”

见盖克尔讲完了，加拉罕又接着说道：

“希望各位同志要明确我们眼下的两项具体任务，抓住有利时机，配合郭、冯两将军彻底击败张作霖及其所领导的奉军。”

会议结束后，苏联特工头目们迅速返回自己的驻地。①

事情正像苏联在华特工领导人通报的那样，郭松龄反奉的军事行动发展得异常迅速。

郭松龄宣布反奉后，将原来的第三方面军团的6个步兵师、2个独立炮兵旅、1个重炮团及2个辎重团约七万余人，改编为三个军。

11月25日，在接到冯玉祥将军的反奉通电后，郭松龄率主力部队向山海关进发，守军张作相的第五方面军望风披靡，不战而退，在绥中、兴城一线据守。

26日，郭松龄的部队占领秦皇岛。

27日，占领山海关。

29日，郭军先头部队夺取绥中。

30日，郭松龄将其司令部移驻山海关，将所部正式改称为“东北国民军”，而他自己则以“东北国民军”总司令的名义发号施令。

∷郭军在行进

在奉军节节败退之时，张作霖于11月29日在奉天大帅府召开高级军事会议，其手下的领军人物均参加会议。会上，张作霖把郭松龄连同张学良大骂一顿后，声

①分见A·斯拉文斯基《1917－1937年间的苏中关系史》及A·戈尔巴基迪与B·普罗霍罗夫合著《克格勃下达暗杀令》。

言：“个人一息尚存，一兵犹在，决不苟且偷安，任彼辈小人得志。”但因奉军精锐主力均在郭松龄手中，所以与会将领都对打败郭松龄缺乏信心。坐镇齐齐哈尔的黑龙江督办见会场冷落，只说些空话插科打诨，因为自己及手下一班将领都收到了苏俄特工的“好处费”，所以闭口不谈调兵援奉之事。只有已失去兵权的张景惠声言“要跟志弟(指张作霖——作者注)干到底”！

张作霖见状，十分扫兴，但又不能不走走过场，于是在第二日即30日，正式发布讨伐令。

该讨伐令称：

郭松龄与左派相提携，欲使中国赤化，为苏俄利用，实为东三省之公敌。为东三省计，为民国计，非讨伐不可。

从以上讨伐令中可以看出，张作霖认定：郭松龄反奉是受苏俄“赤色”分子所唆使，是苏俄“赤色”政权搞的鬼，所以更增加了他对苏联政府的愤恨。

在该讨伐令中，张作霖还悬赏80万元活捉郭松龄，如果提头来献，也会得到8万元的赏金。[①]

然而在战场上，郭松龄的部队继续一路挺进。

12月3日，郭军占领兴城。

12月5日，郭军攻占锦州。张作霖的嫡系部队——张作相所部放弃了通往奉天的大凌河防线，郭军先头部队乘势抢占沟帮子。

∷张作相

郭军冲破大凌河防线的消息传到奉天大本营后，大帅府上上下下一派混乱。张作霖也认为大势已去，连忙命令属下迅速转移他掠夺来的巨额私人财产，还命令东三省官银号的负责人为他提款800万元，作逃亡之用。他甚至还命令准备汽油、木柴等，准备在逃亡后将大帅府付之一炬，不让郭松龄及其后台冯玉祥和苏联人等享用。

①以上史料见朱传誉主编《张作霖传记资料》。

12 月 5 日深夜，张作霖召集亲信开会，以凄惨的语调宣布“决意下野”，并宣布几道命令：

1. 责成张学良收束军事，迅与郭议，研究善后。

2. 前方郭军仍驻原防，静待后命。

3. 省城治安及善后事宜，委托属下伍永江等人全权办理。

跟随在张作霖身边的阮振铎在《郭松龄反奉期间张作霖与日本的勾结》一文中对当时“东北王”的狼狈相有这样一段描写：

> 张作霖在当时已经把他的专用汽车整天地停在帅府的二门以内，准备一旦风声紧急，好登车往火车站逃跑，最后上大连去，依靠日本主子的保护。张作霖整天躺在小炕上抽大烟，他抽一会儿烟，又起来在屋内来回走，口口声声骂小六子(张学良的乳名)混蛋，骂一阵又回到炕上去抽大烟。他废寝忘食，坐卧不安，精神已经错乱，对于一切事情，都不过问了。这时，张作霖的亲随们如承启处的赵嘏斋等，也多躲避起来。就是张作霖最得意的几名差弁，也都暗中带着便服，捆上行李，准备逃走。

然而，就在张作霖绝望之时，日本政府做出了以实力助张反郭的决策，使张作霖绝处逢生。

6. 日本军队助张，郭松龄功败垂成

郭松龄起兵反奉，大出日本政府意料之外。鉴于郭松龄的历次通电都有鲜明的反帝反封建反军阀的主张，并经日军情报机关探知，郭松龄是经苏俄“赤色”政权鼓动反奉的，所以，日本决策层断定：若郭松龄反奉成功，必将危及日本在中国东北的权益。因此，日本陆军部、参谋本部、关东军、驻奉天总领事馆及居留东北的日侨团体，都一致要求日本政府实行干涉。保住张作霖，灭掉郭松龄。

日本驻奉天总领事吉田茂在 11 月 27 日打给日本币原外相的电报中说：“既然郭松龄在公开宣言中称张作霖为卖国贼，若是郭松龄掌握东三省政权，必将危及日本的对满政策。”日本总领事的这一判断代表了日本国内各方面的忧虑。郭松龄起兵后，日本几次派人与其联络接洽，要求对方承认日本在东北的权益，但都遭到了郭松龄的严词拒绝。12 月 7 日，郭松龄致电日本外相币原，庄严声明："对东三省官员与外国官员最近所订立之新约，概不承认。"要求币原外相宣布"不干涉内政"、"严守中立"、"不援助任何党派"，表达了维护国家领土主权的严正立场。这种严正立场使日本政府明显感到不安。他们为了维护其在东北的权益，决定出兵援助面临崩溃的"日本利益的保护者"张作霖。

而面临灭顶之灾的张作霖早已把全部希望寄托在日本人身上。他向日方表示，只要能够保住自己的地位，日本的一切要求都好商量。日本遂趁人之危，向张作霖提出履行《满蒙新约》(指二十一条)的有关条款及若干悬而未决的问题。张作霖欣然接受，并在日本关东军司令官白川义则的代表斋滕参谋长提交的五项要求书上签了字。日本提出的五项要求是：

（一）日本臣民在三省和东部内蒙古，均享有商租权，即与当地居民一样有居住和经营工商业权利；

（二）间岛地区行政权的移让；

（三）吉敦铁路的延长，并与图们江以东的朝鲜铁路接轨和联运；

（四）洮昌道所属各县均许日本开设领事馆；

（五）以上四项的详细实施办法，另由日本外交机关共同协商决定。

在张作霖满足了日方的全部要求后，日本政府于12月7日举行紧急会议，一致决定由关东军司令官白川义则向张作霖、郭松龄两军"速施警告，将驻屯军队，作适宜之配置"。白川义则奉命后，于次日向张、郭两军发出第一次"警告"："因发生战斗及争乱，有危害或损毁帝国重大利益之时，在军人之职责上，当然不能默视。"一周后，白川义则又发出第二次"警告"："日本军对由南满铁路附属地两侧及由该路终末点起约二十华里以内之直接战斗行为，及其对附属地有影响治安之虞之军事行动，一概禁止之。"

日军司令官的"警告"，表面上对张、郭两军而发，实际上是专门针对郭松龄而来的。南满铁路南起大连，北至长春，附属地和铁路两侧10公里内不许郭军进入，无异于把南满铁路当成了张作霖的保护线。

有了日本人撑腰，张作霖顿时神气起来。12月8日，他又召集军事会议。会上，他大出狂言："只要尚存一人一马，也要消灭郭逆。"①

①见《张作霖传记资料》、常城等《张作霖》。

∷郭军与日军对峙

张作霖重新调整了作战部署，并把指挥部设在奉天城外的兴隆店。为激励士气，张作霖还宣布凡参战官兵一人晋升一级，而且每人发恩饷大洋两元。

与此同时，日本政府调集数个师团进驻奉天，援助张作霖，关东军司令官白川义则亲自坐镇沈阳指挥作战。此外，日本还直接派出炮兵200人携12门野炮加入奉军作战。除人员外，日本还接济张作霖大批军械、弹药，足够奉军用一两个月。考虑到张作霖与郭军作战花费巨大，日本还主动为张作霖提供大量军费，并派出高素质的顾问、参谋、特工人员辅佐张作霖。有资料统计，当时约有8600余名日本各级军官协助奉军反击郭松龄的“东北国民军”。

12月5日，郭松龄占领锦州后，原拟分兵两路进军，一路渡辽河，由营口北上；一路沿京奉铁路前进，南北夹击奉天省城。可是，12月13日，当郭军第一路马恭诚旅进至营口河北车站时，却遭到日军驻营口守卫队的阻止，他们不允许该旅经过营口市区。郭松龄闻讯后，立即致电日本驻华公使芳泽谦吉，向日本政府提出强烈抗议，但无济于事。

由于日军的武装干预，郭松龄被迫放弃原定计划，集中兵力，拟在巨流河一线与奉军决战。

12月17日，郭军占领白旗堡。20日，郭松龄以个人名义发表《痛告东三省父老书》，宣布张作霖五大罪状，并宣示自己的十大治奉方针：（1）实行省自治，以发扬民气；（2）保护劳工，节制资本；（3）免除苛税，以苏民生；（4）练兵采精兵主义，务求实行淘汰痞兵，以除民害而轻负担；（5）整顿金融，以维民业；（6）增加教育经费，实行强迫教育；（7）用人以人才为本位，不拘党派亲疏之见；（8）开发地利，振兴实业；（9）整理交通，以利商旅；

（10）肃清匪患，整顿警察。[1]

郭松龄的10项治奉方针，将他的主张系统化、全面化。

12月21日，郭军攻占辽河西岸重镇新民府，将奉军完全赶到辽河东岸。时值隆冬，河流封冻，奉军已无险可守。郭松龄命令“东北国民军”按第一、二、三、四军序列，沿辽河西岸从北到南列成斜面前进，与奉军进行最后的决战。

22日晚，郭松龄把将校军官召集到帐下，由他的夫人韩淑秀做了战前总动员：

“不扰民，真爱民，誓死救国，就是我们这支军队的宗旨。张大帅统治东三省，不顾百姓死活。要兵，拉夫；要大车，增捐加税。弄得人民欲死不能，欲生无望，哪有一点为国为民的样子？你们都是军人，职责是保国为民，不当他们的看门狗，我们不是哪个人的奴仆。就是有外国人帮助他，我们也要血战到底！”

韩淑秀做完简短的战前动员后，郭松龄就发出了总攻命令。[2]

郭军自滦州誓师反奉以来，一路破关斩将，一直挺进到辽河西岸，奉天已近在咫尺。郭松龄以为胜算在握，却未料到部队一路行军作战，不仅十分疲惫，而且因为受到奉军的种种分化，军心起了变化。尤其是郭军的参谋长邹作华被日本特务收买，他通过日本驻新民领事馆领事向张作霖表示：到时会反戈归奉。邹作华的叛变，对“东北国民军”的军心瓦解起到了很大的作用。23日，当郭松龄率部与奉军在巨流河展开决战时，邹作华暗中命令炮兵将炮弹引线抽出，致使郭军炮兵打出去的炮弹都成了哑炮。与此同时，奉军和日军的炮弹却是每发必中，给郭军以极大的杀伤。郭军被迫退守新民。

23日晚，郭松龄在新民召开紧急军事会议，会上虽有邹作华等几位将领表示想“停战议和”，但是郭松龄还是采纳大多数将领“奋战到底”的意见，决定第二天拂晓全线反攻。

这是一次事关生死存亡的战斗，郭松龄亲自在前线督师。但是在战斗的关键时刻，邹作华突然将所部炮兵旅撤出阵地，并停止供应前线子弹，导致郭军大败。

---

①②见《张作霖传记资料》、常城等《张作霖》。

郭松龄见大势已去，遂召集身边几位将领交代说："你们都不愿意打了，现在就是因为我。我走，你们跟奉天接头就是了。"24 日上午 7 时左右，郭松龄与一直陪在身边的夫人韩淑秀坐马车出走，有卫士200 余人跟随。当马车行至新民县西南45 华里处的苏家窝棚村时，被奉军骑兵团追上。郭松龄一边指挥卫队抵抗，一边向村子里撤退。但该卫队是由学生兵组成，没有战斗经验，一经交火，便被敌方击毙大半，余下的也被包围缴械。郭松龄夫妇躲藏在村民家菜窖中，被奉军发现逮捕。24 日晚，郭松龄夫妇被押解到辽中县志达镇，第二天就被张作霖下令就地枪决。临刑前二人视死如归。

28 日，郭松龄夫妇的遗体被运至奉天，余怒未消的张作霖又下令将郭松龄的肠肚挖出，去祭奠奉军的阵亡将士，然后将郭松龄、韩淑秀暴尸三日。

苏联特工组织策划的郭松龄反张虽然功败垂成，但是给张作霖这位苏联政权在华的头号敌人以沉重的打击。在军事上也严重削弱了张作霖的实力，张作霖与奉系军阀集团开始走下坡路。

郭松龄的倒戈，使张作霖更加痛恨冯玉祥，痛恨其幕后的"苏俄赤色势力"。其实，对苏维埃政权宿仇极深的张作霖非常清楚：一系列打击奉军以及整治他本人的"阴谋"都是源于北方的"赤色"邻国，源于以苏联全权代表加拉罕为首的"北京中心"。

一向刚愎自用的张作霖岂能咽下这口恶气，他决定要寻机予以报复。

第六章

张作霖制造系列反苏事件

一、驱逐苏联驻华大使加拉罕

1926年2月，中国共产党人提出了开展反对并最终推翻中国军阀统治、实行北伐战争的政治主张。随后，在中国大地上爆发了北伐战争。

众所周知，由国民革命军和冯玉祥领导的国民军所组成的北伐军是由苏联政府提供军事援助的，其战斗计划也是由苏联军事顾问制订的。这一点，作为当时中国最大的军阀张作霖也十分清楚。所以，他利用自己控制北京的有利条件，向苏联政府在京的合法代表机构——大使馆，尤其是苏联驻华大使加拉罕发起了挑衅式的攻击。

在公开场合，张作霖说道："加拉罕是最早来到中国的。来华后，他就用金钱收买学生，组织他们造反。此外，他还资助冯玉祥的军队，帮助他在国内继续制造动乱。"①

1926年夏，在给在华的苏联总领事的函件里，张作霖正式宣布，不再承认加拉罕为苏联政府特命全权代表的身份。并指出：为避免引起更大的麻烦，请苏联政府立即召回加拉罕先生。②

迫于张作霖的压力，中华民国驻莫斯科大使也代表中国政府向苏联外交机构表达了同样的态度，稍后，还正式发出外交函电。

一时间，中国政府要驱逐苏联驻华大使出境的消息，充斥国内外诸多媒体。

德国的《沃尔威尔特斯报》于1926年9月的一篇评论中写道：

---

①②见别科夫《1924-1929的苏中关系》。

因为加拉罕一直支持北伐军反对由张作霖领导的奉军及北京政府，所以，在忍耐好长时间后，他们终于做出了让其离境的决定。其实，谁都知道，支持北伐军行动的不只是加拉罕本人，还有他所代表的布尔什维克党和苏维埃政府。

1926 年 9 月 2 日，波兰的《华沙库尔耶尔报》发表文章说：

把加拉罕从中国驱逐出境，标志着苏维埃政权在亚洲、在中国的政策的彻底失败。因为加拉罕是这一政策的最忠实、最积极的鼓吹者和执行者。

同一天，德国的另一家报纸《费西塞 · 查杜克》评论道：

作为新生的苏维埃政权的特命全权代表，加拉罕在远东地区起到了相当重要的作用。三年前，他刚到北京时，曾受到中国人的热烈欢迎。但是后来，由于在“中东铁路”等问题上与张作霖大帅发生了冲突，使自己的名声败落，并最终付出了如此沉重的代价。

当时许多学者都认为，导致加拉罕在中国失败的真正原因，就是他代表苏联政府把自己放在了与中国最具实权的人物——张作霖对立的立场上。

加拉罕(1889–1937)，1904 年加入俄国社会民主工党，1917 年加入布尔什维克。十月革命后，调苏维埃外交人民委员会工作。1923 年，作为苏维埃政府的特命全权代表来到中国。1924 年中苏正式建交后，又担任苏联政府首任驻华大使。

加拉罕在中国不但是苏联政府在政治、外交方面的代言人，同时也是苏联军事方面的代言人。他既接受苏共中央、苏联外交委员会的指令，同时也接受苏联情报机关，甚至是共产国际领导人的指令。

俄罗斯学者、中国历史专家 B · 乌索夫在《苏联特工在中国——20 世纪 20 年代》一书中写道：

设在北京的苏联政府大使馆，就是苏联设在中国从事军情工作的指挥中心。按照苏共(布)中央的指示，这个中心的负责人即是苏联政府驻华全权代表加拉罕。他被授权可以以苏联党政军的名义与国民党、冯玉祥领导的国民军等代表人物进行谈判，有权允诺为他们提供军事物资和活动资金。此外，他还是外委会为反对中国张作霖等大军阀而帮助孙中山、冯玉祥从事军事行动而设立的秘密基金会的负责人。加拉罕在位时，曾为以上行动拨出了约为 12 万金卢布的款额。

开始，苏联国内的相关机构是想以绝对秘密的方式为孙中山、冯玉祥提供军援。但是，实际操作起来，难度很大。为此，加拉罕于 1925 年 5 月 29 日给苏联外交人民委员会委员契切林致电，解释说："我们与冯玉祥的特殊关系是不好保密的。不但由我们提供给他的军事武器装备不好保密，就是我们频繁地往冯玉祥部队所在地张家口等地区派出苏军军事专家组一事也不好保密。要知道，这些人员和武器除了要在将近两千俄里(1 俄里等于 1.06 公里——作者注)的运输线上亮相外，还要受到沿线众多的张作霖及日本特务的监视。所以，绝对保密是不可能的。除非我们立即停止反对张作霖的行动，否则就不要顾及我们的运作方式。"

契切林采纳了加拉罕的意见。这样，为尽快消灭张作霖的奉系，加拉罕利用很短的时间，就为冯玉祥提供了大量的人力和物资支援。

除被授权支持中国的国民革命军、国民军反对大军阀张作霖外，根据苏共(布)中央政治局 1925 年 4 月 17 日的决定，加拉罕还被授权负责在中国整个满洲地区从事情报工作的指挥任务。苏共（布）中央政治局任命他为苏共中央"中国委员会"主席驻北京的全权代表，同时担任"北京中心"领导人。

苏共中央的"中国委员会"，是苏共中央为处理中国事务而专门建立的一个机构。

20 世纪 20 年代初，随着中国民族民主运动的迅猛发展，"中国事务"越来越多地引起了苏共高层领导的极大关注。为此，经斯大林提议，苏共(布)中央政治局于 1925 年 3 月 19 日通过决议，决定成立一个名为"中国委员会"的机构来专门处理有关中国的一切事务。其首批成员包括：

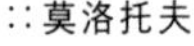
::莫洛托夫

::伏罗希洛夫

伏龙芝，时任俄共(布)政治局候补委员、苏俄革命军事委员会主席、海陆军人民委员会委员。

莫洛托夫，时任俄共(布)政治局候补委员、联共(布)中央书记处书记。

契切林，时任俄共(布)政治局候补委员、外交人民委员会委员。

拉斯科里尼科夫，时任共产国际东方事务部负责人。

维京斯基，时任共产国际东方事务部负责人。①

“中国委员会”主席为伏龙芝。

以后，随着工作需要，该委员会成员发生了很大变动。如1926年9月20日起，“中国委员会”主席改成了伏罗希洛夫(俄共中央政治局委员、苏维埃人民委员会副主席、苏维埃国防委员会副主席)。其成员中增加了外交、军事、情报安全等部门的领导人，如温斯里赫特、布柳诺夫、别尔金、索科里尼科夫、雅戈达、梅里尼科夫、彼亚特尼茨基等。其中温斯里赫特任该委员会的副主席。②

“中国委员会”的国外派出机构就是以加拉罕为首的“北京中心”。按照苏共中央政治局的规定，“北京中心”也有一个强有力的领导班子。其成员为：

---

①见俄国立档案馆：东方部，Ф卷。

②见1993年版《俄罗斯军事档案》。

契切林，时任苏维埃政府外交机构的总负责人。温斯里赫特，时任苏共中央“中国委员会”副主席。别尔金，时任苏联红军军事情报局局长。

以上三人均在莫斯科中央工作。

而以下数人则来自苏联国家政治保卫局及苏联红军军事情报局，并且以掩护身份来中国，在北京等大中城市工作。他们是盖克尔·维京斯基、梅里尼科夫、沃罗宁、隆格瓦及波尔特诺夫斯基。①

其中，沃罗宁，名尼古拉，化名为“普基契”，1885年出生于波罗的海的爱沙尼亚。1918年加入布尔什维克，同年被调到苏联红军军事情报局工作，不久被派往中亚的土库曼斯坦做地下工作。苏俄国内战争期间任苏联红一军政委、列宁格勒军区革命军事委员会委员。1925年4月，被苏共中央派到中国委员会“北京中心”工作，其掩护身份为苏联驻华军事顾问专家组组长。后又被调往苏联驻北京大使馆工作，任武官，协助加拉罕做军情工作。

隆格瓦，名罗曼，波兰人，1891年出生于波兰的科姆克尔。1918年加入布尔什维克，十月革命后，在波苏边境做地下工作。苏联国内战争期间，任西部炮兵师参谋长、第一炮兵旅旅长、西部战线步兵师师长、炮兵师师长，1924年起任乌克兰军区参谋长。1925年初调到红军军事情报局工作，后任“中国委员会”秘书。1926年初，为加强苏联军情部门在华工作力度，被派到北京，任“北京中心”秘书长，其掩护身份为苏联政府驻华军事顾问团首席代表。

波尔特诺夫斯基，名波罗尼斯拉夫，化名为“布伦涅克”、“布伦克夫斯基”、“彼德罗夫斯基”等，波兰人，于1894年出生于华沙。1914年，因从事反沙皇活动被捕入狱，出狱后参加俄国萨拉托夫地区十月革命，后经同是波兰人的捷尔任斯基介绍，到共产国际执委会工作，主要负责反情报、反破坏工作。

1918年起调到捷尔任斯基身边工作，先是担任捷尔任斯基的秘书，后来到“契卡”，任“与反革命斗争部”督察员。工作中在一次行动中负伤，并失去右手。

1920年1月，根据军事情报工作需要，波尔特诺夫斯基被调到苏联红军军事情报局，先任西部野战军情报调研处处长，后任该方面军参谋部情报局

①见1993年版《俄罗斯军事档案》。

局长。

1922 年 2 月，受命在柏林组织秘密情报组织——特工组，其掩护身份为柏林私人报刊《战争与和平》主编。充满灰色色调的《战争与和平》日报，很受当地俄国逃亡人士的欢迎，在其掩护下，波尔特诺夫斯基不但获得德国及“反共复国”沙俄流亡组织的大量秘密情报，而且还出色地完成了莫斯科总部交办的一个又一个“追杀令”。

1925 年 4 月，波尔特诺夫斯基在柏林地区消失。后来根据解密的档案证实，他是以“布伦涅克”的化名，秘密地潜入中国，在“北京中心”任特别行动队队长。①

1925 年春，莫斯科总部给“北京中心”发来密电，指出：该“中心”不仅领导苏联政府及苏共中央在中国的政治、外交等事宜，还直接指挥该地区的情报工作。稍后，莫斯科的“中国委员会”又发来密电，称：“中央决定立即向中国境内秘密运送一批武器及装备，以无偿帮助处在第一线的中国革命将领。所发去的武器装备须经加拉罕同志的批准后，才可启用。”

事后，据时任“中国委员会”副主席的温斯里赫特回忆：那时，一次性秘密运去的武器有2000 枝日本新式步枪、2000 枝德国新式步枪及备用的大批子弹，其价值约合 770 万金卢布。而这些枪支弹药基本上是用于对付与新生的苏维埃政权为敌的中国北方大军阀的。②

正是在以上的大背景下，张作霖公开了与苏维埃政权之间的深刻矛盾，一面指责苏联政府大使加拉罕的行动“完全超越了大使本身应具备的职权范围及国际法公认的基本准则”，一面下令把该人驱逐出境。

张作霖驱逐加拉罕的行为，激起了莫斯科领导人的极大愤怒。他们认为，张作霖真正成了苏联欲在中国推行苏维埃运动的绊脚石，所以向安全情报部门下达了“暗杀令”，于是就有了本书开篇曾经提到的“暗杀未遂”事件。

其实，暗杀张作霖的行动，正是按照苏联党政军最高统帅斯大林的指示执行的。如 1993 年内部出版的《俄罗斯军事档案——苏联卷》披露：联共(布)中央委员会于 1926 年 4 月 16 日做出决定：

---

①见 B · 卢立耶等《军事情报局：人事与档案》。

②见《联共(布)——共产国际关系：1920-1925 年卷》。

∷斯大林在批阅绝密文件

按照斯大林同志对张作霖还以颜色的指示精神，速转告驻奉天的苏联代表谢尔布良科夫同志：要让张作霖记住这样一个事实，即他要为驱赶加拉罕的狂妄行动付出代价。

这封电报本来是以加密的方式发给苏联驻奉天领事馆的，但是，不知何故，在谢尔布良科夫约见张作霖之前，对方就好像知道了来自莫斯科的密电内容。尽管如此，张作霖全然不理会苏方的抗议与威胁，仍然变本加厉地从事反苏反共活动。严峻的事实告诉苏共领导人：对于铁心反苏的张作霖，只有采取“除掉”的办法。

首次暗杀失手后，由于担心事情真相败露，引来国内外的舆论攻击，所以苏共上层领导人不得不做出违心的决定。1926 年秋，苏共中央政治局做出如下决定：

为避免由帝国主义军阀势力挑起来的反苏反共局势进一步深化，苏共中央决定：不再让加拉罕同志继续担任苏维埃社会主义共和国联盟驻北京特命全权代表及苏联政府驻华大使馆大使。但是有关部门必须继续在中国(也包括在其他一些国家，比如在英国、日本等国家和地区)开展最有影响力的政治运动，以反对这种赤裸裸的反苏行为。同时，要加大投入和力量，支持那里的民族解放运动。①

随后，加拉罕凄凉地离开中国。

①见《联共(布)——共产国际关系：1920-1925 年卷》。

二、制造"纪念列宁号轮船事件"

1.扣船押人作"人质"

加拉罕因遭张作霖驱逐而被迫离境后，中国境内的反苏活动逐渐增多。1926年9月2日，奉系控制的哈尔滨行政当局夺占了中东铁路沿线所有的归中东铁路管理局所属的法院，随后又强行独占"中东铁路管理局轮船公司"，并解聘了该公司的苏方员工。事后，尽管苏联政府向奉天法院提出申诉，但由于有张作霖在幕后操纵，所以，苏方的申诉被驳回。

1927年2月，当得知由苏联政府提供军援、军事顾问的北伐军已胜利进军上海时，张作霖又变得坐卧不安起来，他决心要釜底抽薪，直接打击在北伐军中担任国民革命军总顾问的苏共代表人物鲍罗廷，以彻底解决问题。

2月初，当他获悉载有鲍罗廷之妻鲍罗廷娜的轮船——苏联"纪念列宁号"将于月底驶入奉军管区内的江浙水域时，他便急忙密令在该地区担任督军的张宗昌：扣船押人，以挟制鲍氏。于是发生了震惊中外的"纪念列宁号轮船事件"。

1927年2月28日，满载茶叶货物的苏联"纪念列宁号"货轮，从上海黄埔港开出后，在驶往汉口的途中，被埋伏在南京水域的奉系官兵强行扣押。

::M·鲍罗廷

"纪念列宁号"是一只有着辉煌历史的商船。十月革命前，它以其他名字在沙皇政权的黑海船务公司注册。十月革命爆发时，该船船长格罗斯勃格带领所有船员悄悄地把船开到了红军控制的码头。之后，该船便被编入新生的苏维埃政权所属的船务公司序列。虽然其注册籍仍在黑海公司，但因它在十月革命中的出色表现，而被命名以"纪念列宁号"，而船长仍由格罗斯勃格担任。

1924年后，为支持远东地区航运事业的发展，苏联船运总公司又把该船调配给基地设在海参崴的远东船运公司，专门负责远东至中国港口的货物运输。

“纪念列宁号”货轮一到远东，便遇到中国实行新的“海关纳税法”，投入到繁忙的货物运输之中。

原来，1925年，广东政府在孙中山的提议下制定了既体现中国国家主权，又符合国际法准则的新的“海关纳税法”。但是，惯于长期偷税、逃税，甚至公开不纳税的西方船务公司却联合起来，共同抵制中国新的“海关纳税法”。他们采取各种手段向孙中山政府施压，甚至不惜拒绝往中国境内运送民生急需的煤油、食品等必需物品，使中国南方一时间出现了物品短缺。

但是，以斯大林为首的苏维埃政府拒不参与西方帝国主义对中国的海运封锁。不仅如此，苏联还派出诸如“纪念列宁号”这样的大吨位货轮夜以继日地往中国南方地区运送国民急需物资及食品，从而减轻了中国革命政府的压力。

而这一次航班担负在中国港口转运茶叶任务的“纪念列宁号”，不幸竟遭到了奉军的劫持。当然，此次劫船，奉军另有所图。

当时身在船上的鲍罗廷娜在其回忆录《在中国督军的审讯室里》对此事有详尽的描述：

∷左起：鲍罗廷，鲍罗廷之子，鲍罗廷之妻鲍罗廷娜，何香凝

半夜，当“纪念列宁号”轮船刚刚驶入南京港水域时，我便突然听到一声长长的警报。接着就感到船在减速，直至停了下来，舷窗外随之传来“哗哗”的抛锚声。

我不知道外面出了什么

事。为避免影响船员工作，我决定不去甲板打探，而是平静地呆在自己的客舱里，闭目养神。

可是，当我的视线无意间转向舷窗外时，发现甲板上竟站满了荷枪实弹的当地军人！搜查？对，“纪念列宁号”要被搜查！

这时，已有人跑来通知我：我们的客舱也要被逐一搜查。

我清楚地看到，一位将军领着众多士兵涌进了船内。后来得知，他们就是大军阀张作霖手下的奉军官兵。而那位带队的，则被属下称为“胡将军”。

鲍罗廷娜在回忆录中提及的这位“胡将军”，是张作霖手下的一名得力干将，因长时间在江南一带为奉军办理军需物资，对海运、船舶知识非常精通，所以当张作霖任命张宗昌组建江浙海军时，就把他调到该部任职。

“纪念列宁号”轮船抛锚后，奉军官兵首先来到鲍罗廷娜的房间。一位奉军军官手拿鲍罗廷娜的照片，反复对照着简单地询问几句，便命令早已等候在门外的军人闯入舱房进行搜查。小小的舱房竟被接连搜查了三次：第一次为海军士兵搜查，第二次为警察搜查，第三次则特意调来张宗昌手下的白俄独立师的俄国士兵进行搜查。三次搜查全部一无所获。

但是奉军官兵并没就此罢休，他们又强行把轮船上的鲍罗廷娜、三名苏联政府外交信使以及包括船长格罗斯勃格等 47 名船员在内的共 51 人全部带到船下，并宣告：将在奉军管辖的南京法院对其予以起诉。

1927 年 3 月 9 日，南京法院外交审判厅开厅审理“纪念列宁号”轮船所有 51 位乘员。到庭的有中方推事、书记员，还有苏联海运公司商务经理，苏联政府驻上海总领事林德也申请旁听审判。

开庭后，作为首位被告人，“纪念列宁号”的船长格罗斯勃格起身讲述事情经过：

“在今年 2 月 28 日夜，当‘纪念列宁号’货轮驶进南京港水域时，我们突然接到来自挂着中国国旗的军舰要求‘停船’的命令。

“我们立即停船，并放下舷梯，随后便有众多的中国军人登上我们的货船。

“我被当面告之：要接受检查。

“他们向我提出的第一个问题是：船上是否有武器？其得到的回答当然是否定的。

“接着便开始了全船大搜查。他们一下子上来二十几个人，在甲板及驾驶台布置哨兵，便从船头开始搜起来。搜查前，他们还拿走了货物与随船旅客登记册。货物并没有问题，而全船只有四名旅客：鲍罗廷娜太太与三名苏联政府的外交信使。

“他们对这四名旅客的房间包括其携带的行李物品进行了非常严格的检查，最后竟提出要开验三名信使所携带的外交信函包裹。对此，三名信使提出强烈抗议，指出：这是粗暴地践踏国际法。但是在横行霸道的军人面前，他们的抗议毫无用处。

“在强迫船长在场的情况下，他们迫使三名信使交出了手中的外交信函包裹。即便如此，三名信使仍在据理力争。他们掏出自己的护照向对方警告道：谁动手启开封铅的外交信函包裹，谁就负法律责任。但是仍无济于事。

“封铅的苏联政府外交信函包裹被打开了。结果，里面除几本俄文普通书籍、杂志及几份公开发表的《真理报》和《消息报》外，其他文字的东西——尤其是中文的，连一个纸片都没有。但是，这些军人并不罢休。

“他们的长官命令要继续搜查。于是他们又把重点放到了客舱外，而焦点部位竟是煤仓。在那里，他们一直翻找到 3 月 2 日。

“3 月 2 日晚，我们的船员不得不把他们弄乱的煤堆重新堆集起来。这可不是个小数目，100 吨的量啊。还别说，在煤堆里他们还真有收获：竟翻出一个背囊。

“当他们把背囊打开时，站在旁边的二副戈拉依纳说，里面都是些旧餐具，如叉子、匙子等，还有女人用的卷发器及几本俄文中文书籍。

“军人们把背囊当成一个重要的战利品，带回去了。

“我不清楚这是谁的背囊，参与帮助搜查的三副说，这好像是一位从海参崴上船的德国乘客丢下的。该人早在上海时就下船了。

“那天，指挥搜查船只的是一位被称为‘胡将军’的奉系军官，他身边既有中国军人，又有白俄官兵。当得知一无所获后，‘胡将军’又把我叫到他面前，大声喝道：一定要说出隐藏枪支弹药的地方。并恫吓道：如果不交待，后果自负。

“因为对手下搜查外交信使的信函包裹不放心，他自己又亲自率人把该包裹里里外外地搜寻了一番。之后，又指示白俄官兵第四次进行搜查——或者应该称‘袭扰’鲍罗廷娜本人及她的客舱。

“当整个搜查结束时，作为船长，我让‘胡将军’在搜查报告上签字，却遭到对方的拒绝。

“虽然没有弄到奉军官兵的签字，但是搜查结束了，我也深感轻松，于是就下令让所有乘员整理自己的行李与房间。就在我发出‘整理’指令的当天，奉系的白俄官兵再一次‘光顾’了我们的船，并且第五次搜查三名信使的外交信函包裹。而在这次搜查中竟在一本杂志里翻出5、6页写有中文字样的信纸。

“这一切太蹊跷了！这几张纸是怎么来的，我们谁也说不清楚。要知道，在前四次搜查中，他们把三个包裹里的所有报纸、图书、杂志都逐本逐页地翻阅，也没有见到这5、6页的中文纸张。对此，一直陪同搜查的二副戈拉依纳可以作证。

“除重点搜查鲍罗廷娜及三名苏联政府的外交信使的房间、行李外，奉军官兵还搜查了所有乘员的房间与行李物品，结果同样是一无所获。

“在搜查船舱时，‘胡将军’曾向我提出如下问题：‘纪念列宁号’轮船有多少名苏共党员？这些党员中有否与鲍罗廷娜相识的？鲍罗廷娜为什么只身一人乘船巡游？

“对于‘胡将军’的古怪问题，我如实地一一作了回答。显然，他对我的回答很不满意，所以，以‘有使用武器的动机’为由没收了我与大副的火药猎枪，并警告我要深刻反省。

“看到奉军毫无道理地反复搜查‘纪念列宁号’，我们既愤恨又焦急。所以全体乘员委托我去与‘胡将军’进行交涉：为不再更多地耽误船期，希望对方尽快放行。但是对方拒绝交涉。

“3月3日早9时，奉军官兵把鲍罗廷娜及三名信使带下船，深夜才把他们放回。可是第二天清晨，又把他们四人带下，而且是让他们携带着自己的全部行李离开船的，带到哪里去，我一无所知。”

船长的陈述结束了。而最后的结果是这样的：三名信使，即42岁的克里尔、36岁的格雷布斯、36岁的夏莱与36岁的鲍罗廷娜一齐被押往济南，由奉军看管起来。

∷鲍罗廷（右二）与冯玉祥（右三）

2. 鲍罗廷铁心拒“交易”

奉军扣船押人一事引起了苏联政府的极大关注，3 月 5 日，苏联外交机构向北京的中国政府发出照会：

> 从我驻华使馆处获悉：2 月 28 日奉军张宗昌所部之白俄正规军在南京附近水域劫持了我正在前往汉口运送茶叶的商船“纪念列宁号”。
>
> 奉系白匪军以私运武器为由同时扣押了包括乘客、外交信使在内的所有乘员。现尚不清楚以上人员的性命如何。①

六天后，即 3 月 11 日，北京政府外交部才复电：

> 予贵府 3 月 5 日之照会敬谨奉告：
>
> 本部已通告贵政府代办，经本部驻山东省特命全权外交代表核实，兹贵政府之三位外交信使及鲍罗廷先生之夫人已从南京安抵济南府。此地，贵方众人均受到优良待遇。勿念。②

---

①②见 Φ · 鲍罗廷娜《在中国督军的审讯室里》。

从电文可以看出，至发文止，北京的张作霖奉系还没有对被扣押人员采取严厉措施。尽管如此，莫斯科方面还是授权特别代表去山东查实鲍罗廷娜等人的情况。

3月9日19时20分，北京的苏联大使馆收到了来自山东的苏联特别代表吉勃特的回电：

北京，苏联政府大使馆：

鲍罗廷娜女士与我三名外交信使已于本月6日被安置到济南府一栋欧式住宅里。该住宅由奉军士兵把守，看上去，好像专供接待外宾使用。不过接下来，他们将面临一场艰苦斗争。

按他们(指奉军——作者注)之规定，即使是外交信使，也只能通过我驻华使馆，才能与莫斯科中央机构取得联系。可是，当地政府又不承认我三位外交信使之实际身份，当然，也不承认鲍罗廷娜女士之普通乘客之身份。不仅如此，他们还将捏造罪名，指控以上人员犯有私运军火及违禁宣传品罪。①

未来的事态发展，正如苏联特别代表吉勃特所料：作为“人质”，鲍罗廷娜等人被迫投入到一场旷日持久的“审判”斗争之中。

要知道，正是执掌北洋政府大权的张作霖命令身兼苏皖鲁剿匪司令的奉军将领张宗昌劫持了“纪念列宁号”货轮，并扣押了鲍罗廷娜等人。张作霖的用意很清楚，就是以此来向反张反奉的苏联政府实施报复，而关押鲍罗廷娜更是把矛头直指其丈夫鲍罗廷。

鲍罗廷，名米哈伊尔，曾用名格鲁申贝格，1884年7月9日生于俄国威贴布斯克省。在拉脱维亚度过童年时代，并在那里上学。1900年起参加从事推翻沙皇的活动。1903年参加布尔什维克党，主要在拉脱维亚首府里加活动，在党内的化名为基里尔。

从加入布尔什维克起，鲍罗廷主要就是从事境外地下斗争。

1905年底到芬兰塔墨尔福斯参加布尔什维克代表大会。

①见Φ·鲍罗廷娜《在中国督军的审讯室里》。

1906年4月，参加在瑞典首都斯德哥尔摩召开的俄国社会民主工党第四次代表大会。回国后不久被捕，获释后，上级又派他到英国宣传俄国革命，在旅英俄侨中活动。

1907年春，到美国波士顿从事地下工作。白天在工厂做工，晚上在夜校开展革命活动，和美国革命者创立刊物《美国工人》。

1908年，去芝加哥，为俄侨组织了一所具有广泛性质的政治学校，并参加政治斗争。

1918年7月，鲍罗廷奉命暂回莫斯科，在外交人民委员会工作。不久，又被派往境外继续从事苏维埃革命的宣传。

1919年3月，鲍罗廷出席了共产国际第一次代表大会。会后，由共产国际派到美洲，化名为布兰特温。但到纽约后不久就被美国警察监视，遂于同年初夏，转到墨西哥。在那里，他遇到了罗易(该人后来到中国，从事苏维埃宣传工作——作者注)，并引导罗易推动墨西哥社会党转为共产党。

1920年2月，参加了在荷兰阿姆斯特丹召开的共产国际会议，回国后继续从事共产国际工作。

1921年1月，任共产国际驻柏林特使。

1922年2月，以共产国际英国委员会委员的身份参加共产国际执行委员会第一次扩大会议。3月，再次参加共产国际会议。会后，他化名乔治·布朗，被派往英国。8月，在哥拉斯哥被捕，判苦役半年，释放后回国。

1923年，加拉罕到中国上任，提名鲍罗廷担任孙中山的首席顾问。经孙中山同意后，鲍罗廷首次来华，帮助国民党进行改组，兴办军校。

1923年8月，鲍罗廷在哈尔滨、沈阳等地多次会见张作霖，并与张商讨中东铁路与蒙古地位等悬案问题，但结果都是不欢而散。

虽然与张作霖曾多次谋面，但是鲍罗廷对张作霖的印象极其不佳。以后随着苏联政府与张作霖的关系全面恶化，他更怒斥张作霖为“万恶的大军阀”，而把张作霖控制的北洋政府称为“万恶的军阀政府”。

1925年，鲍罗廷更在中国第一个喊出“打掉”张作霖“这些阻碍物”的口号。①

---

①见《鲍罗廷在中国的有关资料》。

如1925年6月，在对国民革命军第二军军官学校学员演说时，鲍罗廷情绪激昂地说道：

“张作霖是早和日本结好的，又复和英国结好。要知道，外人为什么来中国打死中国人，因为他持有武装的军官如张作霖等，都是替‘帝国主义者’压迫中国人民的。现在中国人民和‘帝国主义者’中间，因为有了张作霖等阻碍，使人民不能直接向‘帝国主义者’冲突。故必须先要打掉这些阻碍物！”

为了能够“打掉”张作霖这个“阻碍物”，鲍罗廷鼓励学员们说：

“打掉的工作，因张作霖等有精利的武器，外观虽然很难，其实也不难。肃清‘军阀’的方法，我们用军阀攻军阀的方法是行不通的，要用一新的方法。这种方法，在我们苏俄几年前就用过，而且获得了成功。就是说，想单靠武装就能战胜他们，那是过时的战法。我所提供的新方法就是：以小制大，出奇制胜。苏俄就曾用一股很小的力量，击垮了像张作霖这样强大的军事集团。”

为此，鲍罗廷向学员提出：

“（一）要研究军事学问，做到训练与组织相结合。（二）我们要告诉军人和百姓：我们要反抗‘军阀’和‘帝国主义者’的压迫，并求得解放。（三）我们要仔细研究，怎样才能与‘人民结合’。人民是不能(被)欺骗的，必要深知其痛苦，替人民极力谋救济，方能密(切)结合。人民的‘感情’有两字要注意：曰‘爱’与‘恨’。第一要人民恨仇敌，如军阀及‘帝国主义者’，我们要天天地思考，怎样使人民恨他，要激发人民的敌忾心，不然，人民不知恨他仇他，也不能打倒他。人民的痛苦，天天延长下去。”

他最后说：“我们对于敌人，不能放松，比如治疮毒一样，不施割治，必溃烂更宽！”①

对于鲍罗廷的一贯反奉思想及讨张檄文式的演讲，张作霖不会不知晓。所以，很早他就把鲍罗廷与加拉罕等人统统列为重点打击的对象。而这次把鲍罗廷娜关押并作为“人质”，其目的就是向其丈夫鲍罗廷施压。当时由苏联人支持的北伐军正大举北上，老谋深算的张作霖非常清楚自己目前的处境。所以，为解燃眉之急，他施出釜底抽薪之计，欲以鲍罗廷娜等人做“交易”，

---

①摘自1925年11月出版的《先锋》半月刊第二期。

迫使鲍罗廷劝退北伐军。为此，他授意张宗昌给鲍罗廷发出亲笔信。

就在“纪念列宁号”货轮被劫持后，正在武汉协助指挥北伐军作战的鲍罗廷突然接到一封由张宗昌托人转来的亲笔信，内容如下：

最最尊敬之高级顾问大人：

时值贵军向吾都府大举进攻之时，尊夫人却乘船亲临南京。鄙人惟恐尊夫人遭遇不测，便贸然邀请之登岸暂避。但再恐在南京城内也无法确保其人身安全，故将其转移至吾济南府。敬请勿念尊夫人之安危，吾侪定会以宾诚待。

鄙人以为，兹南北之决战，必将为原本之脆弱的苏俄与中华间之关系造成更大之危害，甚至涉及尊夫人之安危。如鲍先生能以自身之威力督促南北两方签署休战之协议，那将被后人视作为全世界之和平巨大贡献者。如此，将极大地造福于苏俄与中华联谊之大计，亦将保障尊夫人之安危。

蓁切

钓安

中华民国安国军副总司令兼直鲁联军总司令

张宗昌谨上[①]

看过张宗昌的亲笔信后，鲍罗廷十分平静地对奉系的信使说：

“张将军的来信使我非常为难。如果我答应他的提议，那么我本人就会遭到正义的谴责。人们会说，我鲍罗廷只顾自己的妻子。反之，即拒绝信中所提出的‘停战’建议，那么我的行为就会加大我妻子的危险性。如果张将军以为抓住了我妻子就会迫使我率众退出北伐战争，那么，我只能说：我的行为一定会使他失望的。

“关于我妻子人身安危一事，我相信中国人民的能力，他们一定会很好地保护她的。”[②]

这样，历经磨难又性格刚强的鲍罗廷一口拒绝了张作霖提出的“人质交易”。

---

①②见Φ·鲍罗廷娜《在中国督军的审讯室里》。

3．审判流产“人质”逃

由于张作霖的“人质交易”努力失败，所以他们更加痛恨苏维埃政府及其在华的代表人物，并把对鲍罗廷的愤怒全部转移到鲍罗廷娜身上。在济南，他们把鲍罗廷娜等人赶出小楼，投放到囚室，并严加看管。1927年5月上旬，按照张作霖的指令，鲍罗廷娜又被秘密押解到北京，关入奉军大本营的“小号”里。6月初，开始了对她的正式审讯。

审讯前，在鲍罗廷娜的一再要求下，奉军同意让她单独会见苏方代表。

于是，在监狱的会客室里，鲍罗廷娜见到了苏联外交代表尤斯科维奇。通过对方的介绍，鲍罗廷娜才知道，在张作霖的指使下，监狱外面发生了更严重的反苏反共事件，如苏联驻北京大使馆被强行搜查、苏联上海总领事馆被攻击等，“纪念列宁号”轮船也被奉军炸毁，所有乘员被判有罪，押往济南监狱。由于苏联临时代办已被迫离京回国，所以营救苏联公民出狱的工作变得异常艰难。

听到外交代表介绍上述情况后，鲍罗廷娜显得非常失望。但是，她还是请尤斯科维奇为自己找一位出色的辩护律师。

与鲍罗廷娜分手后，经过四处联络，尤斯科维奇为她找来了一位著名的俄籍辩护律师——坎通罗维奇。该律师早就对张作霖的反苏行径表示愤恨，他说：“奉系军阀的一系列反苏行为赤裸裸地违反了国际法准则，可以说，是一种国际社会不可接受的犯罪行为。”①

为了帮助鲍罗廷娜打赢官司，他还特意约来了自己的好友，著名的《华之星》杂志主编、美国大律师查尔斯·沃克斯。但是，在张作霖奉系势力控制的司法界，坎通罗维奇的种种努力毫无用处。主持审讯的审判官根本就不听他们的辩护。

无奈，按照莫斯科的旨意，尤斯科维奇等人又千方百计拉拢说服推事。结果，使被审者鲍罗廷娜有了一段非比寻常的惊险经历。

鲍罗廷娜在《在中国督军的审讯室里》有这样一段记录：

①见Ф·鲍罗廷娜《在中国督军的审讯室里》。

> 出于对我本人及三名外交信使处境的同情，京师审判法厅推事何隽收取酬金，并允诺：想办法开庭后使我们得到释放。

果然，开庭的那一天，何隽以大量的有力证词，裁决鲍罗廷娜与三名苏联外交信使无罪，并宣布：对以上人员当庭“开释”。

按事先的安排，当一听到何隽宣布“开释”二字后，鲍罗廷娜就立即被混进法庭的苏联便衣特工迅速地带出庭外，跳上一辆急驰而来的轿车，消失在人们的视野里。

何隽的裁决很快就传到了北京安国军总部，张作霖闻讯后，大为恼火。他当即下令缉拿鲍罗廷娜等逃犯、何隽及参与营救的苏联特工归案。但是，张作霖的缉拿令无法兑现。非但鲍罗廷娜等所有苏联人已无影无踪，就是何隽本人也逃到了天津的租界。无奈，奉军只好把何隽的妻子、两个儿子及兄弟等在京的家眷关押起来。

一时间，在京津两地，“人质”逃匿事件闹得满城风雨。

张作霖并不甘心，他又向部下发令：迅速向全国各地发布逮捕鲍罗廷娜等人的缉拿令。为此，北京与奉天的军警还发布了悬赏缉拿令。其中奉天的军警承诺：如果谁能捉住鲍罗廷娜本人，将赏酬金20万美元。而北京的军警则将酬金提高至30万美元。

考虑到鲍罗廷娜可能被苏联特工隐藏在苏联驻华使馆里，所以按照张作霖的命令，奉系侦缉队在大使馆区域增设了许多岗哨，其中包括便衣警察及白俄官兵。

有趣的是，为防止苏联特工用汽车把鲍罗廷娜从苏联大使馆里带出，当地警察还在使馆附近的路面上挖了许多深沟，人为减缓汽车行进的速度，便于执勤的密探对车内乘坐人员加以辨认。

对此情形，美国《华之星》主编查尔斯·沃克斯在《所见所闻》一文里曾有过详尽的描述：

> 那时，奉军几乎把整个北京城翻了个底朝天。为防止鲍罗廷娜女士乘火车出逃，他们严格控制了火车站，并对所有乘车旅客实施检查；为防止她从海上逃走，他们专门派警力去天津港，严密布控。不仅如此，配

有鲍罗廷娜女士照片的通缉令，更是贴满北京、天津、奉天及东北其他地区的大街小巷。就是一些报刊杂志也被勒令刊载她的通缉照片。

当时，水陆畅通的天津市被奉军作为主要监视地区。因为从区域关系来推论，从这里出逃的可能性最大。

几乎近两个月的时间里，京、津、奉的军警整天都在寻找着一位身材丰满、皮肤黝黑的欧洲妇女。

在奉系军警日夜不停地寻找"人质"逃犯的同时，苏联相关部门也在冥思苦想地策划着营救脱险方案。

1927 年 9 月初，莫斯科情报安全首脑接到苏共(布)中央指令，让其务必在最短时间内，把鲍罗廷娜从张作霖集团的监控范围内解救出来。于是，苏联特工们便制定出一个声东击西的解救方案。

几天后，即 9 月 10 日，苏联远东地区一家名为《诺沃耶彼洛》的地方小报，登出这样一则小道消息：

据称，法依娜·鲍罗廷娜女士已经成功地乘船抵达海参崴市。

又过了两天，即 9 月 12 日，日丰通讯社抢先披露如下一则内幕：

日本有关部门接到了驻苏联远东领事馆发来的密电，称：被张作霖政府通缉的苏共要犯法依娜·鲍罗廷娜女士已乘由中国某港口驶出的日本货轮，成功抵达海参崴市。不日，该将返回莫斯科。

很快，远东地区的各大媒体纷纷登出内容几乎相同的消息：

张作霖政府拼命欲抓获的"人质"法依娜·鲍罗廷娜女士已乘"西伯利亚"号快艇安全返回莫斯科。

该消息很快传到中国境内，舆论界一片哗然：

"鲍罗廷娜女士终于逃脱张作霖之魔掌。"

“苏俄女罪犯已回到莫斯科，张大帅再无计可施。”

似乎是证据确凿：鲍罗廷娜已经离开了中国！

面对外界铺天盖地的传闻，张作霖暴跳如雷，他大骂手下无能。不过事已至此，他只好下令各地撤去了搜捕鲍罗廷娜的军警。

其实，就在张作霖撤去军警的同时，鲍罗廷娜正安安稳稳地躲藏在北京城区的一个老宅子里。这个宅子的主人是两位长期从事汉学研究的俄罗斯学者：鲍利斯·潘克拉托夫与彼得·格里涅维奇。

鲍利斯·克拉托夫，俄罗斯人，化名为罗勃森·丘吉姆，中文名字为潘凯福。他在大学毕业后，在俄国境内从事蒙满文字的教学工作，1917 年到北京进修汉语，一年后又回到原学校任教，在继续教授东方语言学的同时，还负责学校的学生处工作。这期间，潘克拉托夫结识了在校学生彼得·格里涅维奇。

1918 年，潘克拉托夫被应聘到中国武汉的一家大学任俄语与英语教师，同时兼做地方语研究学者。3 年后，他又转到北京，先是在中国外交部所属的俄语学校任教，1923 年起应聘到新成立的苏联大使馆领事处任英语与汉语翻译，同时，继续开展个人的东方语言学研究工作。

彼得·格里涅维奇，1920 年毕业于俄罗斯东方语言学院，1924 年获俄罗斯远东国立大学社会学副博士文凭。1925 年起在该大学任教，教授东方语言。任教期间，他经常往返于远东与北京之间，既到中国进修中文，又与在京的潘克拉托夫共同研究东方语言学。①

这两人虽然都是学者，但都忠于自己的祖国，而秘密接待被通缉的鲍罗廷娜则完全是出于他们个人的自愿。他们所租住的院子里经常有各种各样身份的人来往，如中国人、外国学者、传教士、修女等，所以，当苏联特工请求他们暂时接待并隐藏鲍罗廷娜时，立即得到对方同意。

9 月底的一天夜晚，停在院门外的汽车里走出三个人。当他们穿过庭院径直走近后厢房时，迎出来的潘克拉托夫才看清三人的相貌：前面两位男子他很熟悉，是以使馆工作人员为掩护身份的苏联特工，而后面的女子则完全是一张陌生的脸。一袭黑色长衫罩住全身，看上去完全是修女的装扮。潘克拉

---

①见 B·乌索夫《苏联特工在中国》。

托夫立即明白了：眼前的这位“修女”，就是张作霖日夜寻觅捉拿的“人质”要犯鲍罗廷娜。

在这栋不惹人注目的老宅子里，鲍罗廷娜舒舒服服地住了几天，等到张作霖的军警全都撤回去后，才在苏联特工的精心安排下，几经周折经由中国的新疆回到苏联境内。

而其他50名“纪念列宁号”的船员始终被关押在济南监牢里，他们受尽了奉军军警及白俄匪军的非人折磨。在鲍罗廷娜返回莫斯科后，斯大林非常关注在押人员的命运，于1927年底做出如下批示：

允许外交人民委员会提出的支付28万美元的罚金，赎回因“纪念列宁号”轮船事件遭关押的所有涉案人员归国。①

后经苏联政府与张作霖控制的北洋政府多次交涉，被关押的所有50名船员终于在1928年初获得释放。

“纪念列宁号”轮船事件激起苏联民众对张作霖的无比痛恨，苏共中央与苏联政府领导人也纷纷发表评论，严厉痛斥张作霖一手策划的反苏暴行，指出，张作霖已经与苏维埃政权不共戴天。

三、搜查苏联驻华大使馆

“纪念列宁号”轮船事件，使当时的北洋政府不得不面对国内外舆论的共同声讨。其实，该事件发生的第二天，即1927年2月29日，北京的中华民国政府官员就曾规谏张作霖防止事态扩大，注意与苏俄政府保持基本的双边关系。但是，身居中南海的安国军总司令张作霖并不把这些规劝放在心上。这使北京的中华民国政府极为尴尬，可是又无能为力。因为，虽然习惯上北洋政府还被称为“中华民国政府”，但实际上已经被张作霖手下的安国军全面接管和控制。就连京畿卫戍总司令都换成了安国军的将领——由张作霖委任的第十军军长于珍担任。所以，与其说是“中华民国政府”，还不如说是“安

①见《1920-1931间共产国际与中国民族革命运动》。

∷邵飘萍

国军政府”。

第二次直奉战争，奉军获胜，并迅速占领了北京、华北等地区。获胜后，张作霖的首要任务，就是在占领区实施反苏反共政策，如：

——1926年4月中下旬，张作霖在北京杀害中共地下党员、《京报》主编、著名记者邵飘萍，并以“赤化嫌疑”为名通缉400多位中共党员及进步人士；

——6月28日，张作霖联合吴佩孚在北京联名发布“讨赤”令；

——7月19日，张作霖在旅顺，与日本关东军司令官白川义则、日本南满铁路负责人安广等人商谈防御苏俄势力之“内侵”；

——9月12日，张作霖派部下靳云鹏赴宁，与孙传芳面商合作援助吴佩孚“讨赤”；

——9月上旬，张作霖在奉天召开军事会议，讨论南下“讨赤”问题；

——1927年2月8日，张作霖发表宣言，宣布进军河南之目的，就是“专为剿灭赤色的过激主义”。

一时间，在张作霖反苏“讨赤”的白色恐怖下，整个华北大地到处都是血雨腥风。

为了躲避张作霖的追杀，当时许多中共党员都暂避在北京的苏联大使馆里。

出于与张作霖的紧张关系，在加拉罕被驱赶后，苏联政府一直没有再向北京派驻新大使。所以，此时的大使馆实际上成了苏联政府驻北京的留守处、联络处。按国内指示精神，除了负责苏中两国外交文件传送外，其主要的任务就是暗中为中共地下党秘密从事反张反奉、进行民族解放斗争提供活动场所和其他援助。

1927年3月，京津地区曾广泛流传着这样一种说法，即在苏联的支持下，中共拟在天津举行起义。闻此消息后，许多外国人都纷纷逃离天津。正当安国军政府对此消息半信半疑时，奉系军警在一次偶然的搜捕中找到了有关证据。

在此次搜捕中，安国军宪警抓到了一位在苏联驻京大使馆里当信差的少年，迫于宪警的威逼，他供认：近日将在苏联驻华大使馆里秘密召开一个由苏共特派员及中共地下党负责人参加的重要会议。

当该情报上报给张作霖后，引起了他的极大关注，联想到天津即将爆发起义的传闻，他更担心事态的严重性，于是下令：立即搜查苏联大使馆，把中苏“赤色”分子一网打尽。在正式行动之前，他还做了个官样“文章”：即派外交代表与苏联大使馆的法定监管人——丹麦的老外交官乌·奥德迪克打了招呼。在得到对方应允后，开始实施行动。

1927年4月6日晨，张作霖派数百名武装宪警包围了苏联大使馆，随后便闯入院内，逐楼搜查，其中包括大使主楼、武官处、庚子赔款基金会及工作人员宿舍等。

搜查中，有15名苏籍人员、60名中共党员被捕，其中包括中共北方地区负责人李大钊及他的两个女儿。

在苏联大使馆任翻译的维什尼娅科娃·阿基莫娃在回忆录《在复兴的中国两年间：1925－1927》中对此次搜查做了详尽的叙述：

> 4月6日上午11点半钟，500名宪警和暗探包围并占领了使馆内外通道，并封锁了所有出入口。除了全权代表的办公楼外，他们还把使馆院内的武官处、中东铁路管理局办公室、远东银行及苏联政府商务代表处等楼当做搜查的重点。
>
> 几分钟后，宪警们开始搜查。那阵势简直是一场大抢劫，劫匪们甚至捣毁了使馆俱乐部、图书馆、财务室及“塔斯社”办公室。在那里，他们抢走了大量物品，其中包括器具、书刊、财务报表及新闻稿件。遭劫最厉害的是武官处及所有武官们的住宅。整个夜晚，除了砸柜门、砸铁锁的声音外，就是满载物品开走的汽车的轰鸣声。
>
> 在此次搜查中，有15位苏联公民及60名中国同志被逮捕，其中包括我的同行——使馆翻译加姆勃特(即梅斯基)，苏联武官汤基、依里亚先

∷1927年4月6日，奉军警宪在驻华苏联大使馆内搜查出来的部分秘密文件

科，在北京大学任教的俄语教师斯卡京，门卫格里高耶夫及副领事莫洛佐夫等人。他们当中的许多人在被抓现场就遭到宪警们的毒打。

三周后，即1927年4月28日，张作霖让自己的法律顾问赵欣伯在日本人的报刊上发表声明，解释4月6日搜查苏联大使馆的原因，称：是“因为苏联大使馆已经变成了窝藏反政府的共产党赤色分子的老巢。在那里，他们正策划拟在首都发起反政府的武装起义”。

不过，当得知张作霖的宪警将要突袭大使馆时，留守在使馆内的苏方人员已在此之前焚毁了部分秘密文件。据史料记载，当时的武官汤基就巧妙地冲破宪警们的堵截，进入办公室焚烧了大量秘密材料。

事后，苏联大使馆监管人、丹麦外交官奥德迪克在回忆录《4·6事件》中写道：

在负责宪警的监视中，我突然发现有一缕浓烟从院子后面的一处房子里冒了出来。于是就有一队中国消防兵架起喷水枪向浓烟处喷水灭火。这显然是有人在焚烧什么东西，从而引起了火灾。

大大出乎苏联方面预料的是，张作霖竟派出了那么多的警力，而宪警们搜查得又是那么认真彻底。

宪警们的收获巨大，他们仅用一夜的时间，就从大使馆的楼里查获并带走了100余箱文件资料，其中很大一部分是苏联的秘密资料。

这些文件披露，在华的苏联外交官、商贸人员确实从事着与其身份不相符的工作和活动，苏联的特工人员正在进行反张反奉的破坏行动，大使馆成了中共北方局的重要活动场所。

宪警们甚至搜查出尚未来得及销毁的由莫斯科总部发来的在华从事颠覆张作霖政府的特工人员名单，其中还包括他们的代码与化名。

稍后，根据张作霖的指示，安国军政府把以上秘密材料全部拿到中外报刊上发表，使苏联政府，尤其是其外交机构与安全组织陷入一场灾难。

事后，苏联政府断然给予否认，称这些都是伪造的材料，是“万恶”的张作霖一手制造的大阴谋。但是了解当时中国时局的人都清楚：张作霖所曝光的材料并非都是伪造的。

秘密材料被公开之后，安国军政府余怒未消，向苏联驻华临时代办处发去抗议照会，称，苏联政府指使驻华外交官暗中从事间谍和破坏活动，直接违反了1924年中苏两国政府共同签署的双边协议，是对国际法的粗暴践踏。

在大张旗鼓地公开秘密材料、羞辱苏联政府的同时，张作霖还不忘严刑审讯从大使馆抓来的共75名中、苏“赤色”分子。

在这被捕的75人中，他们认为最有价值的苏联方面的代表人物是副领事莫洛佐夫和武官汤基，而中方的就算中共北方局负责人李大钊了。

李大钊被捕后，受尽酷刑，张作霖的打手们将他打的遍体鳞伤，甚至残忍地剥去他双手的指甲，想从他嘴里得到有价值的口供。但是，李大钊以钢铁般的意志，坚不吐实。最后，张作霖又让杨宇霆出马进行劝降。

杨宇霆与李大钊都是直隶人，杨利用老乡关系，向李大钊讲了许多甜言蜜语，并企图用高官厚禄进行收买。

可是李大钊大义凛然，他严正地回答道：“大丈夫生于世间，宁可粗布以御寒，‘晚食以当肉，安步以当车’，就是断头流血，也要保持民族的气节，绝不能为锦衣玉食，就去向卖国军阀讨残羹剩饭，做无耻的帮凶和奴才。”①

这段义正词严、掷地有声的回答，使杨宇霆无言以对，悻悻而去。

---

①见《李大钊传》。

4月28日，张作霖亲自下令杀害包括李大钊在内的19名中共党员，其余的41人被分别判处2年－12年不等的有期徒刑。

至于被捕的苏联人员，既不公审，也没宣判。这些人一直等到第二年，即1928年9月，国民军进入北京后，才被有关当局释放。

::奉系警宪于1927年4月6日搜查苏联大使馆时搜出的一份写有“机要文件”字样的绝密文件

“搜查苏联大使馆事件”在苏联境内引起了强烈反响，许多大中城市相继爆发了“抗议张作霖反苏反共”的示威大游行。苏联外交人民委员会负责人契切林向中国驻苏联外交代办发去照会。在照会里，除表示强烈抗议外，还提出了具体要求：

(1)中国宪警必须立即从苏联驻华大使馆院内撤出；

(2)立即释放所有被关押人员；

(3)必须立即归还从使馆各处，尤其是从武官处掠走的文件、档案；

(4)必须立即返还宪警从使馆内盗走的所有物品；

(5)惩办肇事者。①

苏方的上述要求遭到了由张作霖控制的中华民国政府的拒绝。随后，苏共中央做出决定：在临时代办切尔纳的带领下，所有驻北京的苏联政府外交人员统统离开。

1927年4月19日，苏联政府驻中华民国首都北京的大使馆正式关闭，而驻东三省及南方地区的领事馆则照常工作。

由于没有遭到苏联政府的驱逐，所以中华民国驻莫斯科的临时代办仍继续工作。

---

①见俄文版《苏联外交史》。

后来，苏俄学者乌索夫有幸找到了被张作霖宪警掠走的绝密文件中的5份副本，里面确实记载着苏联政府以驻华使馆为据点，从事反张反奉活动的有关情况。

接着，乌索夫又查到被张作霖下令在媒体曝光的苏联绝密文件。其中有一组文件于1927年－1928年连续用英文发表在一份西方杂志上，其标题为《苏联在北京的阴谋》。这组文件共45份，其中就有上面提到的在共产国际档案室里尚保存副本的那5份绝密文件，其中的两份还曾于1989年被西方学者维里布尔克查霍再次发表过。第一份的标题为《革命的传教士：苏联顾问与中国革命，1920－1927》，其内容为苏联安全情报人员于1925年11月间在广东从事间谍活动的报告。

第二份的标题为《关于在广东组建间谍与反间谍学校的报告》。

另外，这5份绝密文件中的第三份的标题很有趣，即《对来自苏联红军军事情报局的军事教官的指示》。其时间为1926年9月6日。无疑，其内容肯定是绝密的。

继搜查苏联大使馆后，张作霖又全然不计后果地指使部下在新闻媒体公开刊载被查获的苏联使馆及特工组织的秘密文件，这无疑于向苏联人的伤口上洒盐。可是，张作霖这一极端反苏的举动却使日本、英国、美国、德国、法国等国家雀跃欢呼。他们的驻华使馆及情报组织也紧张地忙碌起来，夜以继日地收集、翻译并整理由张作霖指使而公开发表的苏联秘密档案资料。

据载，第一批曝光的苏联秘密文件资料是在1927年4月19日。以后又陆续发表了近30批，直到第二年6月底，即张作霖被炸身亡后，才停止公开发表。以上提到的西方列国驻华外交、情报人员，几乎完完整整地把在中外媒体曝光的苏联秘密档案文件迅速地转译出来，发给自己国家的相关机构。

被暴露的苏联秘密或绝密级文件的主要内容如下：

——联共(布)中央政治局、共产国际执行局、苏联政治保卫总局、苏联红军军事情报局及苏联外交人民委员会等领导机构与职能部门发给驻华的苏联外交与特工组织的密码电文；

——驻华特命全权代表、驻华武官、驻华领事从事情报工作的指导方针与实施细则；

——以驻华外交、商务及专家的掩护身份从事情报工作的人员名单、代码、编号及化名、假名；

——资助用以反对以张作霖为首的奉系军阀的冯玉祥将军部队的武器、装备等供应清单；

——在华北、东北等地区从事反张反奉的共产党组织及其工作开展情况的报告；

——武装援助北伐的国民革命军及地方武装的财务清单；

——以反对张作霖奉系统治为中心任务的在华苏联特工反间谍组织的工作指南。

自从发生“搜查苏联大使馆事件”，继而大批的秘密档案材料被曝光后，莫斯科的苏共中央政治局在斯大林的亲自主持下，曾召开过数次会议，专门研讨中国问题，分析原因，寻找对策。

随着中国境内反苏反共形势愈演愈烈，苏共领导一边指示特工部门尽快再次实施“清除”张作霖的计划，一边电令仍在华坚持工作的军情人员注意

∷驻沪警宪协助奉军监控进出苏联驻沪总领馆人员

隐蔽，并有计划地分期分批撤回。

例如，1927 年 6 月 2 日，联共(布)政治局在有关中国专题的会议上决定：

为防止张作霖集团反侦缉组织的严密查控，我在华使馆的领事或具体执行人在给中国同志办理入境签证而往国内拍发密码电报时，要禁止使用真实姓名、真实签字手迹及真实单位名称。使领馆的其他工作人员也要注意隐蔽自身活动，要利用化名来替代自己的真实姓名、工作单位、国内地址及签字签名。

1927 年 7 月 21 日，联共(布)政治局在中国专题会议上决定：

建议加伦(时任广东革命政府苏联军事总顾问——作者注)同志焚毁所有个人与组织的档案资料。

1927 年 7 月 8 日，联共(布)政治局在中国专题会议上决定：

建议鲍罗廷迅速撤离中国，以免被他们驱逐出境。要以适当的理由，并以灵活的方式撤出。

1927 年 7 月 18 日，联共(布)政治局在中国专题会议上，再次督促鲍罗廷迅速撤离中国，决定指出：

按照党的纪律要求，鲍罗廷要迅速撤出中国，并来莫斯科报到。没有上级组织的任命，不许滞留在中国，也不允许在那里任职。①

之后，包括加伦、鲍罗廷等重要的苏联政治、军事代表人物在内，大批在华的苏联外交官、军事专家、安全情报人员纷纷以各种方式和各种途径离开中国。

虽然大批苏方人员离境，尤其是离开了北京，但是，顽固的张作霖并不想就此停止反苏行动。1927 年 11 月 7 日，他又指使在上海的与自己关系密切的沙俄流亡将军格列博夫，亲率手下的“白俄义勇军”围攻苏联驻上海总领事馆。该总领事馆留守人员、外交官维列萨金在《新旧中国间——外交官回忆录》一书中，对此事件有如下的描写：

受张作霖的影响，白俄匪徒提出了一个口号：冲进领事馆，烧毁大楼，杀死苏联人。在其头目的鼓动下，成群的白俄匪徒把小小的领事馆

①以上资料引自《联共(布)档案——共产国际》第二卷。

围了个水泄不通。看到因正面大铁门被反锁而无法攻下，他们就一边在大楼侧面的苏州河边搭建平台燃烧象征布尔什维克形象的稻草人，一边派人爬到后墙的窗户上，企图乘楼内断电之机，钻进去从内部袭击。很快，楼内的一个房间被匪徒投进的煤油灯引燃。看到楼内冒出熊熊烈火，楼外匪徒竟兴奋地尖叫起来，之后，便手持利器，呼喊着再次冲撞关闭着的大铁门。

当时的局面非常非常危险，如果没有后来的马吉亚尔同志手端“马克西姆”机关枪向空中鸣枪示警，恐怕整个大楼及楼内的所有留守人员都将惨遭不幸。

第七章

苏联特工成功制造“皇姑屯事件”

莫斯科的领导人已把张作霖视为眼中钉、肉中刺。除以上列举的一系列反苏反共的事件外，1927年底与1928年初 “日张密约”及“满洲独立密约”的签订，促使他们更加坚定了再次暗杀张作霖的决心。

一、“日张密约”与苏日对峙

日本自明治维新后，走上了对外侵略扩张的道路。中日甲午战争后，日本正式形成了侵略朝鲜、中国，抗衡俄国的“大陆政策”。1904年的日俄战争，在1905年以俄国战败而宣告结束，日本随即将朝鲜划为其保护国，并于1910年正式吞并朝鲜。与此同时，日本还攫取了沙俄在中国东北南部的权益，即旅大租借地和中东铁路赞同段(南满铁路)，相继成立了关东厅、关东军司令部、南满铁路株式会社(简称满铁)，再加上遍及东北各地的领事馆，构成了日本侵略中国东北的战略网络。从此，历届日本政府，无论是实行“协调外交”，还是采取“强硬政策”，手段虽然各有不同，但都以确保和扩大在东北的特殊权益，并最终将东北变成其殖民地作为基本的战略目标。

1927年4月20日，日本的田中义一受命组阁。

田中义一是一个恶迹昭彰的大陆扩张主义者。1913年他到中国东北窥探后著有《滞满所感》一书，极力宣扬向中国大陆扩张。

该书宣称：日本为了“南满”曾花费20亿国帑，有23万人付出鲜血。而日本之所以在20年间以国运为赌注，打了两次战争，“就是因为我们认为大陆扩展是日本民族生存的首要条件”，“利用中国资源是日本富强的惟一方法”，“日本政府必须确定经营满蒙的大方针”。

该书宣扬要把“满蒙”变成“世界上最昌盛的殖民地”。事实上，早在1916

年，担任参谋次长的田中义一就主持制定了“满蒙独立计划”，并发动了第二次“满蒙独立运动”。在担任首相兼外相后，更是把对中国推行以“强硬外交”为核心的“积极外交政策”当作了“日本富强的惟一方法”。

∷田中义一

1927年6月27日至7月7日，日本政府和军队要员在东京召开了著名的“东方会议”。会上，田中以“训示”的形式提出了《对华政策纲领》，正式提出将“满蒙”与“中国领土”相分离的方针。会后，田中根据“东方会议”制定的方针，向日本天皇呈奏了一份《帝国对满蒙之积极根本政策》的文件(即史称的《田中奏折》)，提出了日本对外扩张的总战略：“如欲征服中国，必先征服满蒙；如欲征服世界，必先征服中国。”文件还详细阐述了日本实现“满蒙积极政策”的措施和步骤：以“满蒙新五路协约”为基础，千方百计取得“满蒙”的土地商租权、铁路建筑权、矿权、林权、对外贸易和金融权等；大力奖励朝鲜移民；派遣军人秘密进入由苏俄政权控制的蒙古，教唆旧五公复兴等。文件还估计，日本要推行“满蒙政策”，就将不得不与苏俄开战。所以，为了将来再次与宿敌——俄国开战，日本要“以军事为目的”迅速修建几条有战略价值的铁路，把朝鲜与“满蒙”联成一气，以备对付新生的苏俄红色政权，同时也可以加强对中国东北的经济掠夺和政治控制。

为了实现“满蒙”政策的第一步，田中一上台，就把中国的“东北王”、由日本人扶植起家的张作霖列为第一合伙人，搞出一个“日张密约”。鉴于当时中国人民反日情绪高涨，而张作霖则是表面强硬、暗中媚日的特点，田中决定在外交公开交涉的同时，采用秘密交涉方式来达到目的。他指派新任满铁总裁山本条太郎与张作霖秘密交涉。而山本受命后，又私下挑选了两名助手：一是中日实业公司董事长江滕丰二，此人可谓“中国通”，与张作霖私交甚深，可以自由出入张氏内室；二是张作霖的顾问町野武马，町野名义上是张作霖的顾问，实际上是日本间谍。而此时，一贯得到日本人关照的张作霖，与日本人一拍即合，只不过他要在极端秘密的情况下出卖中国权益，不想公开其卖国行为罢了。

为了尽快与张作霖签约，山本特意于10月10日赶到北京，通过町野和江滕二人，以“筹备费”的名义送给张作霖500万日元。实际上，这笔钱就是日本送给张作霖的贿赂。

收下贿金后，张作霖便于10月15日与日本人秘密订立了“满蒙新五路协约”，史称“日张密约”。[①]

根据这个密约，日本政府有权在中国东三省境内承办建造以下五条“战略”铁路：

①敦化经老头沟至图们江江岸线；

②长春至大赉线；

③吉林至五常线；

④洮南至索伦线；

⑤延吉至海林线。

“日张密约”订立后，舆论哗然，广大爱国人士对张作霖的做法予以严斥。1927年12月31日，上海出版的《中国时报》的头版头条大标题就是：军阀张作霖出卖东三省。

不仅是国内，“日张密约”暴露后，在国外也引起强烈反响，而震动最大的国家就是苏联。因为“密约”中第五条“战略”铁路的修建，正如《田中奏折》中所讲，“是为准备对付新生的苏俄红色政权”，与之决战的。

写到此处，需要交代一下当时日趋紧张的苏日关系。

1917年11月7日，伟大的十月革命爆发，人类历史上诞生了第一个工农革命政府——苏维埃俄罗斯社会主义共和国。然而新生的苏维埃政府理所当然地成了英、日、美、法等帝国主义国家的眼中钉，它们一个个虎视眈眈，处心积虑地寻找进行武装干涉的借口，企图把新生的红色政权扼杀在摇篮之中。

当时的日本统治者更是对十月革命的胜利感到恐惧，加之日俄战争后，日本军阀早就梦想建立一个从“满蒙”到西伯利亚的广大殖民地，使远东广大地区脱离苏联。

日本首相还于1918年7月16日、17日两天在日本皇宫召开有外相、海相、陆相参加的外交调查会，专门讨论出兵西伯利亚问题，并于8月2日抢

①见常城主编《张作霖》。

∷1918 年以日本为首的外国干涉势力出兵并占领海参崴

在西方国家之前发表《西伯利亚出兵宣言》，声称对沙俄旧部在苏联的“遭遇”深表同情。而且，“决不干涉俄国内政策”，目的一经达到，“即迅速撤兵，决不在政治上及军事上侵犯其主权”。

日本政府在发表出兵宣言之后，马上命令第十二师团长大井中将指挥一个步兵旅团及骑兵团、炮兵团和工兵营，组成干涉军，浩浩荡荡地开进苏联的远东城市海参崴，并在那里成立了海参崴日本派遣军司令部。

之后，日本首相又指示“白俄最高机关执政官”高尔察克的日本军事代表团团长荒木贞夫，迅速与高尔察克和谢苗诺夫等白俄匪军的头目取得联系，让其全力配合日本干涉军在西伯利亚的作战。

在苏日对峙的过程中，日本军事代表团团长荒木贞夫是个推波助澜式的人物。该人曾于1909 年至1917 年任日本驻俄国公使馆武官，既是日本陆军中的“俄国通”，又是陆军系中“皇道派”的领袖人物。他是主张侵略苏联“北进论”的首倡者，对十月革命怀有刻骨仇恨。他把苏维埃政权视作洪水猛兽，认为将对中国产生不可估量的“赤色影响”，而一旦中国步俄国后尘，将直接威胁日本“先征服中国，再征服世界”的目标。因此他一上任便和高尔察克及谢苗诺夫等频繁接触，唆使高尔察克先攻取西伯利亚，再向西进攻莫斯科。又给白卫军中将谢苗诺夫打气，怂恿他打回外贝加尔州哥萨克地区的老家，允诺将来让其担任俄国沿海区政权首脑。

起初，狂妄的日本干涉军以为有白俄匪军的配合，将在西伯利亚战场上所向无敌，但一经交手，便被苏联红军一举歼灭了田中的一个团，给其当头一棒。这一下子就把日本干涉军打得晕头转向。

接下来，苏联红军充分利用日本干涉军不习惯在寒冷地带作战的弱点，深入发动群众，组织起一支支游击队，机动灵活地开展游击战，破坏西伯利亚铁路线，四处切断敌军的联络。遇到小股日军就包围歼灭，遇到日本大部队就避而不战，迫使日军忙于修理铁路，分兵把守，疲于奔命，惶惶不可终日，随时随地都恐惧苏联红军和游击队的威胁。可以说，日本干涉军已在心理上处于崩溃状态。

后来的形势正如日本人西原征夫在《哈尔滨特务机关——日本关东军情报部简史》一书所记述的那样：

> 1920 年 8 月 20 日，日军第五师团从外贝加尔撤出后，在其卵翼下的谢苗诺夫军队，同时撤到满洲境内，并应中国方面要求解除了武装，以难民团身份向滨海省进发，结果却沦落到旅顺。在外贝加尔赤塔地区等待时机的苏联方面，迅速建立了以缓冲为目的的远东共和国东部外贝加尔政府。紧接着，在布拉戈维申斯克、哈巴罗夫斯克、符拉迪沃斯克等地采取同样措施。总之，把色楞格河以东的俄国远东地区，完全统一在远东共和国之内。
>
> 1922 年 2 月，在赤塔召开了立宪会议，日本派遣军方面派出三毛一夫参谋列席，从而顺利地建立了标榜民主的非共产制新政权。这一政治措施与当时正在实行的新经济政策相结合，巧妙地促进了日本撤兵。
>
> 十月革命以来，对苏联持反对态度的欧洲列强，认为苏联似乎放弃了共产主义，从 1922 年起，相继与苏联恢复友好关系。日本也趋于承认上乌丁斯克(远东共和国首府——作者注)政权。

但是欧洲列强与日本人都错了。正是为了确保十月革命的成果，度过难关，而避免与凶恶的日本等帝国主义国家作战，联共(布)中央和苏维埃政府才决定暂时不在远东成立苏维埃政权，而建立一个“缓冲国”——远东共和国。按其形式来说，虽然它是“非共产制”的，但却是共产党人领导的人民政权。1922年底，当苏联红军全部占领远东地区，而且苏维埃政权已经变得十分强大时，联共(布)中共和苏维埃政府又重新颁布命令：撤销远东共和国，所有远东地区重新归入苏维埃俄罗斯社会主义共和国，其领土划为普通行政单位。

苏联政府的这种"权宜之计"的做法，是对帝国主义列强尤其是日本的沉重打击。当它醒悟过来时，已时过境迁，对国力、军力都已强大的苏联政府已无法也无理由再次干涉。所以，不甘心失败的日本人便开始从侧面着手，实施《田中奏折》计划，并把亲日媚日且反苏反共的张作霖推到前台，与之订立"日张密约"及后来的"满洲独立密约"，进而达到消灭苏联、"征服世界"之目的。

二、"满洲独立密约"危及苏联国家利益

如果说 "日张密约"已使苏联政府感到十分震惊的话，那么后来日、张间的"满洲独立密约"已实实在在地危及苏联的国家利益与政权建设。而一向将捍卫国家利益与红色政权视为最高行动准则的苏联政府与安全特工部门，当然不能容忍这种"密约"的实施。

"日张密约"订立之后，中国国内的形势发生了巨大变化。

1927年秋，国民革命军在北伐战争中，连续打垮了直系军阀吴佩孚和孙传芳。但是，身为北伐军领导人的蒋介石为满足个人欲望，竟叛变革命，与汪精卫合流，投靠了帝国主义。当时蒋介石已取得优势地位，声势较大。而曾经失败的冯玉祥、阎锡山等，一直在重整旗鼓。看到蒋氏"北伐军"势力强大，就想"借拥蒋以自重"。而蒋介石也顺应其意，利用欺骗手段与冯玉祥、阎锡山，及后来的李宗仁达成一致，并改编了一些军队归自己掌管。1928年4月、5月间，蒋介石冒用革命军"北伐"之名，开始向张作霖所占据的直隶、山东等地发起进攻。

在蒋介石"北伐军"的进攻下，山东的奉系司令张宗昌节节败退，最后丢了济南。而张作霖见势不妙，急令剩余的奉军仓皇后退，一时间，北京的张作霖政权危在旦夕。

面对危难局势，张作霖如坐针毡，而且动辄暴跳如雷。

∷北伐军在惠州北门外合影

正当他无计可施之时，他的幕僚于冲汉建议寻找后援，投靠日本。

于冲汉是张作霖从事外交活动的主要助手，是奉系事实上的“外交部长”，同时，也是一个老牌汉奸。张作霖在危难关头，与日本人订立“满洲独立密约”，其中于冲汉“功不可没”。

于冲汉，字云章，奉天辽阳人。青年时期，经日本朋友介绍，曾到日本陆军士官学校和东京外国语学校任汉语教员。1903 年，日本准备在中国东北地区对俄作战，为此，日本政府招考了一批随军翻译。于冲汉积极报考，并被录取，后被派到陆军省受训一年。1904 年，日俄战争爆发，于冲汉随军“荣归”故里，担任日本“满洲军”总司令部副官，为日军搜集情报，并从事对外交涉方面的翻译工作。

日俄战争结束后，于冲汉为侵华日军效劳有功，而获得日本政府授予的二等“瑞宝章”奖励。随后，他先后任奉天辽阳(中日)交涉局局长、辽阳候补知县、代理辽阳知州、奉天交涉使等职。

1910 年底，于冲汉与当时担任奉天省巡防营前路统领的张作霖相识，二人一见倾心，结为好友。1912 年，张作霖出任第二十七师师长后，聘于冲汉为顾问。1916 年 4 月，张作霖出任奉天督军兼省长，又聘于冲汉为奉天省公署高等顾问。以后，张作霖步步高升，直至掌控北洋政府，都"特聘于冲汉"为其外交事宜出谋划策。其间，虽然于冲汉身兼其他要职，但只要张作霖召唤，他都会马不停蹄地赶到张作霖身边，成了"有外交事，张作霖恒加顾问"，人称奉系实际上的"外交部长"。

众所周知，张作霖是在日本扶植下崛起而成为"东北王"、"满蒙王"的。而张作霖与日本之间的勾结主要由于冲汉促成。但是，这种秘密外交活动没有留下太多的中文材料，日本档案中或许有这方面的资料，但是出于某种原因，日本绝不会公布这方面的档案。这就为相关研究留下了难题。不过，根据有关日、张通过于冲汉密谈"满蒙独立"的一些零星材料，可以大致有个了解。

::张作霖

早在 1928 年之前，应日方提议，张作霖就曾密派于冲汉与日本人洽谈过"满蒙独立"问题。

1916年4月，日本政府乘中国政局动荡之机，在中国东三省策划"第二次满蒙独立运动"。4 月 10 日，田中义一曾指示关东军参谋次长与张作霖的私人代表于冲汉秘密谈判，其内容主要是研讨建立一种脱离中国的政体问题。

1920 年直皖战争爆发，皖系军阀段祺瑞垮台后，奉系军阀张作霖便取代段成为日本的新宠儿。张作霖为了与日本政府进一步勾结，便通过北京政府派自己的私人"外交部长"于冲汉为特使出访日本。

对于于冲汉的使命，张作霖始终闪烁其词。1920 年 9 月，他在奉天接见记者团时，就躲躲闪闪地说：

“我作为东三省巡阅使，向来和日本有密切的关系，深感日本亲善的必要。

“最近国务院参议于冲汉去日本的使命，不外乎为了促进中日亲善，亲密无间地互相交换意见，以获得日本政府的谅解。于冲汉的赴日，表面上是北京政府的代表，实为我个人的代表，其使命大部分是东三省的问题与日本政府进行交涉，其内容尚难言明。”

从张作霖的讲话，可以大约知道张作霖正与日本人进行着某种秘密谈判。

在日本期间，按照张作霖的旨意，于冲汉先后拜会了日本首相原敬、陆军大臣田中义一、外务大臣内田康哉、参谋总长上原勇作。

11 月 24 日，原敬首相接见于冲汉。

于冲汉问：张作霖坚决依赖日本，日本是否肯援助张作霖？

原敬回答：毋庸多虑。

陆军大臣田中义一与于冲汉谈话后，得出结论：张作霖的确已下了决心，表示“要彻头彻尾地依赖日本”。

于冲汉访日后，原敬首相在日记中写道：

> 张作霖试图以日本为后台扩展他的影响。很好地对待张，以便我们在东三省进行扩张，对日本来说也是重要的。这样，双方的利益恰巧能够协调一致。①

正是于冲汉的此次重要密访，确立了日本支持“满蒙”及后来“满洲”独立的方针，确定了对张作霖的政策。原敬内阁于 1921 年 5 月召开了第一次东方会议，会议的主要议题是“经营满蒙”，会议决定的方针是：日本应当加强对中国东北地区的扩张，要利用张作霖充当日本在“满蒙”扩张的工具。

七年之后，即 1928 年春，当曾经威震北中国的“东北王”陷入北伐军的围攻时，他想起了于冲汉，就把正在担任中东铁路督办的私人“外交部长”请

①以上讲话和文字内容见张学继《张作霖政府》。

到北京怀仁堂。而正是这个“亲日派”关于退守东北，并暗示在日本人的支持下搞独立的想法提醒了张作霖。要知道，这也曾经是张作霖的打算。早些日子，当北伐联军攻占石家庄后，张作霖就曾在怀仁堂内吼道：

“妈拉个巴子，不行，咱们就回东北老家。再逼急了，就来个独立，断绝与他们的关系。”

张作霖此言并非空穴来风。想当年，第一次直奉战争以张作霖失败告终。他率军队退回东北，并在东三省各界人士的拥护下，积极着手东北独立。1922年6月4日，张作霖亲自主持东三省议会联合会议，正式宣布东北三省自治，并与北京的中华民国政府断绝一切关系。

而此次，当自己控制的北京政权陷入危机之际，他想故伎重演，于是派出自己的私人“外交部长”于冲汉，再次密访日本。

已经解密的《俄罗斯对外情报录纲要》第三卷披露了此次密访的有关内容：

> 1928年张作霖派部下去日本密谋中国东北独立一事，称《满洲独立密约》。东京方面不反对张作霖的思想，但是要附加日方提出的如下条件：
>
> 1.将被称为“独立满洲共和国”，其地域范围应是整个满洲及内蒙古地区，并受日本政府的保护；
>
> 2.日本政府将把外蒙古变成缓冲国；
>
> 3.新成立的“独立满洲共和国”虽不与中国的中央政府为敌，但禁止从事“赤色”宣传和“赤色”运动；
>
> 4.新成立的满洲政府有义务与日本政府共同反对苏联政府对东北地区的蚕食与渗透。

以上就是俄罗斯对外情报总局档案馆披露的张作霖与日本政府的“满洲独立密约”的主要内容。

尽管张作霖的代表于冲汉与日本代表是在极其保密的状况下订立“满洲独立密约”的，但是，它还是被“谍术高超”的苏联特工抢在于冲汉面呈张作霖之前，弄到了手。

这里所说的苏联特工就是受苏联国家政治保卫总局(即“克格勃”前身)

“国外工作处”处头目特里利瑟尔之“潜伏”指令、秘密隐藏在北京与哈尔滨两地的“冷面杀手”埃廷贡。

对此，戈尔巴基迪与普罗霍罗夫在《克格勃下达暗杀令》里写道：

> 虽然日、张密订《满洲独立密约》一事很隐蔽，但还是被苏联国家政治保卫总局“国外工作处”派到哈尔滨的著名特工埃廷贡窃获，并从速密报莫斯科。
>
> 克里姆林宫的领袖们对张作霖与日本政府订立“满洲独立密约”一事极为重视，他们认为，该“密约”已威胁到苏联远东地区的安全，威胁到了新生的红色政权的国家利益，所以，必须对变本加厉反苏反共的张作霖实施清除计划。

三、苏联特工成功暗杀张作霖

为尽快完成克里姆林宫领导人下达的“清除”掉张作霖的密令，苏联国家政治保卫总局与苏联红军军事情报局开始了紧张的密谋。

在汲取了第一次暗杀未遂的经验教训后，他们把“选才”放到了首位。

::苏联特工H·埃廷贡

“必须选派大智大勇、一击必中的同志，完成这项极为特殊的任务。”时任国家政治保卫总局局长的缅任斯基对军事情报局局长别尔金及“国外工作处”头目特里利瑟尔说道。

经过一段慎密的考核，他们决定仍让有着丰富的对华情报工作经验的萨尔嫩担任此次行动的负责人，而具体执行人为有“冷面杀手”之称的功勋特工埃廷贡。①

后来，为确保此次暗杀行动的成功，总部又增派了一名兵器专家型特工——苏联

①见戈尔巴基迪与普罗霍罗夫合著《克格勃下达暗杀令》。

红军军事情报局三局的维纳罗夫。

埃廷贡，名纳乌姆，1899年出生在白俄罗斯的一个犹太人家庭。父亲很早就去世了，他是由母亲一手拉扯大的。他常说：“我是没有童年的。”

埃廷贡18岁时，距家乡很近的彼得堡爆发了列宁领导的十月革命。他非常欣赏这种用暴力方式推翻旧政权的行为。可是，他的家乡被帝国主义干涉势力占领了。为了谋生，他不得不辍学到附近的水泥厂去打工。一直到1918年12月，苏联红军打败了德国干涉军，并解放了埃廷贡的家乡。

1919年初，他参加了家乡的工会组织。同年4月，工会组织派他到莫斯科学习“苏俄苏维埃教育课程”。他第一次接触到了马克思列宁主义，并系统地学习了有关思想和理论。9月，他加入了布尔什维克组织。返回故乡后，埃廷贡被选派到当地布尔什维克党新成立的“特别行动小组”，这种安排改变了埃廷贡一生的命运。

在“特别行动小组”工作一段时间后，埃廷贡又被选派到由捷尔仁斯基担任主席的“全苏俄肃反委员会”，即后来被人们习称的“契卡”。凭着自己的才华与勤奋，埃廷贡加入“契卡”的第二年，就当上了当地“契卡”局的副局长。

被任命为地方“契卡”局副局长后，埃廷贡单独执行的第一个任务，就是成功地侦破著名的“克罗特”反苏案。在侦破案件过程中，他摧毁了企图“反苏复国”的地下组织——“捍卫祖国与自由联盟”，击毙了该组织的头目——流亡的沙俄将领奥别尔普特。

1921年，埃廷贡在参加肃反战斗时负伤住院。1923年，他重返“契卡”，接受的第一个秘密任务，就是孤身一人深入到俄罗斯乌拉尔地区的巴斯吉尔州，刺杀当时的反苏大头目萨科夫。

1923年，埃廷贡被调到苏联国家政治保卫总局东方部工作，随后又被派到苏联红军总参谋部所属的军事科学院，从事间谍与特工业务学习。当时，同在该军事科学院学习的学员有许多后来成了著名指挥员，其中包括第二次世界大战中的苏联红军前线总指挥朱可夫元帅。

1925年，在军事科学院毕业后，埃廷贡被分配到国家政治保卫总局外国部。同年年底，作为苏联国家政治保卫局“国外工作处”派出的特工，埃廷贡首次来到中国。

他首先以一名商人的身份乘船从海参崴来到上海，然后与苏联驻上海商贸处人员打个招呼，便乘火车来到张作霖控制的北京。在这里，他仍以商人的身份拜访了苏联驻华商务代表，一个月后又乘火车直奔哈尔滨。

哈尔滨当时是苏联安全与情报工作的重点地区，先后有巴果金、拉基金、吉谢廖夫等人指挥这里的苏联特工人员开展反张、反日及反白俄流亡分子的斗争。当埃廷贡从北京来到哈尔滨时，这里的安全情报工作的领导人已经换成了萨尔嫩。

苏俄史学家克拉契蒂与普罗霍罗夫在《苏联情报特工——克格勃》中写道：

> **正是在中国，埃廷贡做出了至今不被人知又惊天动地的大事，从而开始了他以后更加辉煌的特工生涯。**

埃廷贡的特工生涯中，主要“功绩”有：

——1928 年，在萨尔嫩、维纳罗夫等人的参与下，成功地实施了“清除”张作霖的暗杀计划；

——1929 年，受苏联国家保卫总局的派遣，乔装打扮深入土耳其，与战友一道“清除”了由斯大林亲自下达“暗杀令”的苏联特工反叛头目布留姆金；

——1940 年 8 月 20 日，亲自招募并指挥“坚定的斯大林主义者”梅耳卡德尔在墨西哥城成功地“除掉”了反斯大林的苏联著名政治家托洛茨基；

——1941 年秋，接受斯大林的密令，与战友维纳罗夫等一道在土耳其实施暗杀德国政界人物冯·潘佩纳的计划。

由于埃廷贡建立的功勋，在他生前，苏共中央、苏联政府及苏联军情部门就给了他众多荣誉。

在完成暗杀张作霖、托洛茨基等一系列绝密任务后，1941 年春，埃廷贡被秘密召进克里姆林宫，接受了由苏联最高苏维埃主席加里宁亲自颁发的政府最高勋章——列宁勋章。授勋时，加里宁还代表斯大林向埃廷贡表示：“无论发生何种情况，苏维埃政府都将始终关照你及你的家人。”

1945 年，二战结束后，功勋卓著的埃廷贡又接受了苏联红军最高勋章——苏沃洛夫勋章，并被破格提升为少将。

因为他在国外丰富的工作经验和骄人业绩，1951年11月，埃廷贡被任命为苏联国家安全部(即克格勃前身)第一局(即情报局)副局长。①

在哈尔滨期间，埃廷贡秘密结识了"清除"张作霖行动小组的另一位成员——维纳罗夫。

维纳罗夫，名依万，化名为加夫林洛维奇，代号为"马尔特"。

::苏联特工维纳罗夫

维纳罗夫于1896年2月24日出生在保加利亚的一个工人家庭，中学毕业后参加第一次世界大战。1916年加入保加利亚社会民主工人党(即保加利亚共产党的前身)，同年，经过兵器专业知识的培训后，被调到保加利亚共产党兵器监察委员会工作，主要任务是为保加利亚的革命党人调配武器。

1917年，俄国爆发十月革命后，保加利亚共产党也加快了革命步伐。同年底，维纳罗夫参加了保加利亚首都索非亚的暴动准备工作。1921年，维纳罗夫在从事地下活动时被捕，1922年从狱中逃出，进入苏联境内。

1922年底，经共产国际"秘密国际联络处"头目皮亚特尼茨基的举荐，维纳罗夫被招募到苏联红军军事情报局工作，主要任务是负责向境外调配武器，武装那里的特工人员和地下工作者。

1924年，维纳罗夫接受特工与谍报专业学习，次年4月，受命秘密潜回保加利亚，并与战友一道，成功地暗杀了正在索非亚大教堂做祷告的保加利亚皇帝。

1926年元月，应苏联红军军事情报局中国站负责人萨尔嫩的请求，具有丰富的兵器及暗杀经验的维纳罗夫被总部派到中国，协助萨尔嫩工作。②

维纳罗夫来到中国后，以商人为掩护身份，先是负责苏联武器在中国境内的秘密调配工作，后被总部选派到由萨尔嫩任负责人、埃廷贡任执行人的"清除"张作霖行动小组。

与维纳罗夫同时到达中国的，还有他的妻子、军事情报局密码报务员列

---

①②见B·卢立耶等《军事情报局：人事与档案》。

别捷娃。在执行“清除”张作霖的任务中，许多绝密电报的收发都由她完成。

1928年春季，“清除”张作霖特别行动小组成员，陆续地从莫斯科、北京、沈阳等地聚集到了哈尔滨。

乌索夫在《苏联特工在中国——20世纪20年代》一书中记述道：

∷苏联特工列别捷娃

> 1928春，由从北京来的拉脱维亚人萨尔嫩、保加利亚人维纳罗夫和从莫斯科来的年轻特工埃廷贡等人齐聚哈尔滨，组成了一个特别小组。他们以商人为掩护身份，在俄国人列昂尼特·维加德卡开办的罐头食品厂落脚食宿。
>
> 该小组的密码报务员为与丈夫维纳罗夫一同从北京赶来的女特工加丽娜·列别捷娃，她的掩护身份为“哈尔滨远东银行”职员。
>
> 后来，这个特别小组的所有成员一下子从哈尔滨消失了。

解密的档案材料证实：考虑到张作霖经常乘火车回奉天的习惯特点，特别行动小组决定把“清除”行动锁定在沈阳，采取中途起爆的方式。炸弹由兵器专家维纳罗夫备制，而地点、线路选择则由埃廷贡负责。萨尔嫩负责挑选亚裔特工，做协助及外围工作。

潜入沈阳后，他们聚集到苏联驻奉天领事馆“安乐窝”小楼，举行了秘密的宣誓仪式。其誓词全文为：

> 我十分珍惜党和祖国对我的信任。党和祖国把我派往为人民利益而斗争的最前线的决定，使自己万分激动。作为党和祖国的儿子，我甘愿牺牲自己，也绝不会暴露秘密，出卖组织。我以自己的生命做保证，宣誓：我要求远忠于布尔什维克共产党，忠于苏维埃社会主义共和国联盟，忠于

::苏联驻奉天领事馆，俗称"安东窝"

伟大的苏联人民。①

宣誓仪式结束后，他们向莫斯科总部发去密电：一切准备就绪，可随时实施"清除"行动。

莫斯科总部领导人明白：萨尔嫩与埃廷贡等人正在等待暗杀张作霖的最佳时机。于是，他们命令在张作霖身边工作的"线人"，要不失时机地密报张作霖的行踪，以配合萨尔嫩等人的行动。

不久，报务员列别捷娃收到来自莫斯科的密电，上面写道：

> 由于北伐军步步逼进，张作霖正准备撤出北京，返回老家沈阳，并拟实施"满洲独立密约"计划。②

张作霖将于近期返回沈阳，这样就可以尽快实施中途起爆方案。埃廷贡不免为此而喜形于色。

"请总部说出张作霖返沈的具体日期及所乘的具体交通工具。"萨尔嫩对列别捷娃命令道。

5 月 30 日夜，莫斯科总部发来密电：

> 张作霖拟在 6 月 3 日从北京站出发，所乘交通工具为火车。你们要缜密行事。③

在该密电中，莫斯科又指出：

①见《克格勃档案》第一卷。

②③见戈尔巴基迪与普罗霍罗夫《克格勃下达暗杀令》。

再次提醒你们，在实施“清除”行动时，一定要把人们的视线引导到日本人或南方的蒋介石集团身上，最好能引导到日本人身上。已指示在华的相关媒体，做好宣传引导工作。[①]

关于这一点，戈尔巴基迪与普罗霍罗夫在《克格勃下达暗杀令》一书中有如下的解释：

之所以选择萨尔嫩再次领导这次“清除”行动，是因为他在满洲地区发展了多名中、俄及其他亚裔的特工人员。这样，在日管区实施行动时，由于有这些人的化装参与，就可成功地把人们的视线引到日本人的身上。

按照莫斯科总部的要求，特别行动小组紧张而有序地工作起来。

维纳罗夫负责准备炸药。在很短时期内，他就备妥了120公斤黄色炸药。

::奉天火车站

①见戈尔巴基迪与普罗霍罗夫《克格勃下达暗杀令》。

为便于携带和隐藏，他把这120公斤炸药分解成40个小袋，每个小袋仅重3公斤。小袋的外面标上了“洋灰粉”或“涂料粉”的字样。兵器专家出身的特工，干起这种事来，可谓得心应手。

埃廷贡负责选择行动的地点和线路。经过几天的化装踩点，他最终选择了京奉列车必经之路的京奉路(即京沈线)与南满路(即长大线)交叉处的老道口。其优点是：

1.它距皇姑屯车站很近，而且还有一个便于隐蔽放置炸药的三洞桥，由于两侧的路基凸凹不平，更便于遥控引爆并迅速撤退；

2.最关键的是，该地段处于日本人管辖区，但平时又不太引起日本人的注意。这样，就很容易把爆炸嫌疑引到日本人身上；

3.老道口两侧属于居民区，居住人员成分复杂，便于实施人乔装进出。

6月2日晚间，萨尔嫩又收到一份密电：

> 确认此前密电内容，并告：张作霖所乘之列车将于6月3日凌晨(时间待定)从北京站出发，走京奉路，约在6月4日凌晨(时间待定)到达奉天新站。该列车共22节车厢，张所乘坐的车厢为第10节，其明显标志为蓝色的花车。①

接到该密电后，萨尔嫩下令维纳罗夫再次逐个检查40小袋炸药的质量与外包装；埃廷贡与精心挑选出来的亚裔特工则充分休息，以保持充足的体力。

就在苏联特工秘密筹划谋杀张作霖之际，5月30日，张作霖召集身边的重要将领，举行了一个紧急秘密会议。参加人员有：张作相、孙传芳、杨宇霆、张学良等。会上决定，即日下达总退却令。除个别留守人员外，奉系所有军队都将陆续退出北京，返回东北。

6月1日，张作霖在北京中南海怀仁堂接见各国公使，随后又接见当地绅商及商团代表，宣布他本人即将离开北京，一切政务将交由国务院代行。

一时间，从中南海到大帅府，上上下下一片惊恐，各部、厅、办公室的大小官员都在手忙脚乱地收拾档案，焚烧文件，为返奉做准备。

---

①见戈尔巴基迪与普罗霍罗夫《克格勃下达暗杀令》。

∷中华民国陆海军大元帅张作霖

6月2日下午，张作霖发表“出关通电”，称：撤出京津，退回东北。

6月2日傍晚，奉方要人向新闻界发布消息：张大帅将于今日夜晚离京。

6月2日晚8时，留守人员为张作霖举行告别晚宴。珍肴美味摆满一桌，张作霖却味同嚼蜡，且有些神不守舍。此时，他当然是为不得不离京出关而烦恼。

6月3日凌晨，张作霖在国务总理潘复、各阁员及侍从武官等人的陪同下，从中南海西门分乘4辆汽车驶往前门火车站。

当时，同情张作霖的日本《朝日新闻》记者，在其北京专电里对此情景有如下描写：

> 沿着新绿街道微透森芒的月光，从过去住了两年的大帅府正门出来，经过窗子，依依不舍地回望中南海树丛的张作霖的眼睛里，竟闪着光芒。
>
> 凌晨一时三十分，在水泄不通的警戒中，张作霖一行出现在月台上。深夜，警卫队的刀枪发出熠熠闪亮。凄凉的军乐，挽歌般地响起。张作霖的左手紧抓着佩剑，行举手礼与送行者告别。

同张作霖一起同车返奉的有随行人员、卫队、六太太、三子张学曾、好友莫德惠等，以及两名日本高级顾问嵯峨、町野。

6月3日凌晨2时30分整，列车启动。

几分钟后，远在奉天的萨尔嫩收到了如下内容的密电：

> 确认此前密电内容，并告：张作霖所乘之列车已于6月3日凌晨2时30分整从北京站发车，预计将于6月4日凌晨3时30分抵达奉天新站。①

---

①见戈尔巴基迪与普罗霍罗夫《克格勃下达暗杀令》。

∷吴俊升

收到该密电后，苏联特工紧张起来。

埃廷贡带着两名亚裔特工，于3日子夜前将维纳罗夫准备好的40袋炸药秘密地摆放到老道口三洞桥下，然后在夜色掩护下躲藏到10米外的路基下隐蔽起来，只等几个小时后京奉线列车开过时，按动手中的引爆器。

按照埃廷贡事后的说法，当时他已做好了为革命事业英勇献身的准备，如果炸车不成功，他也会挺身冲向张作霖。

且说张作霖乘坐的专车启动后，大帅府保卫处长温守善就始终未离开张作霖半步。

专车抵达山海关时，奉天留守司令吴俊升专程来此地迎候，并登车陪同张作霖返回奉天。

列车开出山海关后，张作霖先是和奉天司令抽烟聊天，后又召集莫德惠等人打起了麻将，一路平安顺利。

6月4日晨，专车抵达皇姑屯车站时，奉天站的官员张景惠、刘尚清等都到车站来迎候。而张作霖的家人及留守的文武官员则在奉天新车站敬候。

离开皇姑屯车站时，已是凌晨5时20分，这比密电中预测的时间大约晚了两个小时。此时，张作霖乘坐的那节特征明显的蓝色花车里，有张作霖本人，还有奉天留守司令吴俊升、保卫处长温守善，以及正从前节车厢里走过来的日本高级顾问嵯峨诚也。

据幸存的温守善著文回忆说：

早晨五六点钟，张和吴望着车窗外熹微的晨光和春绿的庄稼，边看边谈。正当这节花车穿行老道口前交叉点时，轰隆一声巨响，烟尘滚滚，砂石纷飞，正好把这节车厢炸碎。吴俊升脑袋上被扎进一颗铁钉，当时就死了，躺在车厢一角。张作霖被炸出约三丈远。我也受了伤，被尘土和碎板压在下面。我急忙挣扎着爬起来，走到张的跟前。张作霖当时没死，内伤看不清，只见咽喉处有很深的一个窟窿，流了很多血，污染领

∷被炸毁的专列

襟，我用一个大绸子手绢给堵上了。然后由我和张学曾把张作霖抱到赶来的齐思铭的汽车上。看样子，张非常难受，已神志模糊。当时他还能说话，头一句就问我："逮住了吗？"我诓他说："逮住了。"张问："哪儿的？"我说："正在审问呢。"张说："我到家看看小五。"接着又说："我尿一泡尿，尿完了尿我就要走啦。"很显然，由于他受伤后严重的脑震荡，神志不清，说的都是呓语。①

当人们把浑身是血的张作霖抬进大帅府时，他已奄奄一息，之后，胡乱说了几句无关紧要的话，便气绝身亡了。此时是6月4日上午9时30分。

事后统计，这个由苏联特工一手策划、埃廷贡亲自实施的"皇姑屯炸车事件"，共炸死53人。除张作霖外，还有随车的亲属、文武官员。另外，爆炸还使同车厢的保卫处长温守善、卫队团长于恩贵及日本高级顾问嵯峨诚也等人受了不同程度的伤。

成功地"清除"张作霖后，苏联鼓动中西方媒体，借中国人对日本人，尤其是日本关东军的积怨，推波助澜地把"凶手"引到案发地管辖人——南满铁路路段监护人日本关东军身上。

在世人一片斥责日本的痛骂声中，莫斯科总部悄悄地把真正的凶手萨尔

①见张氏帅府博物馆陈列资料。

∷案发当天拍摄的"皇姑屯事件"现场

∷张作霖丧礼时搭建的牌楼

嫩、埃廷贡、维纳罗夫等调回国内，并企图永远封锁其中的内幕。

几年后，当"皇姑屯爆炸案"的实施者已经被确认为日本人后，苏联党政高层又秘密地重奖了自己的特工英雄，一如前面曾提到的：

——萨尔嫩因"忠实地完成了极特殊的使命"，而被授予苏联英雄金质奖章，并破天荒地得到一块足赤金表；

——埃廷贡则因"极特殊的贡献"，而被授予苏联政府最高奖章——"列宁勋章"；

——维纳罗夫因参与"共产国际特殊使命"，而被保加利亚政府授予"社会主义劳动勋章"。

虽然参与暗杀张作霖的埃廷贡等人被苏联最高当局一再告诫不得吐露任

何有关消息，但是，若干年后，当这些功勋特工退休赋闲，就不愿永远保持沉默了。有时，他们会有所暗示地谈论一下自己过去辉煌的功绩。比如，埃廷贡在1975年写给苏共中央政治局和苏联国家安全委员会主席安德罗波夫的亲笔信中，就有如下的叙述：

> 1925年底，在受命去中国之前(这是我第一次去境外执行特殊任务)，我被当时的国家政治保卫总局外国部部长特里利瑟尔同志领到捷尔任斯基同志的办公室。在那里，捷尔任斯基同志向我宣布了派自己到中国执行特殊使命的决定。之后，他语重心长地向我赠言道："去做一切对革命有利的事情吧！"
>
> 当时，我就表示："为了捷尔任斯基的赠言，我甘愿到那里去，献出自己的生命。"
>
> 事实是：为了苏联共产党与苏维埃政权利益的需要，我已经做到了这一点。①

四、张作霖与日本人之特殊亲善关系

长期以来，"张作霖被日本人所害"已是被广泛认同的"事实"。不过，经作者本人多年对相关中外史料的研究与探索，本着实事求是的精神，以大量的史料证实是苏联特工一手制造了著名的"皇姑屯事件"，炸死了张作霖，同时也就否定了该事件为日军所为的推论。

本书第一章提到过，张作霖是以日本为后台，在日本扶植下崛起而一步步成为"东北王"、"满蒙王"乃至"中华民国陆海军大元帅"的。

20世纪初，张作霖在东北崛起之际，正是日本侵略势力在东北急剧发展的时期。要想称霸东北，没有日本人的支持，是绝不可能的。于是，既"卤莽智术"，又"野心狡诈"的张作霖便死心塌地地傍上了日本人。

张作霖和日本人的关系源远流长，最早始于1904年的日俄战争。那时，张作霖还只是小小的新民游击马队营管带。日俄战争爆发后，张作霖表面上

①见《俄罗斯对外情报录纲要》。

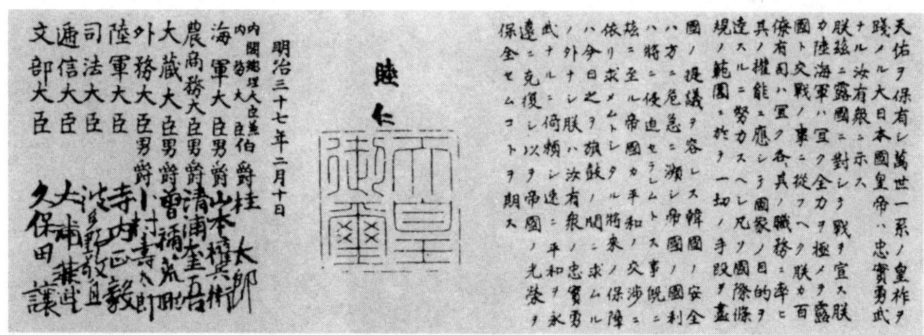

天佑ヲ保有シ萬世一系ノ皇祚ヲ踐メル大日本國皇帝ハ忠實勇武ナル汝有衆ニ示ス

朕茲ニ露國ニ對シテ戰ヲ宣ス朕カ陸海軍ハ宜ク全力ヲ極メテ露國ト交戰ノ事ニ從フヘク朕カ百僚有司ハ宜ク各々其ノ職務ニ率ヒ其ノ權能ニ應シテ國家ノ目的ヲ達スルニ努力スヘシ凡ソ國際條規ノ範圍ニ於テ一切ノ手段ヲ盡

國ノ提議ヲ容レス韓國ノ安全ハ方ニ危急ニ瀕シ帝國ノ國利ハ將ニ侵迫セラレムトス事既ニ茲ニ至ル帝國カ平和ノ交渉ニ依リ求メムトシタル將來ノ保障ハ今日之ヲ旗鼓ノ間ニ求ムルノ外ナシ朕ハ汝有衆ノ忠實勇武ナルニ倚頼シ速ニ平和ヲ永遠ニ克復シ以テ帝國ノ光榮ヲ保全セムコトヲ期ス

睦仁

天皇御璽

明治三十七年二月十日

内閣總理大臣兼内務大臣伯爵 桂太郎
海軍大臣男爵 山本權兵衛
農商務大臣男爵 清浦奎吾
大藏大臣男爵 曾禰荒助
外務大臣男爵 小村壽太郎
陸軍大臣 寺内正毅
司法大臣 波多野敬直
遞信大臣 大浦兼武
文部大臣 久保田讓

:: 1904 年 2 月 10 日，日本对俄宣战诏书

遵从清政府的“中立”政策，实际上却采取了投机手法，暗中发展自己的实力。战争初期，他看到俄军比较强大，就帮助俄军；随着战争形势的发展，日军明显转为优势，他又倒向日本这一边，为日军效劳，并从中渔利。

1904 年 12 月，日本陆军满洲司令部翻译黑泽兼次郎在新民府进行间谍活动时，曾住在张作霖家中。当时张作霖认为战争的最后结局还是俄军取胜，因此对黑泽及其带来的“特别任务班”并不抱好感。但是急需中国人帮忙的日本人并不在意，用日军司令部参谋福岛安正的话说：“不管怎么讲，现在张作霖是在为我军效犬马之劳。”为了拉拢对方，使之全力助己，福岛还让黑泽赠送张作霖 1000 元银币。

日俄奉天战役后，日军控制了新民府。为巩固胜利成果，强化军队建设，日本人看中了张作霖的游击马队营。经福岛等人从中斡旋，张作霖同意襄助日军作战。为了有个文字凭证，时任新民府军政署长的井户川少佐提议让张作霖在“愿为日本军效命”的誓约上签字，张作霖欣然从命，在誓约上按了手印。

日俄战争是张作霖与日本侵略者相互勾结的开始，但那时他还只是一个小营官，日本上层并不了解他，更谈不上有多么重视。于是，他主动示好，想争取得到日方更大的重视。

1912 年 1 月 26 日，张作霖主动拜访日本驻奉天总领事落合，称自己对日“一定尽力而为”。

1912 年 12 月，张作霖率队迎接路经奉天的日本关东都督福岛中将，并向其表露对中华民国政府奉天督军的不满，表示愿按日本政府的指示行事。

1913年初，张作霖访问日本满铁公所所长助理中佐，献言道："本省和贵国关系最为密切，作为本省人的代表，我和冯德麟(张作霖当时的同级军官)与日本代表福岛都督，来决定本省的大事，我相信是不困难的。"

∷日本驻奉天总领事馆

张作霖的这些言行，充分表现了他对日本的忠心。当时，日本驻奉天总领事落合立即将张作霖的表现，向日本外务省和参谋本部作了详细的报告，并建议日本政府说："在对满政策上，充分研究利用张作霖的方针是必要的。"①

此后，张作霖继续勾结日本，尽力表现自己的亲日立场。如在1915年10月，在中国人民反对"二十一条"的抗日运动刚过不久，他便假借参观日本在朝鲜召开所谓"始政纪念博览会"的机会，前往汉城，会见朝鲜总督寺内正毅，和日本"极力疏通"。向寺内"说明中日亲善大义，论述满洲和日本关系，表白自己的亲日意见，和寺内肝胆相照。"②

张作霖的言行，给寺内留下了极好的印象。张作霖对日本的主动示好，也引起了日本统治集团的极大重视和好感。日本的特务机关——"东亚同文会"，在其编撰的《对华回忆录》中说："张作霖对满洲和日本的关系，具有最深刻的理解。"

但是，在张作霖任奉天督军之前，由于他在东北的政治地位不高(只是个师长)，也由于日本高层对他还要进一步了解，特别是由于日本集团内部，对于在东北是否支持张作霖还存在分歧，因而日本还没有把他作为主要的支持对象。当时，在日本集团内部有少数人继续主张利用"宗社党"搞满蒙独立运动，以使东北脱离中国而独立。所以日本的主流势力还没有把张作霖放在眼里。

1916年4月，日本乘袁世凯洪宪改制失败，中国政局动荡之机，在中国

①以上引自《日本外务省档案》MT.115卷。

①见园田一龟《怪杰张作霖》。

东北策划了“第二次满蒙独立运动”。但日本内部在依靠谁来实现“满蒙独立”这个问题上，存在严重分歧。日本参谋本部、日本关东都督和日本浪人川岛等积极支持“宗社党”，并策动与“宗社党”密切勾结蒙匪头目巴布札布来实行“满蒙独立”计划。但日本参谋本部次长田中义一和日本外务省、日本驻奉天总领事等却力主利用张作霖。两派意见相左，不可调和。

1916年4月10日，田中义一指示关东军参谋次长与张作霖的私人代表开始秘密谈判，讨论建立一种脱离中国的政体问题。就在谈判过程中，支持“宗社党”的一派组成了以伊达顺之助、三村丰等人为首的“满蒙决死团”，于5月27日实施刺杀张作霖的行动。张作霖侥幸地逃过了刺杀，他清楚这是日本人的阴谋，但却佯装不知，未加追究。因为他还想继续讨好日本，以求得支持。后来的“郑家屯事件”给了他一个向日本主子献殷勤的绝好时机。

1916年7月间，在日本操纵下的蒙匪头目巴布札布与“宗社党”串通一气，从海拉尔一带南下窜扰。

巴布札布是内蒙古人，日俄战争中为日军所收买。袁世凯称帝时，日本政府为寻找在满蒙的代理人，大力支持巴布札布及其土匪武装。得到日本的资助后，巴布札布与在大连的“宗社党”头子肃亲王遥相呼应，以“反袁复清”相号召。

1916年7月，巴布札布打出“勤王师扶国军”的大旗，招募数千名土匪南下窜扰，并想和受日本支持的辽南土匪联手攻占奉天。这时袁世凯已于6月死去，反袁目标已失，所以他南下的目标就变成了打倒张作霖、建立“满蒙帝国”。

为反击巴布札布的进攻，张作霖派出精兵五十五旅与其作战，最后在郑家屯(现在的辽源地区)击败巴布札布。7月26日，又迫使巴布札布残匪退至长春以南的郭家店。

日本眼见蒙匪溃败，急派某大尉去奉军五十五旅，声称南满铁路附近不能开战，并阻止张作霖的部队继续追击蒙匪。与此同时，强行进驻郑家屯的日军，借平息日本商人与当地居民发生矛盾之机，杀入已先期驻扎此地的五十五旅旅部，挑起军事冲突，酿成了所谓的“郑家屯事件”。

面对日本人的挑衅，张作霖奴颜婢膝，派日籍顾问菊池武夫到郑家屯、郭家店与日方疏通，答应只要蒙匪退兵，奉军不加追击。

而日本借“郑家屯事件”掩护蒙匪退却时，又无理地向北洋政府提出种种侵犯中国主权的无理要求，提出严惩奉军有关军官，要求在必要地点增设日本警察，以及中国军队聘用日本顾问等。这些无理要求，激起东北人民的强烈愤怒。奉天省议会、奉天师范学校与其他各界群众，召开大会抗议，还到奉天省公署请愿。师范学校甚至还组织了抗日铁血团。

而张作霖却深怕得罪日本人，竭力镇压广大群众的抗日活动。“郑家屯事件”的见证人朱希炜在《辽源中日军事冲突真相》一文中写道：

> 张作霖大发雷霆，呼叫卫队传令(奉军)二十七师，将师范学校包围，捉拿铁血团分子，并向日本道歉，赔偿日本损失，惩办与“郑家屯事件”有关官兵，讨好日本帝国主义。

张作霖处理“郑家屯事件”，是他任奉天督军后的第一次直接对日交涉，颇得日本统治集团的好感。从此以后，日本完全停止支持“宗社党”，转而全力支持张作霖。

1916年10月，曾力主支持张作霖的寺内正毅上台组阁。寺内鉴于前任内阁采取赤裸裸的手段，干涉中国内政，制造复辟叛乱，最后却毫无成效，只是引起中国人民的强烈反感，因而改弦易辙，决定采取较为隐蔽的手段侵略中国，例如，借巨款给北洋政府，攫取中国的权益；支持段祺瑞“统一东北”，以暗自推动“满蒙独立”计划。

张作霖对他的老相识寺内担任首相异常兴奋，他对自己的日本顾问菊池武夫说：

“我对日本在满蒙有特殊地位一点十分了解，对日本开发满蒙一事，抱欢迎态度。现在中国南北冲突，势所难免。我力避投入政争漩涡，一意和日本提携，维持东三省及东蒙的安宁秩序。”①

当时，正在东北考察的后藤新平，回国任内务大臣，不久又任外务大臣。他根据1916年6月至9月间，两次对中国东北的政治考察，认为必须放弃支持其他势力，而全力扶持亲日的张作霖。他在《关于满蒙日本军队的行动》一本小册子中，对张作霖做了透彻的分析，明确指出日本利用张作霖的必要性。他写道：

---

①见《日本外务省档案》MT.117卷。

张作霖在满洲有一种特别之地位，他并无特别官历，也与中央政府无密切因缘。其心中惟有权势利欲，别无何等经纶。且张认为日本在满洲有绝大权力，知背日本之不利，而顺日本之有益。若利用有如此地位和有如此思想之张作霖商议满蒙之事，日本皆可横行无阻。

后藤新平这段话，把张作霖的亲日态度和日本支持张作霖的目的说得再明白不过了。

此后，日本对张作霖的支持明显加强：

在日本的赞助下，张作霖对自己当年的同伴、如今的死对头冯德麟采取军事行动，从而掌握了奉天省的军政大权。

为夺取东北霸权，张作霖在兼并吉林时，曾遇到该省督军孟思远的强烈抵抗，最后也因为日本的援助，制造了"宽城子事件"，才使孟思远立即垮台。

日本人不但在政治、军事上支持张作霖独霸东北，而且还在财政上给他以有力的支援。比如，日本政府于1916年和1918年先后两次从"朝鲜银行"借贷给张作霖500万元，使得奉系多年来的财政紧张状况得到好转。

1925年底，为打垮倒戈的郭松龄，张作霖更是不惜出卖国家利益与日本勾结，并在日本关东军的支持下，反败为胜，保住了政权。

以上事例说明，不论是日本的政界、军界要人，还是日本驻华军政高层，都在全力支持、培植张作霖及其奉系势力，而且他们的这种支持与培植已经形成了连贯性与认同性。

对于日本人的大力支持与扶植，张作霖当然要投桃报李。也就是说，他要为日本的侵华政策效劳。

日本支持张作霖的目的，是在于实施其"满蒙独立"计划。因而它支持张作霖独霸东北的过程，也必然是其实施"满蒙独立"计划、逐步渗透侵略中国东北的过程。

随着日、张关系的日益密切，日本人对东北政治、经济的控制也日益加强。因为有了张作霖这样的亲日派，凡属侵害对华利益的举措，他们都把张作霖推到前台，使其成了日本的代言人与傀儡。事实上，日本在中国东北的许多经济、军事侵略阴谋，都是靠张作霖暗中帮忙完成的。比如，1916年张作霖升任奉天督军不久，在对日借款谈判中曾许诺说：关于日本要求侵占中国矿山、土地等问题，“不用北京政府的许可，我就有有效的许可办法”。① 而他的办法，其实质就是损害中国的权益，默许日本人在他的眼皮底下私自行动。这样，既隐瞒了北洋政府，又不会引起广大人民的反抗。

于是，1916年4月，在张作霖的许可之下，日本的“满铁会社”便以“振兴铁矿公司”的名义，控制了著名的鞍山铁矿。张作霖的老朋友于冲汉则当上了该公司的挂名总办，在协助日本侵占鞍山铁矿过程中发了大财。再如，日本大仓财阀要求扩大对本溪铁矿的采掘，也是在张作霖的许可下实现的。

张作霖上任后，还答应了日本一直企盼的“商租权”请求。所谓土地“商租权”问题，是日本在侵华“二十一条”中向当时的中华民国大总统袁世凯提出的侵害中国主权的要求，其内容是日本人在“满洲、东部蒙古”可以自由租买土地。中国政府在袁世凯死后，对所谓的“商租权”要求概不承认。但是，亲日的张作霖却在私下承认对日的“商租权”。1917年12月12日，他以奉天督军兼省长的名义在第306号《奉天省长公署训令》里说：

查中日新约，日本臣民得在南满商租零用房地，自应推诚相与，免滋事端。

张作霖的这一训令，虽然得到了日本人的褒奖，但却遭到中国人民的抗议，更成了其损害中国东北主权行为的铁证。

在张作霖上台之后，日本在政治上加紧了对东北的控制。在此期间，日本不但在租界内加强军警统治，而且在东北内地非法驻军、设警的地点也急剧增多。过去日本向中国提出“二十一条”时，其中的“第五条”要求中国聘用日本人作军事顾问和警察顾问等，对此，连袁世凯都不敢承认，而张作霖却在东北私自承认并加以实行。如在辽源、奉天地区，均有日本警察顾问；在东三省的各督军署里也都有日本顾问。就连张作霖本人也聘用过十几名日本顾问。

张作霖除聘任日本顾问外，还重用亲日派人士办理对日交涉事宜。如上

①见王芸生《六十年来中国与日本》。

面提到过的著名汉奸于冲汉，就是促成张、日勾结的得力干将。

日本对中国的侵略，激起全国人民的反抗，反日爱国运动不断发生。但是，在东北，这些反日运动却遭到张作霖的镇压。

1919年爆发的“五四”爱国运动，锋芒直指日本和军阀政府。张作霖深恐这一运动损害他和日本的关系，所以，不但对东北地区的学生实行镇压和缉拿，而且还对当时的北京政府提出“反对排日的论辩”。日本的特务机关——“东亚同文会”在其《对华回忆录》里，记录了张作霖的“反对排日论辩词”：

> 此次青岛问题，学生等受报纸之煽动，徒事责难友邦，采取越轨行动，这只能加重友邦之恶感，无补时艰。国家岁费巨资，广施教育，其结果完全相反。窃惟日本对华政策，自寺内内阁成立以来，已改变方针，力求亲善，征诸东三省近事，彰明甚著。此次学生等在京畿地方，敢于白昼行暴，必将为一二野心家作为政争之具。如此，诚恐爱国者之为数愈众，亡国之祸亦愈速。请国家一面将青岛问题交涉经过，宣布中外，而对肇事之徒，严加惩处，以遏乱萌而全邦交。

在当时，像张作霖这样公然站在日本一边，极力反对和镇压爱国运动的人，在全中国也是极为罕见的。日本各方对张作霖的亲日立场，深表感谢。日本关东厅长官林权助，还因张作霖“能防患未然，曾发电陈述谢忱，嘱由驻奉总领事向张使面谢。”①

“五四”运动后，1920年10月，在东北延边地区发生了“珲春事件”。在这一事件中，张作霖又扮演了为日本人效劳的角色。

“珲春事件”是朝鲜爱国者与中国延边朝鲜族、汉族民众联合反抗日本侵略者的事件。抗议者焚烧了珲春的日本领事馆，还焚毁了日本侵占的市街。日本无视中国主权，公然出兵一万多人向延边及珲春地区进犯，并无理要求中国出兵配合其镇压延边人民。对此，张作霖非但不出兵保卫东北主权，反而在日本关东军面前奴颜婢膝，表示他作为“东三省巡阅使”有尽力协助日本镇压延边反日人民的责任。于是派出3200名奉军官兵，到一面坡一带，从

①见《五四爱国运动资料》。

北面向延边地区进兵，与关东军协同作战。之后，又应日方要求，派自己的日本顾问町野武马到吉林，会同吉林军政首脑与日本共同制定“会剿”延边反日人民的八条办法。

镇压延边反日民众行动，是张作霖献给日本尤其是日本关东军的大礼，深受关东军上上下下的欢迎，并得到了日本当局交口称赞。

20世纪20年代后，随着张作霖官位的提升，他也更快更深地发展东北地区与日本的“亲善”关系。

1921年12月24日，身兼“蒙疆经略使”的张作霖，按日方要求，向当时有职无权的北洋政府施压，迫使其同意由亲日派梁士诒主持内阁；

1922年5月13日，在第一次直奉战争中失败的张作霖宣布满蒙独立，与北洋政府断绝关系，并声称与友邦日本订约；

1925年，在第二次直奉战争获胜后，控制北洋政府的张作霖于2月7日接见日本新闻记者团，表示东三省“仍拟对日亲交”，并将优先考虑对日关系；

同年12月7日，在“郭松龄反戈事件”中处于危难境况的张作霖，急速邀请日本关东军参谋长斋藤到奉天“大帅府”，与其密谋助张反郭条件，随后在日本关东军提交的“五项要求”上签了字(详见本书第五章第二节)；

同年12月15日，日本政府决定：调驻朝鲜龙山之4000名日军官兵，奔赴满洲支援张作霖反击郭松龄；

1926年7月19日，张作霖抵达旅顺，拜访日本关东厅长官儿玉及日本关东军司令官白川。次日，又赴大连拜访日本满铁社长安广等人，并称此行专为答谢郭松龄反奉时日本相助之情。在旅大期间，张、日还秘密商谈了防御苏俄势力“内侵”的议题；

∷芳泽谦吉

1926年8月23日，张作霖派顾问赵欣伯去日本借款500万元，名为整顿奉票，实为购买武器；

同年10月13日，张作霖到日本驻奉天领事馆与日本领事芳泽谦吉交换意见，张作霖请日方协助“整理”东三省金融；

1927年8月13日，日本政府在大连“东方会议”上决定：批准借款给张作霖300万元，以帮助他取缔排日活动；

同年9月8日，日方代表面见张作霖，要求他制止东北地区的反日运动。张作霖立即允诺，并于当日密电奉、吉、黑三省军政首脑，要求各地制止商民集合游行，取缔学生运动；

同年10月15日，日本满铁总裁山本条太郎在京与张作霖秘密会谈，双方订立出卖中国利益的"满蒙新五路协约"；

1928年春，张作霖派自己的心腹于冲汉密访日本，并与日本订立"满洲独立密约"；

1928年5月13日，张作霖亲自签字同意由日方承包并修建"延海线"(延吉至海林)铁路、"洮索线"(洮南至索伦)铁路；

同年同月15日，张作霖亲自指派代理交通次长赵镇签字同意由日方承包并修建"吉敦延长线"(敦化至图们江岸)、"长大线"(长春至大赉)，而"吉五线"(吉林至五常)铁路则留待张作霖返回沈阳后签字。

值得注意的是，以上几项订立、签字的卖国密约，都是在张作霖于6月4日被炸身亡前的二三周内进行的。它表明，在那段时间里，日、张关系非常顺畅、亲密。

张作霖死后，有些研究者否认张作霖曾在最后几个卖国密约上签字，并以此推论，正是张作霖拒绝与日方合作，才导致日方将其杀死。

对此，曾长期从事近代史研究的吉林师大历史系常城教授在《张作霖》一书中，谈到此节时说：

> 至此，张作霖终于在日本压力下和日本签订了出卖我国东北路权的密约。这是张作霖死前出卖东北主权的一个罪证。有人说张作霖始终未答应日本的要求，这是不符合历史事实的。①

五、与张作霖形影不离的日本顾问

著名的英国学者麦柯马克在其《张作霖在东北》一书有这样一段论述：

---

①以上资料除注明出处外，均引自朱传誉主编《张作霖传记资料》及《民国档案》等。

> 尤其是对东北来说，几乎没有什么疑问，即日本顾问所起的作用是相当重要的。在张作霖的幕僚中，当然还有其他国家的外国人，但是，在这些人中，任何人都没有日本顾问那样大的影响。显然，更没有任何其他国家的人能像日本顾问那样，不仅为张作霖服务并向他报告，同时也还为其在东京的军事总部和长官服务并向他们报告。尽管日本接受了20世纪20年代列强一项新的多边协同的对华政策(这项政策主要体现在华盛顿会议的决议和公约里)，日本在中国的顾问还是像什么变化也没有发生似的活动着。

张作霖最早聘用日本顾问是在1916年8月。那时，非法进驻郑家屯(辽源)的日军，为掩护蒙匪，制造借口，挑起中日军事冲突，酿成“郑家屯事件”。而急于要取得日本人信任与支持的张作霖，立即派出身边的日本顾问菊池武夫前往郑家屯、郭家店等案发地，对日“疏通”，并表示，只要日军愿意，就放蒙匪撤退，奉军不予追击。

在张作霖的关照下，日军得到了满意的结果。但是贪婪的日本政府并未就此罢休。9月初，他们以“郑家屯事件”需要反思为由，向北洋政府提出八项无理要求。其内容除赔偿、道歉外，主要是迫使中国同意日本在其认为必要之地派驻日本警官，南满洲聘日本人为警察顾问，南满洲、东蒙古地区的中国军队要聘用日本军事顾问，中国军官学校要聘用日本教官等。第二年的1月5日，日本驻华公使日置益又向北京外交部面交三种口述书，其中“关于聘用军事顾问事件日本公使致外交部口述书”称：

> 中国政府如在南满洲聘用外国军事顾问时尽先聘用日本人等语，业在南满洲东蒙条约附件民国四年五月二十五日照会内声明在案，查聘用日本人军事顾问，借可疏通两国军事官宪意思，且于预防误会所致诸项事端亦有所裨无疑，是以帝国政府于中国政府在南满洲陆续聘用日本军事顾问，是为希望。惟此事关系贵国军政，帝国政府未便相强，应由贵国政府任意斟酌可也。

日本人上述无理要求，引起了奉天等地民众的强烈反抗，他们纷纷集会示威，或丢弃日本货，或袭击日本人，影响很大。但张作霖害怕得罪日本，便竭力镇压东北抗日群众运动。他命令奉军驱赶抗日师生，捉拿“首要”分子，并向日本道歉，赔偿日本“损失”，惩办与事件有关的官兵，以讨好日本。

张作霖如此屈辱地处理“中日争端”，得到日本的赞赏，认为他是值得全力支持的忠实代理人、合作者。所以，从那时起，日本朝野与军界便达成共识：扶植张作霖，以实现侵略中国之目的。

在日本向中国交涉“郑家屯事件”的过程中，日本大隈内阁于10月4日倒台，继起的寺内正毅内阁决定改变前任内阁赤裸裸的武力侵略手段，而改用狡猾奸诈的侵华战略。

张作霖与寺内正毅是老相识，当寺内在朝鲜任总督时，他们就有过交往。张作霖对寺内上台感到很高兴，他立即通过日本顾问菊池向寺内表白“亲日”心声。寺内内阁也积极回应张作霖的表白，并决定：在中国东北地区全力支持张作霖，以推行日本的“大满蒙主义”。这样，日、张双方的命运就紧紧地绑在一起了。从此以后，日本顾问便源源不断地来到张作霖身边，左右他的言行，影响着他的决策，调节他与日方发生的各种大小矛盾，以免发生利益冲突与不快事件的发生。

据日本人的估计，到1928年7月止，即张作霖被炸身亡前，在奉军中的日本顾问不少于50人。英国学者麦柯马克在《张作霖在东北》一书中以表格的形式介绍了张作霖生前的主要日本顾问、教官和联络官。现整理如下：

1.菊池武夫，少将军衔，任期分别为1916—1919，1924—1926

2.町野武马，上校军衔，任期为1916—1918

3.本庄繁，少将军衔，任期为1921—1924

4.松井七夫，上校军衔，任期为1924—1928

5.嵯峨诚也，少校军衔，任期为1924—1928

6.板东末三，教官，任期为1922—1926

7.荒木五郎，少将军衔，任期为1922—1926

8.贵志弥治郎，少将联络官，任期为1920—1924

9.斋藤恒，上校军衔，任期为1918—1920

10.铃木美通，中校军衔，任期为1921

11.林允，中校军衔，任期为1925

12.斋藤稔，中校军衔，任期为1918－1922

13.是永重夫，中校军衔，任期为1924－1925

上述列出的日本顾问名单，只是张作霖聘用的日本顾问的一部分。曾为张作霖父子办理过对日外交的陶尚铭、关根勤在《张作霖和他的日本顾问》一文中统计，从1913年—1931年间，张作霖父子先后聘用日本顾问18人，其中军事顾问13人，私人顾问3人，普通顾问及警察顾问各1人。

这些日本顾问长期伴随张作霖左右形影不离，对张作霖产生了巨大影响，在日张勾结和左右张作霖决策的过程中起着十分重要的作用。

归纳起来，在张作霖身边的日本顾问的作用主要有三点：联络员、高参、密探。

(一)联络员

所谓的“联络员”作用，就是指日本顾问为张作霖与日本勾结起着重要的沟通、联络的作用。

1916年4月，袁世凯任命张作霖为“盛武将军”，督理奉天军务，但是老牌亲日分子冯德麟不服，就在5月底把所部二十八师开进奉天，欲与张作霖争权。对此，张作霖怀恨在心，但是碍于日本人支持冯德麟，所以迟迟未对冯动手。1917年2月19日，张作霖委托菊池武夫顾问和日本驻奉天总领事馆坂本书记员转告日本驻奉天总领事赤塚说，自己“决定对冯采取最后手段”，倘日本在当时能保持“好意的中立，并给予精神上的援助”，他“不惜给予任何报酬”。赤塚向外务大臣本野一郎报告后答复张作霖：“帝国政府充分同情您的立场，因此，对您这项决定采取的行动，绝不加以任何直接或间接的妨害。”

张作霖在得到日本支持的表示后，才下定决心对冯德麟和汤玉麟采取军事行动，不仅搞垮了汤玉麟，也使冯德麟不得不俯首称臣。

在第二次直奉大战前夕，日本为了对抗英美支持的直系头目曹锟、吴佩孚，使用了很多阴谋手段。张作霖的日本顾问参与其中，扮演了重要角色。

1925年11月，郭松龄起兵反奉后，张作霖以为大势已去，决定下野逃难。这时，他的日本顾问松井七夫不仅把张作霖宠爱的五夫人和张家的几个年幼子女接到自己在满铁附属地的家中避难，还积极主张日本政府援助张作霖，以挽救张作霖的统治。

同年11月30日，松井七夫发电报给日本外务省次官出渊，建议日本政府以武力干涉扶助张作霖。该电报称：

郭纯系过激派，彼进入奉天后当即宣布废除一切条约，日本的所谓特殊权利将化为乌有。希望政府尽快作出援张的决定，指导关东军作战，试行最后抵抗。①

松井七夫的上述主张为日本政府所接受，日本关东军从朝鲜急调3000名日军赶赴奉天，协助张作霖打败了郭松龄。

郭松龄事件平息后，张作霖为酬报松井七夫，给了他一笔巨款，松井七夫用这笔钱在日本镰仓海滨修建了一座豪宅。

直奉战争期间，张作霖与吴佩孚这两个宿敌握手言欢，联合反对受苏联支持的国民军，张作霖的日本顾问町野武马也有撮合之功。

1924年10月23日，冯玉祥与孙岳等倒戈反直，使吴佩孚全线溃退。在这个紧急关头，日本政府以"保护侨民"为借口，向秦皇岛派遣驱逐舰4艘，陆军第三十三联队一同发起攻击，切断了直军向海上逃跑的退路。吴佩孚主力在冀东全部被歼，吴佩孚也狼狈地乘坐指挥专列退到天津老站。天津老站是租界地。吴佩孚此时还信守"不入租界"的豪言，不肯下车。这时，冯玉祥的国民军已经由北仓逼近天津。眼看吴佩孚就要做俘虏，吴的幕僚们一个个急得像热锅上的蚂蚁。就在此时，张作霖的日本顾问町野武马登上吴佩孚的专列，劝告吴由渤海湾"脱险"，对吴佩孚说："你在这里战死，对中国是个损失。"

吴佩孚听从了町野的劝告，率领残兵败将，从天津塘沽乘"华甲舰"浮海南逃。之后，又组织起盘踞长江流域的直系势力。

1925年10月，直系后起之秀孙传芳发动对奉系的战争，并通电拥护吴佩孚出山。吴立即来到武汉，通电自称受14省区将领推举，就任"讨贼联军总司令"。

①见"东亚同文会"《对华回忆录》。

吴佩孚所指的“贼”，就是宿敌张作霖。吴佩孚、孙传芳联合对付张作霖，显然不利于日本。

这时，于吴佩孚有恩的町野武马南下，向吴佩孚献计：与张作霖联手对付冯玉祥。他的建议得到了吴佩孚的赞同。这样，吴佩孚的“讨贼”内容由讨张变成了讨冯，由此形成了吴、张联合对付冯玉祥及其国民军的态势。

正因为日本顾问能为张作霖解决难题，奔走联络，疏通调节，所以使张作霖每当“对日外交感到棘手时，往往就教于日本顾问”。日本顾问则总是向张作霖建议同日本“和平”相处，化解矛盾，其实也就是让张作霖尽量满足日本的侵略要求。

张作霖的顾问町野武马与上原勇作元帅、伊东已代伯爵及山本条太郎财阀等日本军政商界的上层人物有良好关系。所以，张作霖每年都派町野武马回日本一次，联络日本朝野各派要人，争取日本把他当成忠实“外藩”，少找他的麻烦，或遇事援之以手。而每次派町野回国时，张作霖都要给他带上数万元的“公关”费。这项特殊费用，全由张作霖最信赖的五夫人掌管，其他人概不知情。

町野武马任顾问共9年，张作霖在他身上花了60多万元。町野任满后，改任张作霖私人顾问，又由张作霖资助，竞选日本众议院议员。可以说，町野成了张作霖在日本统治层里安插的耳目与联络员。

(二)高参

所谓的“高参”作用，就是指日本顾问为张作霖起到重要的军事、政治助手作用。

张作霖的日本顾问都具有军衔及高学历，他们是张作霖统治东北、华北不可或缺的助手。

英国人麦柯马克在《张作霖在东北》一书中有如下论述：

> 正如人们可能料想的那样，与张作霖接触最密切的那些人，即他的顾问们，极热心地倾向于支持张作霖。在张作霖的指挥所里，他们以私人身份活动着，实际上，他们是高级参谋官。而且，这些长期在奉天城的顾问们，特别易于把他们自己职位上的提升与张作霖事业的发展看做是一回事，从而全神贯注地致力于张作霖的事业。

中将本庄繁出任张作霖顾问不久，就发生了第一次直奉战争，本庄繁同町野武马很“热心”地参与了这次战役。

他改穿中国粗布军装，频繁地从军粮城到新安镇视察阵地，并制定出若干作战计划。奉军溃败时，他又弄来300万元军费，让张作霖与町野武马站在滦州东站的月台上，向败下阵来的奉军官兵发放现金，以激励士兵，恢复士气。随后，张作霖又授权本庄繁负责指挥滦州保卫战，使奉军残部得以逃出敌军的包围。

1923年8月，张作霖为了准备对直系作战，曾通过本庄繁向日本政府提出供应军火的请求。而本庄繁未作请示和通报，就直接给了张作霖如下答复：

1.(略)。

2.虽然(日本)帝国对东三省一向是特别慷慨的，但是，它不能满足转让军火的全部要求。因为这将是对国际信义的一次破坏。因此，您作为总司令，有制定种种计划的必要。

3.一旦来自外部的武力在东三省境内制造任何动乱，即便没有预谋的侵略行动，帝国也总是决意当机立断地予以制止，无论敌手是谁，无论在什么时候，也无论在什么情况下。

4.就您在关内的军事活动而言，帝国总是要求您谨慎行事，以便东三省的秩序得以维护。而且，我们希望不要出现南方反直军队的势力伸展到长江以北的局面。

5.为了应付今后的形势，您必须竭尽全力完善你们自己的军事准备。这种完善像依赖于武器和弹药准备一样地依赖于贵军的训练和准备。我遗憾地发现，首府以外的军队的训练和装备，在许多方面是不充分的。①

此份文件充分体现了张作霖的日本顾问在日本军政界的地位及其参与决策的程度。

第二次直奉战争爆发后，日本陆军大臣宇垣一成给新任张作霖军事顾问

①见陶尚铭《张作霖和他的日本顾问》。

::土肥原贤二

的菊池武夫发出指示：如果发生紧急事态，你应推动日中军队“共同合作”。于是，松井七夫、是永重夫、嵯峨诚也等10余名日本军官组成了“日本军事顾问团”，立即赴山海关奉军第一、三联军司令部参加指挥作战。另外，町野武马则帮助张作霖制订作战计划，菊池武夫担任与日本政府、军部及关东军之间的联络。在奉军弹药告急之时，日方及时向奉军补给步枪、机枪子弹4000万发，炮弹10万发。奉军依仗这批弹药一举突破了直军阵地。

(三)密探

所谓“密探”的作用，就是指日本顾问实际上也是日本军政部门安插在张作霖身边的秘密情报人员。

英国学者麦柯马克在《张作霖在东北》一书中写道：1924年8月，松井七夫出任张作霖顾问时，日本陆军大臣宇垣一成曾向松井七夫发出如下训示：

1. 在你应聘期间，你应当设法使奉天省的军事设施效法帝国的军事设施，以便使中日军队在紧急时刻能够彼此合作。

2. 为了履行你的职责，你须在驻朝军司令部和关东军司令部以及帝国驻奉天城、哈尔滨等地的军宪之间保持联络。当然，还要与东三省应聘军官们保持密切的接触。

3. 在尽可能不妨碍本职的情况下，你必须努力向本部提供关于奉天省的军事、内政、交通、财政经济、地理资源和列强势力的情报。

无疑，同样的训令也会发给其他日本顾问。这个训令已经明白无误地指出了日本顾问所扮演的多种角色，而其中充当日本密探恐怕还是他们最主要的工作。陶尚铭在《张作霖和他的日本顾问》中指出：

这些经正式聘用的日本顾问都是由日本参谋本部遴选的，他们都是坐探，经常同奉天满铁附属地的日本秘密机关(后来公开挂出了“奉天特务机关"的牌子)联系，接受指示，提供情报。

其中，忠实于张作霖的日本顾问贵志弥治郎，就是上面提到的"奉天特务机关"机关长。可见张作霖日本顾问的身份是多么复杂。

这些日本顾问利用张作霖给他们提供的方便条件，可随时出入中国的很多地方，对中国的天文地理、自然环境，以及政治、经济、人事都了如指掌，个个都成了所谓的"中国通"。这些人后来摇身一变都成了侵略中国的高手，并凶神恶煞般的忠实执行日军的命令。

本庄繁在任张作霖顾问期间，一直得到张作霖本人的高度信任，因而对奉军及东北地区的兵力、编制、装备、作战能力以及人事都一清二楚。张作霖死后，被日本天皇任命为日本关东军司令官。

张作霖深为信任的另一位私人顾问为"无所不知、无所不能"的大特务头子土肥原贤二，该人后来接任"奉天特务机关"机关长，是日本"九一八"事变的策划者之一，也是日本军政界的要人。

从以上介绍的情况看，这些时时刻刻伴随在张作霖身边的日本顾问，人数众多，精明强干，身份复杂，他们既能左右张作霖的决策，又能影响日本的对华政策，且在任前任后都身居要职，比如兼任政治、军事联络员，情报员，政府议员，以及日本关东军司令官，日本特务机关头目等。最关键的是：他们都"极热心地倾向于支持张作霖，特别易于把他们自己职位上的提升与张作霖事业的发展看作是一回事，从而全神贯注地致力于张作霖的事业"。

很难想象，这样一些身居要职、地位重要的日本人，会去策划或影响日本关东军实施对"极为亲日"的张作霖的暗杀计划！

退一万步说，即使要清除张作霖，有必要像极为缺乏有利条件的苏联特工那样，冒着极大风险，在日本人自己的管辖区内实施震惊中外的爆炸方式吗？

"皇姑屯事件"中，还有一个令人很难解释的事实，即与张作霖同车被炸的还有日本高级顾问嵯峨诚也。此人与同车厢的另一位幸存者——张作霖的保卫处长温守善都险些丢了性命。

这似乎也可以佐证"皇姑屯事件"并非日本关东军所谋划和实施。

六、日本否认杀死张作霖

从史料上看，张作霖及奉系势力之所以能迅速崛起，几乎全是仰仗日本人的扶植。张作霖曾多次表忠："我深知日本在满洲有许多特权。日本方面如果对我有任何吩咐，我一定会尽力而为。"

从1916年袒护日本军人的"郑家屯事件"，到1925年以出卖东北利益为前提求助日军打击郭松龄，再到1928年5月应日本人请求连续订立"日张密约"、"满蒙新五路协约"、"满洲独立密约"等，张作霖一直在努力实现着自己"为日本利益""我一定会尽力而为"的诺言。日本人也把张作霖当做了忠实的傀儡。

20世纪20年代中期，虽然中国境内的军阀势力对比发生了重大变化，北伐军开始逼近张作霖所控制的北京，但是，即使这样，日本人也不想彻底放弃张作霖。

1928年5月，张作霖被迫退出北京之前，日本军政上层曾有过如下讨论：

为迅速调整被动局面，重整旗鼓，增强奉军领导活力，张作霖的顾问土肥原贤二、松井七夫及奉天特务机关长秦真曾主张，让张作霖淡出奉系军界。而以田中义一首相为首的军政决策层则主张"继续与张作霖合作"，把他当作日本武力威逼下的傀儡。当听到东北地区关东军个别人欲迫使张作霖淡出奉军军界后，东京首脑又以田中义一首相的名义于1928年5月23日给日本关东军司令部发去密电，告诫："不能强制张作霖下野。"①

而在6月4日发生的"皇姑屯爆炸案"，东京方面极为震惊。当他们听说案发地属于日本关东军所属的南满铁路管辖区后，便急令日本关东军速去现场调查，并尽快公布调查结果。

张作霖被炸后的4个小时，即6月4日上午8时许，日中相关人员到现场进行共同调查。

下面是中方交涉署科长关庚泽呈交给其署长高清和的现场调查报告：

①见日本朝日新闻社《太平洋战争之论道》及《远东国际军法庭裁决书》。

张作霖专列共20辆。被炸车厢在中部，即第9—12辆。第9辆车厢上部及门窗，均被石块、枕木所毁，后部尤重，车身向北倾斜，后左轨道脱轨。车厢内发现男尸一具，查明系参谋长于国翰的车夫。第10辆大包车，是张作霖、吴俊升等所乘，车身几乎全被毁坏，仅剩前门框，后部车轮脱落向右倾斜并有火烧痕迹。在这里又发现焦尸一具，查明系山海公司饭厅仆役。第11辆是饭车，破坏最重，所有机轮都已损坏，又遭火焚。车前北方侧有女尸一具。第12车厢为睡车，前部损坏较重，也遭火焚。

上述情况证明：凶犯们操纵爆炸时间，十分准确地结束了张作霖的生命。

关于勘验桥洞被炸情况：

轰落铁桥一座、副桥两座，南北两侧护桥石垛都被崩毁。现场证明是用炸药爆破的，从破坏力估量，绝不是用手投掷所可办到的。装置炸药地点，在石质桥座上方或铁桥桥脚与桥座连接处，引爆使用电流。①

∷ “皇姑屯事件”现场

①见张氏帅府博物馆陈列资料。

6月4日上午10点30分，日本陆军部发表“皇姑屯事件”声明，以示清白。

6月12日，日本陆军部用中日两种文字发表《关于老道口现场调查报告》。该报告除公布以上内容相同的调查结果外，质疑爆炸系国民军便衣队所为，并称责任在于中方警戒不严，与日军无关。

7月1日，以田中义一为首的内阁做出决议：日本人与暗杀张作霖无关。但因发案地属日本关东军南满铁路管辖地段，所以关东军负有守备责任，因此对相关人员给予了行政处分。如，关东军司令官村冈长大郎被编入预备役，关东军参谋长斋藤恒与满洲守备队司令官水野竹三被撤职思过，关东军参谋河本大作等被停职反省。对他们的处分文件上写道：“这只是关东军在警备上的一种疏忽。”

随后，田中首相以“张氏案调查，关东军幸告无罪”为结论，上奏日本天皇。①

1932年，国联派出以英国勋爵李顿为首的专案组专程来华，调查“皇姑屯事件”。但数月后，竟一无所获。李顿的结论是：“张氏遇害之责任，迄今无法判明。惨案内幕仍在雾中。”

值得一提的是，二战之后，国际法庭对日本战犯进行审判，其间虽然冈田启介主动招供，称此案系日本关东军河本大作等人所为，但是经各方专家长达三年的调研取证，以缺乏可信性和实际证据为由，决定不对此案进行专门立案审理，从而做出结论：所指“案犯”(即河本大作本人)不能列为疑犯，所以“皇姑屯爆炸案”仍为悬案。②

1937年6月3日，张作霖去世9周年之际，日本政府为张作霖举行了隆重的送葬仪式。他们将其灵柩在奉天举行“慰灵祭”后，由奉天开出一列专车，直达石山车站。参加人员除众多的日本军队官兵外，还有僧道、喇嘛等人。送葬行列摆了有一里地长，其中挽联、花圈、万民伞、万民旗等仪仗齐全。由奉天陪送的僧侣鼓乐，以及由锦州迎接的僧侣鼓乐合在一起，待灵柩起行时，一齐吹打起来，场面甚是壮观。③

---

①见岛田俊彦、关宽治《满洲事变》。

②见《远东国际军事法庭裁判书》。

③见王振之《丧葬秘闻》。

七、河本大作违心作证

长期以来，许多人都根据河本大作“我杀死了张作霖”的供词，而认定“皇姑屯事件”是日本关东军上校参谋河本大作所为。其实，事实并非如此。该供词实际上是由河本大作的恩师冈田启介精心策划完成的。

被解密的苏联军情档案有这样一段叙述：

> 有充分证据证明，首次在东京远东国际军事法庭上语出惊人地招供：“皇姑屯事件”系日本关东军河本大作等人所为的冈田启介，已在去东京作证之前，就被苏联国家安全部(即克格勃前身)所招募。其实，更早的时候，他就已经被藏身在东京的功勋特工佐尔格发展成苏联秘密情报人员。[①]

冈田启介，1863年出生于日本东京。20世纪20年代中期，曾任田中义一内阁的海陆大臣，后接替首相职务，但任期不久，就发生了著名的“二·二六政变”，被日本军国主义分子赶下台。从此以后，冈田启介的思想发生极大变化。

所谓的“二·二六政变”，实质是日本的一次法西斯政变。

1936年2月26日，日本的军国主义势力因不满当时执政的以冈田启介为首相的保守派政策，企图取消议会政治，建立法西斯独裁政府，以便更疯狂地推行侵略政策和战争政策。于是策划指使日本陆军内“皇道派”20名青年军官，纠集1000多名士兵，在东京发动武装叛乱。他们占领了许多重要行政机关，其中包括陆军省和警视厅大厦，袭击了首相官邸和其他元老、重臣、高级官员的住宅，杀死了内务大臣、大藏大臣和教育总监等人，并向陆军大臣提出所谓“兵谏”，要求成立“军人政府”。

2月29日，政变在政府军队的镇压下流产，但是冈田启介则被迫辞职。从此，他对日本军国主义产生了强烈怨恨，尤其痛恨以海军大臣山本五十六为首的法西斯极右势力。

---

①摘自《苏联军事情报局：组织与人员》。

冈田启介的立场和思想变化，引起了一直关注日本政坛走向的苏联特工东京站负责人佐尔格的注意。而佐尔格来到日本的目的，就是在一定层次上建立间谍情报网。自从1933年来到日本后，他仅用3年时间就在日本的新闻界、财经界、外交界、军情界发展招募了数名秘密情报人员。这次他决心要乘冈田启介遭遇打击、思想变化之机，把他争取过来。结果他成功了。经过一段时期的工作，冈田启介终于同意与苏联合作。很快，他就把许多绝密的有价值的情报转给了佐尔格。

他们相互配合、保护得很好，很隐蔽，直到佐尔格于1944年11月7日被日本绞死，别人都不知道他们之间的关系。

当然，莫斯科总部的上层领导人最终掌握和控制冈田启介。

第二次世界大战结束后，1946年1月19日，当时的"东京盟军最高统帅总部"发布了特别通告，宣布成立远东国际军事法庭，开始在东京审判日本战犯。

由于该法庭声称，将会再次审理由前国联李顿勋爵为首的专案组判为悬案的"皇姑屯爆炸案"，这就引起了苏联的担心。为防止该案件的调查追查到真凶——苏联特工身上，苏联国家安全部决定主动出击，让已风光不在的关东军残兵败将作伪证，承担炸死张作霖的责任。

1946年初，冈田启介收到了一份来自莫斯科总部的密电：

> 请在日本关东军存活的人员中，寻找心理和精神状态良好的弟子或属下，把我们的对对方生命有益的合作意图说清，使之同意：该案件系自己势力所为。具体人员由您来物色。需要指出的是，您不仅需要物色好"坦白者"，而且要为其准备令人信服的坦白材料。坦白材料必须明白无误地说明：该爆炸案是由自己领导并组织实施的。该"坦白者"及所准备公布的"坦白材料"，必须经H K B Д(即苏联军情外委会)审核批准后，方能启用实施。我们的目的，是只追求过程，不追求结果。请相信，在我相关人员的努力之下，该次审理将不会偏差。只要合作人员永不反悔，我们除履行我们的义务外，还会永远关照他的命运。[①]

---

①见B·莫洛佳科夫主编《东京审判之秘闻实录》。

接到莫斯科的密电后，经过一段周密的思考与调查，冈田启介选定了自己任海陆军大臣时举荐到日本关东军任上校参谋的弟子——河本大作。他通过秘密渠道与对方取得了联系。

而此时正躲藏在中国华北地区且走投无路的河本大作，见到因此能受到强大的苏联军情机关的保护，不仅能保命，且还能得到永久关照，就同意了冈田启介提出的与苏方合作的建议。于是就有了众所周知的《我炸死了张作霖》的供词。

但是，面对冈田启介的举报与河本大作的招供，东京远东国际军事法庭的专家们虽然做了深入研究与调查，还是认为他们的说法不能令人信服，且由于没有佐证，所以决定不对“皇姑屯爆炸案”做专门立案审理。东京远东国际军事法庭的上述做法，被视作对“皇姑屯案件”的最后结论。那位被举报而且已经“招供”的河本大作本人因不受法律制裁，而被东京远东国际军事法庭视为无罪人员。

这一结果也正合苏联特工头目“只追求过程、不追求结果”的长期隐瞒“皇姑屯事件”真相的目的。

第八章

“中东路事件”

张作霖被炸死后，东北地区的统治权落入其子张学良之手，而新的东北地区的统治者与苏联的关系依然紧张，很快就爆发了“中东路事件”。

关于“中东路事件”，张学良先生曾说：

我同俄国没有什么关系，就是跟他们打一仗！不是扩张，说扩张这不对。那时，要想把东北的地位提高，就必须要打一仗，而且还要打胜。①

而莫斯科方面的则另有一种说法：

被张氏父子容留在中国东北境内的白俄目军头国谢苗诺夫声明：近日他受邀与张学良进行了会晤，确定，将在日本人的资助下，武力解决“中东路”问题。②

一、“中东路”争端的起源

“中东路”即“中东铁路”，即在中国境内由满洲里到绥芬河共长1484公里的铁路，支线是由哈尔滨到长春约长241公里。自从1924年中苏、奉苏签署协议后，交由中苏两国共管。

但是有关协议签署后，苏方并未认真执行协议的主要内容，对应交还给中方的非铁路本身的业务，如电话、电报、矿山、学校等并未交还中国。中东铁路管理局仍由苏方单独控制，在2700名职工中，中国人只有400人，其

①见唐德刚、王书君《口述实录：张学良世纪传奇》。

②见1929年10月10日苏联《真理报》文章《张学良是白俄匪军的顾问》。

∷哈尔滨火车站

他均为苏籍或其他国籍的员工。铁路的盈余，也为苏方单独享有。这曾引起张作霖的强烈不满，并滋生了许多矛盾与冲突，但终究未发生武装冲突。

可是，随着张作霖在“皇姑屯事件”中丧命、张学良独掌东北军政大权后，奉系集团与苏联政府的关系骤然紧张起来，围绕着中东路权的斗争也愈演愈烈。

1928 年 12 月 22 日，张学良下令强行接管中东路哈尔滨自动电话站，并抓捕了数名苏方管理人员。

1928 年 12 月 28 日，张学良宣布东北易帜，并特别命令：摘下配有中华民国五色旗与苏联镰刀斧头红旗图案的中东路路旗，挂上国民党的青天白日旗。

对于张学良的上述举动，苏联政府提出强烈抗议。认为此举违背了 1927 年 6 月 20 日中苏关于合资经营中东路协议的第十一款，即在任何情况下中东路电话局都不允许第三方强占或使用，中东路电话局只属于中东路自己所有。[①]

苏联政府还强烈要求奉天当局迅速释放被抓捕的苏方电话管理人员，同

①见《苏联外交政策：1917-1944》第 3 卷。

时也表示愿在业已签署的苏奉协议的基础上，谈判解决所有争端。

但是在蒋介石反共反苏言行的鼓动下，张学良拒绝了苏方的要求与建议。蒋介石还拉着张学良，合谋夺取中东路，同时打压北方共产党的靠山——苏联。

不久，东北地区出现了“打倒红色帝国”、“反对赤色宣传”、“反对赤色暴动”等反苏反共口号。

1929 年初，地处哈尔滨的苏联《群众之声》报社被查封；

几天后，中东路铁路工会被查封，工会财产被洗劫一空，工会中的苏方人员被逮捕；

东北地区最大的“满洲协会博物馆”因发现有“赤色宣传文献”而被捣毁。①

上述发生在张学良辖区的反苏反共行为，使莫斯科的领导人极为震惊。他们认为，中国东北地区的反苏行动绝不是偶然的、孤立的，而是有预谋、有组织的。他们甚至预测：接下来的事态发展可能更加严峻，可能所有与苏联、与共产主义有关的人员都会遭到清洗。

于是，一段时期以来，几乎所有的苏共领导人都把矛头指向东北地区的实际统治者张学良，而苏联历史学家及政论家也都声讨张学良投蒋反共，背信弃义，不讲公理。不过，在当时一片讨张的声浪中，也不乏头脑清醒之人，他便是时任苏联外交人民委员会副委员的加拉罕。

1928 年 12 月 31 日，加拉罕写给时任联共（布）中央总书记斯大林一封信，内容如下：

联共（布）中央委员会总书记斯大林同志：

12 月 29 日，全满洲境内挂起了国民党的旗帜，奉天当局宣布归顺于南京政府领导。上述事实验证了我们先前的判断，即奉天与南京终究要缔结和约。

此次事件再次证明，前不久发生的占领电话局的行动并非偶然和孤立。不仅如此，我们还面临着中国人将进一步侵占我们在满洲利益的威胁。

造成中苏关系急剧恶化的因素是多方面的，但其中一个重要的因素

①见《苏联外交政策：1917-1944》第 3 卷。

则是日本人的介入。显然，是他们煽动、纵容中国人与苏俄斗争。他们是想借中国人的反苏势力来达到既能攻击“红色帝国”，又能削弱中国抗日实力之目的。

所以，我们应当尽快采取措施，争取一切条件，重新与中方建立牢固的双边关系。要看到中方与我发生的一系列不友好冲突不同于其他地区的冲突，我们很难把它们相提并论。比如，在中东路问题上，由于它的管理局是在别人的领土上，而且又处于非常复杂的国际形势之下，所以单靠苏联一方是很难进行有效工作的。令人遗憾的是，在中东路建设问题上，我们至今也没有一份如何与中国人相互合作的深思熟虑的完整计划。也就没有把握向中国人做出保证：我们双方一定能共同经营好中东铁路。

如果我们坐下来认真地分析、研究一下中国人所提出的具体要求与建议，以及我们漫不经心的回复方式，就会发现，我们自己做的的确不怎么样。

长期以来，中东路的财政资金一直由我方单独掌控，这是中国人最大的心病。现在他们采取了先发制人的措施，先后占领了中东路的重要机构：督察处、法律部、交通局、部分教育系统，接下来会是电报局……等核心机构。

过去，我们始终自以为是，认为只有苏俄，才能管理经营好中东路。所以，在落实合作协议款项时，总是人为地拖延解决相互平等的问题。其实那些部门早应归中方管理，甚至包括商务部门。我方人员至今还不明白，目前的形势已发生了重大变化。可以这样说，中国人已由被动转变为主动，而我们则相反，正从主动转变为被动。现在的形势再明了不过了，即只有中国人感到自己的要求得到满足，并在毫无外来压力下才愿意与我合作。而只有那样，我们才能在中东路问题上保全自己的利益。

不过，如果是那样的话，就会有一个严峻的现实摆在我们面前，即如果中东路果真归中国人管理，那么中国人固有的受贿行贿、玩忽职守、贪图私利、盗窃财物等丑恶现象也会随之而生，而我们则无能为力。

如果目前的矛盾发生在两三年前，如1925年—1926年间，那么我们就可以用我们的成果来说服中国人。那时，由于苏方人员的积极严格的经营管理，中东路营业的第一年就清偿了1000多万卢布的债务。而现在的局面已大不如前，中东路虽仍有收入，但与过去相比，其营业额大幅下降，今年更是欠了中国银行300万卢布。员工编制异常臃肿。尽管如此，中方还要增加中国员工人数。为什么会这样呢？因为人数多了，其编制就可再放大。而编制扩大了，机构才能腾出肥缺。如此下去，中东路只能人满为患了。在中国人闹着争位子的问题上，中东路管理者则显得责任心不强，他们几乎放任自流，从不考虑上任者有无工作能力。他们消极地认为，就中东路目前的状况而言，是否扩大编制增加人员，甚至是否赢利，都不是什么大问题，只要自己坐稳位子就行了。持这种思想的人，在中东路的管理层里比比皆是。本来应当成为勤俭持家、爱岗敬业的榜样，而我们的管理者为求得一己私利不惜投入重金，装饰门面。如用上百万金卢布建造豪华剧院。不仅如此，还凭个人好恶来挥霍公司钱财，如随意为下属增加补助金。按理说，以上的额外开支都是应极力避免的。

正因我们的管理者出现了上述不良的经营记录，所以中国人就摆出救世主的样子，声称要把巨额亏损的中东路从困境中解救出来。而要做到这一点，苏方管理者就应当交出一系列权力，尤其是人权与财权，也就是说要让出中东路管理局局长和财务总管的位子。①

在信件的最后，加拉罕建议要立即采取措施，化解与中方的矛盾。而化解矛盾的基础，则是1924年签属的《中苏协议》与《奉苏协议》。要以相互平等的姿态出发，合理分配权力，不允许任何一方的权力无限化，也不允许把中东路所获利润都储存到苏联境内的“远东银行”里。

加拉罕还建议，要彻底清查中东路任职的高级职员，尤其是苏方人员的品行与收入情况，对受贿渎职及侵吞公款的失职人员要严加惩处。

虽然，加拉罕对中东路的形势做了较透彻的分析，也对存在的问题提出了自己的建议。但是在斯大林尚未掌握全部权力的联共（布）中央执委员会议上，加拉罕的陈述和建议被无限期地搁置起来。

当分析加拉罕关于中东路的信函被莫斯科高层束之高阁的原因时，一些

①见Д·斯拉文斯基《苏中外交关系史》。

苏联学者认为，加拉罕只注意到了中东路的内部情况，而忽略或没有太多地关注中东路的外部形势，比如蒋介石对中东路的态度，尤其是各帝国主义国家的干涉和觊觎。

苏联学者别斯科娃认为，在中苏中东路冲突中，日本、英国、法国等帝国主义国家起到了推波助澜的作用。尤其是日本人，他们一方面批评张学良夺回中东路权，另一方面千方百计地破坏苏联对中东路的管理与控制。在中东路冲突不久，日本人就通过手中的媒体向外散布消息，称为防止中方抢夺中东路权，苏联已决定把自己的股份转让给第三方，而且是一个强大的第三方。①

显然，日本人是想把自己已经占有的南满铁路与北满铁路（即中东路）连接起来，使中国东北乃至内蒙古的命运彻底地掌握在自己的手中。因为，他们知道，如果中东路真的落到张学良的手中，那么他们掌控满洲的计划就会遭到沉重打击。

不久，关于苏联想向日本人出售中东路股份的消息传到了南京。于是上海的媒体于1929年元月向全国的爱国人士发出呼吁：要蒋介石、张学良尽早收回中东路股份，以免落入日本人手中。《中华日报》也于元月17日刊登文章，称苏联的确有出售中东路股份之意。但是又解释说，苏联欲出售股份的对象并非日本人，而是法国人。该报还透露，苏法双方已进行了多次谈判，现已进入讨价还价阶段。双方确认，出售合同一经签署，1924年签署的所有协议当即失效。

霎时间，关于中东路股份转移之说甚嚣尘上。

为防止节外生枝，1929年3月1日，张学良命令中东路督办吕荣寰与中东路苏方副理事长齐尔金商洽，提出以下要求：

1．中东路管理局的一切命令及文件，须经局长及中方副局长会同签署，否则无效。

2．中东路管理局用款须经稽核局同意，否则不可动支。

3．中东路管理局各处处长、科长及沿线的段长、站长，其半数以上应改由华员担任。

①见Г·别斯科娃《苏中外交：1924~1929》。

4．其他各属职员，亦应逐渐实行平衡办法。

5．中东路一切文书，必须中俄文共用。①

3 月 6 日，苏方做出了回应。然而，除上述第 3 条外，其他各条款概不同意。

3 月 27 日，中方建议召开中东路理事会，但遭到苏方拒绝。

1929 年春，中东路形势变得愈加复杂起来。在南京政府及蒋介石本人的支持下，张学良的态度变得更加强硬，不仅拒绝了由加拉罕提出的在哈尔滨和谈的建议，还仿效其父张作霖的作法，制造了震惊中外的所谓哈尔滨苏联领事馆内举行共产国际秘密会议的事件。

1929 年 5 月 27 日夜，荷枪实弹的奉系警察突袭苏联领事馆。搜查时间持续了 6 个多小时，馆内 24 人被捕，总领事梅里尼科夫及相关员工被扣押，并一度失去与外界的联系。

该事件发生后约 4 个月，即 1929 年 9 月 11 日，苏联情报部门收到了一封密函，里面详细记述了哈尔滨领事馆被搜查的经过：

……在苏联驻哈尔滨领事馆内，被搜查的地点发现了大量文件、信函及未来得及烧毁的残留碎片。

其信函的内容均为来往于哈尔滨与莫斯科间关于如何阻止中国南北方联合，如何在南京、奉天等实施恐怖活动的绝密情报。

不仅如此，在办公大楼内还发现了左轮手枪、子弹及大量的共产主义宣传材料。

警察突袭时，遭到馆内工作人员的奋力抵抗，员工们甚至设置障碍物阻止警察冲击正在焚毁文件的房间。②

1929 年 5 月 31 日，即发生苏联领事馆被搜查事件的第 4 天，苏联外交人民委员会副委员加拉罕向时任国民政府驻莫斯科临时代办夏维松递交照会，抗议发生在哈尔滨的搜查苏联领事馆的行为：

①见张友坤、钱进主编《张学良年谱》。

②见《关于苏中 1929 年冲突》。

这种抢劫行为是长期反苏阴谋的结果，它只不过是过去反苏行为的重复与继续，即1927年4月6日发生在北京苏联大使馆的突袭、1927年11月7日发生在上海总领事馆的白匪军的掠夺及1927年12月发生在广州的焚烧苏联领事馆等罪行。

此次事件表明，中国当局已严重地违背了国际法准则。它全然不顾在苏中两地工作的外交官享有外交豁免权的规定，也全然不顾在对方国领土工作的本国公民与外交机构的命运与安全。①

同样内容的照会于1929年6月4日还分别送给了国民政府驻满洲里地区外交事务责任人王锦华（音译）及苏联驻沈阳总领事马尔迪诺夫。

此次搜查苏联领事馆事件在国内外新闻界引起了极大轰动。一份名为《安来格尔》的德文报纸刊载了较为翔实的报道。该报道说：5月27日夜，苏联驻哈尔滨领事馆内的确在举行极为重要的共产党高级负责人会议。会上，身兼苏联情报工作领导人的梅里尼科夫总领事正在组织与会者制定援助冯玉祥扩军、建立张家口—内蒙古革命军事基地及反对蒋介石的秘密计划。②

为声援张学良的反苏行动，蒋介石于1929年7月初专程来到北平会见张学良，他鼓动对方下决心从苏联手中夺回中东路权，并彻底清除东北地区的共产党势力。

其实，蒋介石是要达到一箭双雕的目的：即借张学良的势力打击红色苏维埃政权，铲除其对北方地区中国共产党的援助与影响，又利用苏联的军事力量消耗张学良的东北军的实力。

由于蒋介石的挑拨鼓动，张学良与苏联政府的关系进入了冰点。

7月2日，张学良下令驱逐中东路苏方人员。

7月5日，蒋介石给张学良来电称：坚决收回中东铁路全权，不得已时可与苏联绝交。并叮嘱张要在东北边境布置军力。

7月10日，奉张学良之命，哈尔滨警务处解散并查封中东路工会，接着又将苏联驻哈尔滨代理领事及中东路管理局局长等59人免职并驱逐出境。

---

①见《关于苏中1929年冲突》。

②见Д·斯拉文斯基《苏中外交关系史》。

7 月 11 日，受张学良指示，中东路督办吕荣寰派中方副局长代理中东路管理局局长一职。

同日，张学良以两个旅的兵力强占中东路管理局。[①]

7 月 13 日，苏联外交人民委员会副委员加拉罕向国民政府驻莫斯科临时代办夏维松递交抗议照会：

> 按 1924 年苏中、苏奉签署的协议，中东路应为苏中两方共同所有。按协议规定，如果合作期满，中国可以赎回中东路权。而目前中方的行动完全违反了上述规定。所以，不论是自任局长，还是强行占领中东路管理局，都是非法的。
>
> 1924 年的协议还确认，在经营过程中，如果双方发生矛盾，可以在苏中联席会议上通过谈判方式加以解决。所以，即使发生不愉快之事，苏联政府还是愿意与中方通过谈判方式解决一切争端。但是前提是中方必须迅速释放在押的苏方人员，并取消私自颁发的各种禁令。
>
> 如上述请求在 3 天之内不能得到答复，那么我方将以其他形式捍卫自己的利益。[②]

7 月 15 日，即苏联抗议照会发出的第 3 天，蒋介石继续鼓动张学良反苏。

7 月 17 日，苏联政府收到了中方的回电。但电文中除了重复对苏联的“赤色”宣传、组织暴动、反对国民政府的指责外，根本没有提及苏方 7 月 13 日照会的内容。同一天，加拉罕代表苏联政府向中方发出如下内容的照会：

> 鉴于目前中东路的形势，苏维埃社会主义共和国联盟特采取下列措施：
>
> 1. 全部召回由苏联政府派驻到中国境内的外交、领事、商贸等人员。
> 2. 全部召回由苏联政府任命的驻中国境内的中东铁路工作人员。
> 3. 关闭苏中间一切铁路运输业务。
> 4. 建议滞留在苏联境内的所有中国外交及领事人员迅速离境。

①见《张学良年谱》。

②见《关于苏中 1929 年冲突》。

苏联政府申明：愿保留1924年与北京及奉天政府签署协议的全部权益。①

苏联照会发出后，一大批苏联驻华机构相继关闭。这些关闭的外交机构有北京的大使馆，及下列地区的领事馆：天津、奉天、张家口、哈尔滨、满洲里、绥芬河、黑河、齐齐哈尔及海拉尔。

7月18日，苏联正式宣布与中国断交。随后，中苏边境地区便发生数起小规模武装冲突。一场大战迫在眉睫。

7月20日，张学良致电蒋介石，报告苏军调动情况。电文中说，苏军正积极备战，已迫近满洲里、绥芬河等处，确有武力压迫情势，决非局部之事故，亦非东北独立所能应付。应请中央预定方案，详为指示，俾中央与地方联贯一气，相机应付。事机危迫，不容再迟。②

从电文内容可以感觉到张学良对局势的担心与焦虑，更可以看出张学良对蒋介石的怀疑与不信任。

事态的发展正如张学良所不愿见到的那样：大战临近，蒋介石却撒手不管了。

几十年过后，张学良仍对此事耿耿于怀：“南京只管叫我们打，什么也不管。打既然不行，就得和吧？可南京又不叫我管和的事，这简直是整我们呀！”③

二、战争爆发，东北军惨败

当断定蒋介石无意帮助自己抗击苏联时，心有余而力不足的张学良极不情愿地向苏方提出和谈建议，但由于蒋介石从中作梗及苏方的刁难而未能如愿。

国内史学界谈及此事时，大都认为是蒋介石从中作梗，已经悔悟的张学良派出自己的外交特派员蔡运升与苏方代表和谈，当和谈接近尾声时，遭到南京政府的非难，致使张学良和谈的愿望落空。

事实上，蒋介石确实曾经从中作梗，但更主要的是苏联的因素。是苏联

---

①见苏联联共（布）卷宗，东方部，12卷，1929年版。
②见《张学良年谱》。
③见《口述实录：张学良世纪传奇》。

人想与张学良决战。

从解密的苏俄档案看，苏联早就想与张氏父子的东北军打一仗了。

早在1926年初，即张作霖势力处于鼎盛时期，时任苏联海陆军军委会主席的伏罗希洛夫就主张要用军事手段解决与张作霖奉系集团的深刻矛盾，但是遭到斯大林的反对。其原因之一就是日本正对苏联虎视眈眈。

斯大林认为，如果过早地让苏联红军越境解决与张作霖的矛盾，势必会引起日本人的恐慌。他们会认为，俄国人越境的目的不是冲着张作霖，而是针对日本人的。要知道，当时日本人与张作霖的关系相当密切。况且他们在东北境内还驻有实力强大的关东军，日本人所控制的南满铁路距哈尔滨也仅有数百里。

而此时形势已发生重大变化。通过大量的情报分析，斯大林认为，日本人已与张学良为首的奉系渐渐疏离。在未来的苏奉冲突中，日本将保持中立。于是，斯大林最终接受了红军最高指挥官的多次建议：武力解决与张氏父子（集团）的冲突。

1929年8月6日，伏罗希洛夫元帅发布密令：迅速组建苏联红军特种部队。

虽然此时苏维埃政权成立已超过10年，但仍处在帝国主义国家的重重包围之中。所以为了不给驻守在西部战线的红军增加负担，伏罗希洛夫命令尽快在远东地区招募兵员。于是第一支由远东地区的布历亚特蒙古族组成的骑兵师很快建立，接下来是滨海地区的陆军师……不仅是苏联军队，还有所谓的“共产主义志愿队”，如从欧洲调集来的5个整编连建制的德国志愿军、一个加强营兵力的朝鲜志愿军等。

∷伏罗希洛夫

仅仅3个月的时间，一支由3万人组成的军队组建完毕。该部队的正式称谓为苏联红军远东特种部队，其司令员为功勋卓著且威名远扬的布柳赫尔元帅。此人于

∷苏联红军远东特种部队司令员、苏联红军元帅布柳赫尔（前左）

1924 年至 1927 年间，曾受孙中山之邀出任国民革命军的高级军事顾问，当时的名字为加伦。

苏联红军咄咄逼人的态势动摇了蒋介石与张学良备战的决心，他们于 1929 年 8 月 27 日向苏联政府发出照会，建议和谈，并提出：

1．双方发表声明，以 1924 年签属的中苏、奉苏协议为基础，共同解决有关中东路的争端。按上述协议之第 9 款，中方有权赎回中东路权。

双方要尽快以适当的方式任命参加谈判工作的代表，以解决双方出现的各种矛盾与分歧。

2．双方应当认识到，中东铁路冲突后出现的新局面已经在事实上改变了 1924 年签署的协议内容。对此，双方应在未来的会谈中达成共识。

3．对于仍由苏联政府推荐的中东路管理局正副局长任命，应当获得中东路董事会的通过。苏联政府应督促中东路苏籍员工自觉地遵守各项规章制度。这也是 1924 年以来所有双方协议所重点强调的。

4．双方应尽快释放由于中东路冲突而被各方关押的被捕人员。①

从照会内容可以看出，为彻底解决中东路冲突，避免战争，中方做出了很大让步。比如，同意了苏方一贯坚持的观点，即以 1924 年签署的苏中、苏

①见苏联“联共（布）卷宗东方部，12 卷，1929 年版。

∷苏联红军远东特种部队

∷苏联红军远东特种部队的宣传军

奉协议为基础，同意仍由苏方推荐正副局长等。

但是，执意要与张学良决一雌雄的苏联政府并不买账。8 月 29 日，即中方发出和谈建议的第 3 天，新任苏联外交人民委员会委员的李特维诺夫借会见德国大使之机，谈到了中方的上述照会，说：现在还看不到其中有什么新的、积极的因素，所以也没必要再理会他们。①

李特维诺夫的谈话，等于拒绝了中方提出的和谈建议。

与李特维诺夫的言论遥相呼应的是由苏联党政军控制的媒体的反华报道。

从 1929 年 8 月 19 日起，苏联媒体就铺天盖地地发起了对张学良及以蒋介石为首的南京政府的攻击。

8 月 19 日、9 月 25 日，苏联政府通过塔斯社向全世界播发反对张学良及南京政府的声明，这等于向中国宣战。

10 月 18 日，塔斯社在一篇文章里说道：

①见苏联“联共（布）卷宗东方部，12 卷，1929 年版。

东北军正云集到苏中边境线上，他们已对苏联边疆区、阿穆尔州等地构成极大的威胁。张学良正在制定军事进攻计划，准备侵占我赤塔州及后贝加尔地区，夺取西伯利亚铁路运输线，中断我远东地区与中央地区之联系。①

就在苏联媒体大造舆论的同时，布柳赫尔元帅向苏联红军远东特种部队下达了进军的命令，震惊中外的中苏边界战争爆发了。

国内史学界关于这场战事的记叙和研究不多，经笔者查阅大量中俄文原始资料，结合几位参战指挥官的个人回忆录，来简述一下惨烈的战况。

这几位参战者一是苏联元帅崔科夫，中东路武装冲突时，他担任苏联红军远东特种部队司令部情报负责人，在其回忆录《在中国的使命》里较详细地记录了战争的过程。另两位是王理寰和谢珂，中东路武装冲突时，他们分别担任东北军哈满护路军司令部作战参谋、黑龙江国防处参谋长。二人在回忆文章《中东路事件及中苏战斗的经过》中对战况作了系统叙述。

1．同江—富锦—密山—绥芬河的战况

∷苏联红军远东特种部队召开党小组会

---

①见《中东路冲突》。

苏联远东军与东北军的初战发生在松花江口附近的同江地区。时间为10月中旬。激战两日后，中方军舰被击沉三艘，随后苏军舰队溯江而上，占领富锦县城。同时东路绥芬河方面也受到苏联空军的猛烈攻击，驻守在此地的东北军一个旅损失较大。

除攻打绥芬河东北军外，苏军同时空陆联合攻击密山至穆棱的东北军郑泽生率领的骑兵师及赵经武的守备旅。10月中旬，郑、赵所部在张三沟和老爷岭与苏军激战，苏军仍采用空陆联合攻击方式，东北军伤亡重大，其中一名旅长临阵脱逃，被师长郑泽生就地枪决。但东北军最终溃败。

2.托兰诺尔防地战况

驻守在托兰诺尔的是装备精良的东北军国防旅——十七旅。攻坚战于10月16日晨开始，苏军骑兵一师由苏联境内的阿巴海图地区沿额尔古纳河西岸向十七旅阵地猛攻。双方激战一日，互有伤亡，苏军暂时退却。11月15日晨，苏军一个骑兵师、两个步兵师并坦克30余辆、飞机20余架，陆空联合由阿巴海图地区沿额尔古纳河西岸以三面包围之势再次向托兰诺尔十七旅阵地进攻，激战三昼夜，十七旅官兵伤亡甚重。林选青团长首先阵亡，旅长韩光第亦阵亡，团长张善培因负重伤自杀身亡。全旅群龙无首，四处溃败，托兰诺尔阵地失陷，未及逃跑的东北军士兵全被活捉。

3.惨烈的满洲里攻坚战

当时驻守满洲里的东北军守备部队实力最强，除去十七旅一部分外，还有梁忠甲的整编旅、第十五国防旅及第五骑兵旅一个整编团，整个部队在满洲里外围连成一线，统由梁忠甲指挥。

::苏联红军远东特种部队陆空立体作战

攻克托兰诺尔后，士气大振的苏联远东军于10月24日晨向满洲里发起攻击。此次苏军集中了三个步兵师、两个骑兵师，还有坦克30余辆、飞机20余架，以5倍于对方的兵力陆空联合作战。

::苏联红军远东特种部队战士与张学良的东北军作战

战斗中苏军利用上风位置，将战场上的草木点燃，黑烟四起，火光冲天，风急火大，致使中国守军艰于视物，呼吸困难。而苏军则乘势猛烈射击，弹如雨下，枪炮声响，震天动地。战区司令梁忠甲负伤，副旅长阵亡。当时气温在零下45℃，填装炮弹，如未戴手套，立即将皮粘下。水压式的重机枪都冻成了冰棍，不能使用。双方最终展开白刃战，守军伤亡过半，而苏军增援不断。10月28日晨，满洲里失陷。司令梁忠甲及司令部所有人员被俘。

战斗结束后，苏军派出6辆卡车，雇佣24名工人到阵地收尸，足足用了两周时间才将死尸全部拉走掩埋。

据统计，仅满洲里一战，东北军阵亡1233人，受伤2891人，5000余人被俘。

苏联远东军在取得上述战斗胜利后，乘胜追击，最后占领了海拉尔。

至此，由中东路引起的中苏武装冲突，以苏联远东军大获全胜而告结束，张学良的东北军损失惨重。

事后，每当提起中东路武装冲突，张学良都不禁十分伤感：“老的各自为政，不顾整体；军人也阳奉阴违，不能效忠。督战大将王树常在哈尔滨天天打牌，其旅长张廷枢、刘翼飞夜夜玩乐……”①

①见王理寰、谢珂的相关回忆文章。

三、"中东路事件"的结局

由于军事失败，张学良被迫声明同意恢复苏联在中东路的权益。11 月26 日，张学良致电苏联外交人民委员李特维诺夫，要求就中东路事件举行谈判。

在苏联表示同意后，1929 年12 月3 日，张学良派蔡运升为外交特派员，与苏联代表苏曼诺夫斯基在伯力举行会谈。12 月22 日双方签属《伯力协议》，其具体内容如下：

1. 恢复1929 年7 月10 日前中东铁路状态。

2. 由苏联重新派出中东铁路管理局正副局长，并即日就任。中东铁路董事会则先行恢复正常工作。

3. 两国各自将边境线上的驻军后撤30 华里，并停止一切军事行动。

4. 签约后最迟不超过两星期，将各自所捕之俘如数释放。对政治犯要护送出境。

5. 东北地区允许苏联各领事馆及国营商贸公司恢复工作，苏联也允许驻远东地区的中方领事馆及华商恢复活动。

6. 欧亚交通线一个月内恢复营运。

7. 中东铁路嗣后用人，以中苏两国国籍人员为准，绝对禁用白俄人员。

8. 中方此前收回中东铁路后所公布的命令。除由新任局长认可的以外，余悉废除。

9. 中苏正式会议，将于3 个月内召开。①

由张学良的代表与苏联达成的《伯力协议》，遭到南京政府的斥责。他们认为，《伯力协议》与蒋介石消除苏联势力、消灭北方共产党的主旨大相径庭。这份协议等于全盘接受了苏联一方的主张，因此南京的国民政府不予承认。稍后，他们又以中央政府的名义改派中东路督办莫德惠前去莫斯科进行会谈。可是，莫德惠与苏方代表先后洽谈25 次，都未能达成任何协议。

在中苏谈判期间，因病休假的加拉罕又回到副外交人民委员的位子。他

①见《张学良年谱》。

对“中东路冲突”及苏奉、苏中关系发表了如下的看法。

苏联政府努力与中国建立密切的友好关系。但是各自为政的中国，很难统一对苏联采取一致的态度。总的来说，奉天当局也想与我们建立友好关系，现在双边的关系尚称良好。我们确信，奉天当局也在努力地协调与中央政府的关系，进而促进与苏联的良好关系。

问题还是出在南京政府上。南京，这个城市与我们距离比较遥远，而我们之间又无直接的联系，所以就谈不上有什么好印象。现在看来，南京政府并不想与我国建立良好关系。所以我们与中方的关系就不会稳定。①

当谈到代表南京政府的莫德惠困守莫斯科并一无所获时，加拉罕说道：

南京政府派莫德惠来莫斯科时明确表示：此来只谈“中东路”问题，而不涉及与我国恢复外交关系的议题。言外之意，他们仍反对与我国建立外交关系。但是，莫德惠本人与我们接触后，就产生了与中央政府相左的想法。于是，来莫斯科不久，他又返回奉天。他是想说服自己的政府与我们恢复外交关系。

其实问题很好解决，如果南京政府愿意与我国洽谈复交问题，那么，莫斯科的双边会谈就由原来的“中东路”问题转到更重要的复交问题。而只有谈好、谈完复交问题，才能轮到“中东路”问题。“中东路”问题解决了，又可以开始其他议题的会谈。

所以说，两国复交的问题才是会谈的关键。而这一议题能否开展起来，完全要取决于南京方面。②

加拉罕的讲话并没有引起南京政府的重视，所以莫德惠在莫斯科的会谈始终没有结果。1931 年“九一八事变”后，日军开始侵略中国，中苏间的谈判被搁置起来。以莫德惠为首的中方代表团也理所当然地返回国内。

同年 10 月 25 日，莫德惠又匆忙来到莫斯科，请求会见加拉罕，说明来

①②见“苏联国民档案”——加拉罕 1930 年 10 月 5 日关于中苏关系的谈话。

意，即南京政府非常重视苏联政府对日本侵华事件的看法，希望苏联政府能在中国政府抗日一事上给予帮助。

听完莫德惠的请求，加拉罕一字一顿地说："一向自以为是的南京政府不要希望在日中冲突中会得到苏联政府的任何帮助！"①

①见特·斯拉文思基《苏中外交史（1917－1937）》。

附 录

孙中山先生的一封信函

1922 年 8 月 25 日，共产国际代表马林来到中国上海，交给孙中山一封苏维埃俄国外交机构负责人越飞的密函。该密函中主要谈到了新生的苏维埃政权对张作霖的憎恨，并将其称为与日本帝国主义一样的“凶恶敌人”。

读罢这封檄文式的密函，孙中山顿感事态严重，便于第三天即 8 月 27 日回复，规劝苏方“不要将张作霖赶向日本”，以免逼使张作霖铤而走险。遗憾的是，孙中山的好心规劝并没有起到作用，双方矛盾继续激化，终于在孙中山去世的第三年即 1928 年 6 月初，苏联特工受命炸死了“凶恶敌人”张作霖。

以下为孙中山先生复函全文：

亲爱的越飞先生：

您本月二十二日的一封十分令人感兴趣的来函已经收到。贵国政府派阁下这样一位享有盛誉的政治家来我国，我表示非常高兴。

我要马上同您讨论来函中所谈的各个问题，在对您提问的几个专门问题作答复前先谈几点意见。

首先，我必须告诉您，北京政府完全没有骨气，十分软弱无力，因此说现在的政府是某些列强的代理人，也并不过分。特别就它同苏维埃俄国的关系和交往来看，情况更是如此。众所周知，某些列强不愿在它们自己能够将经济投降条件强加在莫斯科身上之前让中国同俄国达成协议，同时，它们也不欢迎在我们之间出现任何达成协议的前景，因为这种前景显然会使中国摆脱它们的政治经济控制。只有把中国的重要利益置于各个列强利益之上的中国政府，才能使这两个国家相互完全了解。在这种情况下，我要劝您等待，直到我重新建立北京政府。鉴于目前形势可能出现的各种发展情况，这一点在不久就可能实现。

至于蒙古，我完全相信贵国政府的诚意。我接受莫斯科无意割裂中华民国政治制度领土的保证。我同意，在重建的能同贵国政府进行谈判的政府在北京出现之前，苏联军队仍应驻扎在那里。立即撤走你们的军队，只会对某些列强的帝国主义利益有利。

我现在来答复您在您的信中提出的各种特殊问题：

一、张作霖是一个中国人，很难设想，会希望见到外国列强来奴役他的国家，并为此而进行活动。我不认为他是日本人的代理人。从社会阶级的意义上说，张作霖似乎不是依靠任何阶级，而全然依靠他的军队。据我所知，在北京还没有可以说支持他的人物。但是，北京，正像我指出的那样，现在真是完全是无足轻重的。

二、我在去冬已同张作霖达成谅解，主要是因为他派遣了他的代表来广州见我——更确切地说，是来桂林，我当时正在那里集中我的军队准备北伐——建议进行合作以实现我的重新统一的政策，并且表示在一定条件下，如果有必要，他将反对日本。我可以在同样的条件下，遵守我在前年同段祺瑞所建立的合作。接受同张作霖合作的另一种抉择，就是既与他作战又与吴佩孚作战。当张作霖建议同我合作时，他可能有诚意，也可能没有诚意，我作为一个讲实际的人，无权假定他没有诚意。如果以后表明他并没有诚意，那时我再来对付他，但不是在那以前。我把重新统一中国看成是头等大事，我当时准备，现在也准备同接受我的条件的任何领袖实行合作。这也说明了现在事态发展对吴佩孚所采取的方针。

关于您对张作霖的态度，我想提一点意见，那就是别将他赶向日本，而要使他能更多地接受我的影响。由于美国据说要支持吴佩孚，看来张作霖现在积极地以英美两国为敌。再加上你们对他采取的敌视态度，这可能迫使他从日本寻求外交上的支持，因为任何人都不想完全受到孤立。请牢记这一点。

三、在这个问题上，我附寄一份我上周签发的声明。这份声明是广州政府向列强发的。陈炯明是一个坏人。人们能够理解一个在基本政策问题上脱离其政治领袖的政治追随者，但是，当这样一种脱离采取谋杀领袖的形式时，它就打击了全部政治生活的根基。

四、由于我已经通知国民党的所有国会议员去北京，这个问题现在已经用事实回答了。我曾指出，国会本来就有权召开会议，但这种会议迄今未能在北京召开，是由于遭到了北方军阀的反对。这种反对现在已经不存在了。因此，国会在北京重新召开不是承认黎元洪政府的合法性，而只是抓住消除了反对派的机会，在北京重新召开国会而已。

五、您推论我现在正在同中国外交部保持接触，这是您的误解，对于这个问题的其他答复，我请您参看第一页上我的第一点意见。

现在，我想问您一个问题。您对我说，贵国政府已经授命您同日本举行谈判。我想知道，为了同日本政府取得谅解或达成协议，贵国政府是否将不惜牺牲中国的利益。让我具体地来说，据说日本想要在北满取代俄国，正如它在日俄战争以后在南满取代你们一样。贵国政府是否会赞成这一点。比方说，将中东铁路上的俄国利益转让给日本。我几乎不需要告诉您，我向来把苏维埃俄国看成是阻挡日本侵犯北满的国家。

我欢迎您为了准备建立我们之间更密切的联系所提出的建议。

谨致

最高的敬意！

您的诚挚的　孙逸仙

一九二二年八月二十七日于上海莫里哀路二十九号寓邸[①]

①见《1917-1945：远东国际关系史》。改革出版社于1998年收录在《百年老书信》一书中。

参考文献

第一部分

俄文文献(为便于读者阅读，俄文文献的名称、作者、出版社已译成中文)

1. С·罗佐夫斯基主编:《苏联对外政策》,国家政治文献出版社,1946年版。

2. Д·格里姆:《远东国际间的文件条约集》,文献中心出版社,1927年版。

3.《1920—1931间共产国际与中国民族革命运动》(三卷本),俄罗斯政治百科出版社,1999年。

4. 苏联文献编写组:《苏联外交史》(三卷本),政治文献出版社,1965年版。

5. 苏联"纳乌加"主编:《1917—1945年间的苏联新外交史》,政治文献出版社,1986年版。

6. Г·斯基姆松:《远东危机》,波浪出版社,1938年版。

7. В·希比良科夫:《张作霖与满洲问题》,波浪出版社,1925年版。

8. В·萨文:《沙俄政权、苏维埃与中国之相互关系》,文献与研究出版社,1930年版。

9. В·阿瓦林:《太平洋之战争》,军事文献出版社,1947年版。

10. М·科留克夫:《关于"加拉罕第一次声明"带来的中国问题》,东方文献出版社,2000年版。

11. В·库兹涅佐夫:《1928—1938年间的中国对外政策》,历史遗产出版社,1992年版。

12. Х·依兹达杰尔斯特沃:《中东铁路冲突史》,国际关系出版社,1989年版。

13. А·格里高里耶夫《1926—1927年间联共(布)与共产国际围绕中国问题之争论》,俄罗斯百科出版社,1993年版。

14. A · 格里高里耶夫:《在中国的革命运动》, 政治文献出版社, 1980年版。

15. Г · 别斯科娃:《1924—1929年间的苏中外交关系》, 国际关系出版社, 1998年版。

16. K · 罗申:《(1921—1940)蒙古政治史》, 文献与研究出版社, 1999年版。

17. Г · 别谢多夫斯基:《阴谋之路》, 符拉达尔出版社, 1997年版。

18. B · 科里维茨基:《我是斯大林的特工——苏联间谍实录》, 雅斯特出版社, 1996年版。

19. C · 齐赫文斯基:《1898—1949年间的中国独立统一之路》, 东方文献出版社, 1996年版。

20. Я · 达夫祥:《1922—1924年间的苏联代表处顾问在中国》, 政治文献出版社, 1935年版。

21. B · 卢立耶与B · 科契克主编:《军事情报局: 人事与档案》, 涅瓦出版社, 2003年版。

22. A · 戈尔基迪与Д · 普罗霍罗夫合著:《克格勃下达暗杀令》, 雅乌托出版社, 2004年版。

23. B · 乌索夫:《苏联特工在中国》, 奥尔玛－普列斯出版社, 2003年版。

24. Ф · 鲍罗廷娜:《在中国督军的审讯室里》, 文献回忆出版社, 1928年版。

25. H · 戈尔涅里:《鲜为人知的功勋勇士》, 苏共历史出版社, 1961年版。

26. O · 布特尼茨基:《俄罗斯恐怖主义秘闻实录》, 顿河出版社, 1996年版。

27. Д · 沃尔科果诺夫:《往事回忆》, 雅乌托出版社, 1998年版。

28.《"契卡"红色文献》, 军事文献出版社, 1989年版。

29. A · 兹达诺维奇:《特工阴谋——双面人》, 英特布克出版社, 2002年版。

30. O · 费雷斯京斯基:《忠于职守的领袖们》, 奥尔玛－普列斯出版社, 1999年版。

31. B · 别列日科夫:《从"契卡"到苏联国家安全部的历届首脑》, 艾斯拜玻出版社, 1998年版。

32. B · 沃依诺夫:《蓝色的日光灯》, 1991年4月2日《共产主义真理报》。

33. Д · 戈林科夫:《暗杀反苏分子》, 雅斯特列尔出版社, 1980年版。

34. H · 米罗瓦诺夫:《1917—1967: 看不见的战线》, 加盟共和国出版社, 1967年版。

35. B · 马尔科维钦:《三位白俄匪首》, 历史遗产出版社, 2003年版。

36. B · 盖尼斯:《维京斯基副总领事》, 东方文献出版社, 2003年版。

37. Г · 阿加别科夫:《特工实录: 秘密恐怖行动》, 滨河街出版社, 1996年版。

38. Ю · 甘科夫斯基:《侧面人》,《今日亚洲与非洲》1994年第5期。

39. М · 纳托罗夫:《俄罗斯移民传教士》,历史遗产出版社,1994年版。

40. В · 波尔特涅夫斯基:《鲜为人知的二十年代俄国移民史》,圣彼得堡大学出版社,1996年版。

41.《苏联与保加利亚1917—1944年间的相互关系与联络》,文献出版社,1976年版。

42. А · 阿布托罗夫:《失误》,加盟共和国出版社,1976年版。

43. Ю · 费雷斯京斯基:《从"契卡"至国家政治保卫总局:文件资料汇编》,政治文献出版社,1995年版。

44. П · 巴拉克申:《终结在中国》,圣费郎西科出版社,1958年版。

45. В · 波布列涅夫:《白俄匪首之乱》,文献与研究出版社,1993年版。

46. Т · 格拉特科夫:《忠诚的奖赏——惩罚》,盖特-依泰姆鲁出版社,2000年版。

47. А · 科拉先科:《匪首为何要返回?》,《旅行者》杂志1996年第45期。

48. А · 盖伦:《灰色的将军》,军事文献出版社,1971年版。

49. Б · 巴让诺夫:《斯大林秘书回忆录》,奥玛-普列斯出版社,1992年版。

50. А · 巴拉索夫:《二十年代的老广场4号(即苏情报局旧址)》,政治文献出版社,1991年版。

51. О · 申斯金:《猎取猎物》,《总结》杂志1997年第8期。

52. Б · 别列尔特:《苏联叛逃者的命运》,外国文学出版社,1990年版。

53. К · 阿列克山大罗夫:《反对斯大林》,艾斯拜波出版社,2003年版。

54. Б · 布良尼斯尼科夫:《看不见的蜘蛛网》,艾斯拜波出版社,1993年版。

55. 维 · 阿基莫娃:《1925—1927,在复兴的中国两年间》,科学出版社,1980年版。

56. В · 茹科夫:《20世纪20年代的中国大军阀》,政治文献出版社,1988年版。

57.《俄罗斯对外情报录纲要》(三卷本),艾克斯莫出版社,1997年版。

58. Л · 斯米尔诺夫与Е · 托依采夫合著:《东京审判》,文献与研究出版社,1978年版。

59. В · 莫洛佳科夫:《东京审判密闻实录》,历史遗产出版社,1996年版。

60. Б · 斯塔尔科夫:《苏联军事情报局的悲剧》,雅斯特出版社,1991年版。

61. Н · 希比良科夫:《后贝加尔哥萨克部队的终结》,《往事》杂志1990年第1期。

62. П · 阿波杰卡尔:《往事揭密》,《莫斯科消息报》1997年第40期。

63. Д · 达林:《苏联特工:1920—1950年间的目标与行动》,奥尔玛-普列斯特出版社，2001年版。

64. A·杰良宾:《一位再没有返回来的"契卡"特工的故事》，1990年5月23日《红星报》。

65. T·索波列娃:《密码在俄罗斯情报史上的作用》，盖列奥斯出版社，1994年版。

66. Я·巴尔金:《晦暗夜晚》，历史记忆出版社，2000年版。

67. K·巴米亚基:《俄罗斯联邦: 1923—1939》，历史遗产出版社，1998年版。

68. B·波波夫:《苏俄时期的国家恐怖行为》，祖国档案出版社，1992年版。

69. И·沙桐诺芙斯卡娅:《建功——全部的生活》，拉丁美洲出版社，1993年版。

70. B·谢尔斯:《从革命到专制》，纽伦堡出版社，2001年版。

71. Э·波列茨基:《捷尔仁斯基的秘密特工》，菲尼克斯出版社，1996年版。

72. П·苏多普拉托夫:《特工与克里姆林宫——一位不愿透露姓名的证明人实录》，杰拉出版社，1997年版。

73. Л·米哈依洛夫:《将军同意执行此方案》，《星期》杂志1998年第48期。

74. B·拜达拉科夫:《假如我们一班人都消亡，假如能让俄罗斯赢得荣誉》，罗斯出版社，2002年版。

75. H·彼得罗夫:《"13号"特工的消亡》，《莫斯科消息》1995年第86期。

76. П·苏多普拉托夫:《特工总部: 克里姆林宫与卢比扬卡》，维契出版社，1998年版。

77. K·海基:《彻头彻尾的"猎人"》，雅斯特出版社，1991年版。

78. E·拜依:《受到克里姆林宫特别奖赏的特工》，1993年5月5日《消息报》。

79. K·安德留与O·戈尔基耶夫斯基主编:《克格勃: 从列宁时期到戈尔巴乔夫时期的对外特工行动》，艾克斯莫出版社，1992年版。

80. B·顿斯基:《特工之命运》，1991年6月20日《俄罗斯早报》。

81. 2003年4月由俄国家安全局、情报局在莫斯科主办的"俄情报安全工作150年"回顾展文献资料。

第二部分: 俄文报刊

1.《红星报》: 1924年～1989年

2.《消息报》: 1917年～1939年

3.《执勤报》: 1950年～1989年

4.《边防报》: 1994年～1989年

5.《情报与反情报》: 1994年～1997年

7.《生意人报》: 1992年～2002年

7.《独立报》及周五"军事版": 1992年～2002年

8.《"绝密"报》: 1992年～2002年

9.《新消息报》: 2000年～2002年

10.《"说法"报》: 1992年～2002年

11.《事实与证据报》: 1992年～2002年

12.《今日报》: 1992年～2002年

13.《M·K》报: 1991年～2002年

14.《总结》周刊: 1992年～2002年

15.《侧面》周刊: 1995年～2002年

16.《权力》周刊: 1996年～2002年

17.《星火》周刊: 1950年～2002年

18.《事业》周刊: 1998年～2002年

19.《观察家》周刊: 1995年～2002年

20.《调查》周刊: 1998年～2002年

第三部分: 中文文献

1.《中华民国史》, 李新等主编, 中华书局, 1987年版。

2.《帝国主义侵华史》, 丁名楠等著, 人民出版社, 1986年版。

3.《中华民国史档案资料汇编》, 江苏古籍出版社, 1979年版。

4.《北洋军阀》, 来新夏主编, 上海人民出版社, 1993年版。

5.《奉系军阀密电》, 中华书局, 1986年版。

6.《奉系军阀密信》, 中华书局, 1985年版。

7.《张作霖传记资料》, 朱传誉主编, 台北天一出版社, 1979年版。

8.《大帅府秘闻》, 辽宁人民出版社, 1991年版。

9.《我说张氏帅府》, 张力主编, 辽宁大学出版社, 2003年版。

10.《鲍罗廷在中国的有关资料》,中国社会科学出版社,1983年版。
11.《我的生活》,冯玉祥著,黑龙江人民出版社,1981年版。
12.《六十年来中国与日本》,王芸生主编,三联出版社,1981年版。
13.《我所知道的张作霖》,文斐编,中国文史出版社,2004年版。
14.《近代东北史》,王魁喜著,黑龙江人民出版社,1984年版。
15.《现代东北史》,常城等著,黑龙江教育出版社,1986年版。
16.《北伐战争》,张静如主编,上海人民出版社,1994年版。
17.《伪满傀儡政权》,中华书局,1994年版。
18.《伪满洲国史》,吉林人民出版社,1980年版。
19.《郭松龄将军》,任松等著,辽宁人民出版社,1985年版。
20.《张宗昌》,山东人民出版社,1980年版。
21.《全国文史资料选辑》,中国文史出版社。
22.《辽宁文史资料》,辽宁人民出版社,1984年版。
23.《中国现代史》,许纪霖等主编,上海三联书店,1995年版。
24.《哈尔滨俄侨史》,石方等著,黑龙江人民出版社,2003年版。
25.《北满与中东铁路》,中东铁路经济调查局编,1922年。
26.《近代中国外谍与内奸史料汇编》,台湾国史馆编印,1986年版。
27.《国际关系大事记》,卫林等编,中国社会科学出版社,1983年版。
28.《克格勃绝密档案》,克·安德鲁等编,当代世界出版社,2002年版。

出版说明

1928年6月4日清晨，日本关东军司令官村冈与高级参谋河本密谋策划，在沈阳皇姑屯车站附近埋设炸药，将张作霖炸死。二战结束后，远东国际军事法庭曾对此事件加以调查，并判定日本于1928年1月1日起发动侵华战争，但对皇姑屯事件的策划者和实施者未予确认。我国史学界根据有关史料尤其是日本侵略者的供述，认定皇姑屯事件由日本侵略者策划并实施是不争的历史事实，无可怀疑。

近年来，随着大量前苏联档案的解密和一批苏俄历史学者的研究，对皇姑屯事件提出了一种新的说法，即苏俄特工所为。本书正是在此基础上写成的。我们认为，这种说法作为一家之言，也有相应的史料支持，可以促进有关这一段历史的深入探讨和研究，给读者提供更为宽广的视野，并不意味出版者同意作者的观点和对皇姑屯事件作出的结论。